JN062455

学校改革としての口述史

畑中大路
福田鉄雄

花書院

学校改革としての口述史

目　次

はじめに：本書の背景・目的・構成

本書は、昭和から平成を駆け抜けた、一人の教師の「記録」である。

従来の学校経営を対象とした調査研究では、「学校経営がいかにして展開されるか」という〝プロセス〟の把握が不十分であった。それは、これまでの調査研究の多くが「インプット―アウトプット」の検討を重視し、その間にある「スループット」（学校経営プロセス）を捉える方法論を持ち得ていなかったことに起因する。この「スループット」（学校経営プロセス）をいかにして捉え理論を産出するかをテーマとして、筆者はこれまで研究を続けてきた（畑中大路『学校組織におけるミドル・アップダウン・マネジメント―アイデアはいかにして生み出されるか』ハーベスト社、２０１８年）。しかしその研究活動は、以下に述べる葛藤を抱えるものでもあった。

研究は「文章を書く」行為を伴うが、「文章を書く」ことを生業とするのは、例えば他に、ジャーナリストや小説家・作家など、研究者だけに限らない。では、彼／彼女らと私たち研究者の違いは何かといえば、その一つには、理論産出への絶えざる挑戦があると筆者は考える。人の営みを対象とする社会科学において、当該事象の理論化を果たすことは困難を極めるが、その困難を引き受け、事例報告でもエッセイでもない理論産出へ向け思考を巡らすことは、私たち研究者の使命であろう。筆者も教育学研究者の端くれとして、その使命を自身に問いながら研究を続けてきた。しかし同時に、学校でのフィールドワークを繰り返し、調査協力者の語りへ耳を傾け続ける中で、理論産出の困難さを痛感してもきた。

教師によって展開される実践の背景には、その教師が歩んだ人生や教職生活で育まれた「哲学」が存在する。しかし、理論産出を志向するにあたっては、その「哲学」を十分に記述することが難しい。なぜなら、一人ひとりの教師がもつ「哲学」は、当然ながら一人ひとりの教師によって異なるがゆえ、当該「哲学」の具体を究明しようとすると、その方法論の不在を理由に、研究論文の「型」に収めることが困難となるからである。また仮に、研究論文の「型」に収めることを優先し、多々存在する教師の「哲学」の共通項をピックアップする処理をしたとたん、豊かな経験に裏打ちされていたはずの「哲学」は、無味乾燥なことばに置き換えられてしまう。

加えて、これまで筆者は質的方法を主として研究を続けてきたが、そこにも葛藤を抱えていた。質的研究で産み出された多くの論文では、その調査で確認された言動が、いつ、どこで、どのような文脈の中で紡ぎだされたのかといった調査の「裏側」が語られることは少ない。筆者の場合も、学会発表等で調査の「裏側」について尋ねられることはあったが、その応答は先に述べた理論産出を念頭に置いたものにならざるをえず、「調査の現場で何が起こっているのか」を記述することは難しかった。しかしその「裏側」に迫ることでこそ、先に述べた調査協力者の「哲学」に迫ることが可能になるのではないかとも思っていた。

筆者が研究者として歩み始めたこの10年は、上述した、教育学研究者の使命である理論産出と、教師がもつ「哲学」の「記録」の難しさに対峙しながら文章を綴りつづけた期間であった。そして、この思いは、本書の共著者である福田氏と過ごした日々を通じ、より強くなった。

これまで筆者は、福田氏の教育実践をもとにいくつかの論文を執筆してきた。本書第1部はその一つであるが、これまで執筆した論文一つ一つの背景には、氏と生徒たちとの教室におけるふれあいや多くの教師たちとの出会いがあり、氏はその過程で喜び、悩み、考え、そして、そこで産み出された「哲学」が確かに存在した。筆者は、調査を繰り返し、氏の語りに耳を傾けその「哲学」にふれ続けることにより、研究者としての自身の認識が変容していく感覚をおぼえた。先に述べたように、私たち教育学研究者の使命の一つが理論産出であることに間違いはないが、その使命と同格のものとして、教師の実践の背景にある「哲学」を「記録」することもまた、教育学研究者の使命であるのではないか、と。

このような背景・目的をもとに本書は創られた。よって本書では、これまで筆者が記述することのできなかった、教師の豊かな経験に裏打ちされた「哲学」や、調査の「裏側」の「記録」を志向している。

本書は2部構成でなる。

第1部は、福田氏が教職生活の集大成として取り組んだ、H高校の学校改革の記録である。第1部では、福田氏のほか、当該改革の関係者に対して筆者が行った調査結果も盛り込み記述する。

第2部では、筆者が福田氏へ行ったインタビュー調査―筆者と氏の対話によって得られた語り―の「記録」である。当該調査は、氏が歩んだ教職生活の過去を振り返りながら現在を語り、そして未来をまなざす形式を取っている。それゆえ、一人の教師の語りを通じて、昭和から平成までの学校教育の変容、さらに令和の教育への期待にも思いを馳せることができるだろう。

以上が本書の背景・目的・構成である。

本書の執筆を通じ、筆者は、教師の「哲学」を「記録」する重要性を改めて自覚した。本書は福田氏という一人の教師に着目した「記録」であるが、すべての学校では今もあまたの実践が展開され、その実践の「裏側」には教師一人ひとりの「哲学」が存在する。その「哲学」は必ずしも「ことば」として表出されたものではないかもしれない。筆者は本書を契機として、そのような教師の実践の背景にある「哲学」や、「ことばにならない声」をこれからも聞き取り「記録」に残していきたいと、今は思う。ただしこれは、本書執筆を通じて形成された筆者自身の認識であるがゆえ、その学術的な意義については学界での検討に委ねるしかない。本書を御一読いただき、忌憚のない御意見、御批評をお聞かせいただければ幸いである。

なお、最後に、筆者と福田氏の「出会い」についても触れておきたい。

共著者である福田氏は、長崎で生まれ育ち、長崎の教師として、多くの時間を長崎の学校で過ごしてきた。筆者もまた長崎で生まれ育ち、現在、故郷長崎に戻り、一人の教育学研究者としての時間を長崎の学校で過ごしている。

今から20年前、福田氏が過ごしたその教師としての時間の中で、当時高校生であった筆者と氏は出会った。そして現在、福田氏と筆者は、立場や年齢を超え、ともに長崎の教育を考える実践者の一人としての関係を続けている。本書は、こうした偶然に支えられ完成した1冊であるが、そもそも教育学研究には、こうした偶然も深く関わるものであるのかもしれない。

本書を発刊するにあたって改めて思う。

本書は、昭和から平成を駆け抜けた、一人の教師の「記録」であるとともに、その教師の語りに耳を傾け、教育学研究者としての現在、そして未来を考えた筆者自身の「記録」でもあった、と。

２０２２年12月3日　ゼミ室で長崎の空を見あげながら

畑中大路

1部

H高校の学校改革

1部　H高校の学校改革

本書では、2014~2016年度に展開された、H高校の学校改革の検討を主軸としている。そこで1部では、当該改革の展開過程をおさえたい。

1節　研究対象と方法

H高校は生徒数約170名[1]、教員数約20名、2016年度に創立70年を迎えた普通科公立高校である。生徒の進路希望は進学・就職が半数ずつで、近年は少子化や立地等の影響から生徒数の減少、定員割れが続いていた。このような状況にあるH高校は、2014年度に着任した福田氏によって形成されたビジョンのもと学校改革に取り組んできた。そして当該改革は、a・b・c教諭によって主導されている（**図表1―1**）。この実際を明らかにするべく調査を実施した。

ビジョン形成においては当該校の実態把握が欠かせず、また、ビジョンにはその主たる形成者である校長の「哲学」が色濃く反映される。そこで調査初年度（2014年度）にはまず、H高校長である福田氏の「哲学」を把握するべく、非構造化形式によるインタビュー調査を実施した（2部参照）。そして、H高校の学校改革が本格的に始動した2015年度以降は、福田氏への調査と並行し、H高校における教育実践の観察や関係教員へのインタビュー調査を行い、学校改革の多面的な把握（トライアンギュレーション）を試みた（**図表1―2、1―3**）。

図表1―1　調査協力者及び分析対象期間

年度／調査協力者	2013年度	2014年度	2015年度	2016年度
福田氏	県教委学芸文化課			
a教諭	県教育センター研修員	学校改革プロジェクトリーダー	教務主任／授業改革プロジェクトリーダー	教務主任
b教諭			授業改革プロジェクトサブリーダー	授業改革プロジェクトリーダー
c教諭				生徒会担当
d教頭				
e教頭				
生徒f		高校1年	高校2年（生徒会長）	高校3年

※網掛けはH高校在籍期間

2節　学校改革の展開

（1）ビジョン形成

定員割れが続くH高校の背景には、少子化に加え、地元中学生の半数以上が近隣都市部の大規模進学校へ進学する現状があり、H高校への進学希望者は年々減少していた。それゆえ、必ずしも第一希望としてH高校に進学したわけではない生徒たちの自己肯定感は低く、授業はもちろん、生徒会活動や部活動なども沈滞していた。こうした状況の中で2014年度に着任した福田氏は、H高校の現状を把握するとともに、学校全体を視野に入れた「学校改革」の必要性を痛感する。

図表１－２　調査日時等

日時		対象
2014年度	8/1	12:30-13:30 福田氏 インタビュー
	8/15	9:00-12:30 福田氏 インタビュー
	8/29	15:00-18:30 福田氏 インタビュー
	8/30	10:00-16:00 福田氏 インタビュー
	10/25	12:00-18:00 福田氏 インタビュー
	11/30	14:00-18:00 福田氏 インタビュー
	3/21	10:00-18:00 福田氏 インタビュー
2015年度	6/18	15:00-16:30 公開授業・校内研修 参与観察
		16:30-17:00 b教諭 インタビュー
	7/9	13:00-16:30 第1回公開授業研究会 参与観察
	11/16	11:00-11:30 a教諭 インタビュー
		14:00-15:00 b教諭 インタビュー
		15:00-16:00 福田氏 インタビュー
	1/15	18:00-19:00 a教諭 インタビュー
		19:00-21:00 福田氏 インタビュー
2016年度	4/25	15:30-16:30 校内研修 参与観察
		18:00-20:00 福田氏 インタビュー

日時		対象
2016年度	5/25	16:30-17:30 c教諭 インタビュー
	6/17	12:00-17:00 第4回公開授業研究会 参与観察
	8/1	13:00-15:00 d教頭 インタビュー
	8/8	13:00-14:00 校内研修 参与観察
	8/10	15:00-16:30 c教諭 インタビュー
	9/3	14:00-15:00 文化祭実行委員会 企画会議 参与観察
	11/1	12:00-12:30 文化祭実行委員会 企画会議 参与観察
	11/4	9:00-12:00 文化祭 参与観察
	11/18	15:50-16:40 長崎県英語科研究会 参与観察
	12/13	10:00-11:00 a教諭 インタビュー
		13:00-13:50 c教諭 インタビュー
	12/20	10:00-16:00 第5回公開授業研究会 参与観察
	1/20	13:00-16:00 長崎県高文連 教員研修 参与観察
	1/31	10:00-11:10 e教頭 インタビュー
	2/21	12:20-13:10 生徒fインタビュー
		13:20-14:00 b教諭 インタビュー
	3/13	19:00-23:30 福田氏 インタビュー

福田氏：生徒たちにとって本校が「誇れる母校」として自認されない限り、彼らの「生きる力」を十分に醸成する学校とはなり得ないと私は考える。[2]

そして福田氏は「自校に誇りを持つ生徒の育成」というビジョンを掲げ、抜本的な学校改革に取り組み始めた。

（2）時程変更

学校改革は教員の自律的な行動がなければ成り立たない。特に福田氏はそれまでの教職経験から、トップダウンの学校改革では継続が難しく、その成否はミドル層の自律的な働きにあることを自覚していた。そこで福田氏は、校長と教頭及び各教科代表（主に教科副主任）で構成する学校改革プロジェクトチームを設置し、そのリーダーにa教諭を指名する。当時のH高校には改革を敬遠する雰囲気が充満しており、その中で学校改革を成し遂げるためには、機動力があり、かつ教員間のバランスを保つことができる人物が必要であった。福田氏はその素質を持つa教諭へ期待を寄せたのである。また、a教諭も学級担任として生徒と接する中でH高校の課題を認識しており、福田氏のビジョンに共鳴する。

a教諭：（福田校長と）二人で出張があったんですよ。その車内で、校長先生が熱い思いを語られたんですね。（中略）聞いていて、何とか力になりたいなぁと、それが一番大きかったですよね。（2015年11月16日）[3]

その後、a教諭が率いるプロジェクトチームでは、H高校の課題の洗い出しが行われ、その一つとして授業改革の必要性及び教員間の同僚性の欠如が課題として浮上した。H高校の生徒は多様な進路希望を持つがゆえ一斉授業が成立しておらず、また、規模の小ささゆえ教員の負担も大きく、教員の多忙化・孤業化が進行していたのである。プロジェクトチームにおける分析を踏まえたa教諭と福田氏は、「自校に誇りを持つ生徒の育成」というビジョンを実現す

図表1－3　調査協力者の概要

調査協力者	概要
福田氏	・2014～2016年度在籍 ・教職経験34年、国語科 ・校長としての初任校 ・前任の県教委在籍時に全国高総文祭開催のキーパーソンとして大会運営に係る
a教諭	・2014年度から在籍 ・教職経験21年、英語科 ・前任は教育センター研修員、教育相談を学ぶ ・2014・2015年度プロジェクトリーダー ・2015年度から教務主任
b教諭	・2015年度から在籍 ・教職経験11年、国語科 ・初任校で福田氏と勤務 ・2015年度プロジェクトサブリーダー、2016年度プロジェクトリーダー
c教諭	・2016年度から在籍 ・教職経験13年、英語科 ・前任校で全国高総文祭運営に関わるとともに、文化祭改革に取り組む

調査協力者	概要
d教頭	・2013～2015年度在籍 ・教職経験28年、英語科 ・教頭としての初任校 ・前任の教育センターで、指導主事として学校改革の理論を学ぶ
e教頭	・2015年度から在籍 ・私立高校で10数年勤務。公立高校での教職経験13年、数学科 ・前任校で教頭を3年務める ・教務主任経験も豊富
生徒f	・高校3年、前生徒会長 ・福田氏の学校改革理念に共感している。 ・国立大教育学部（教員養成系）へ進学予定

※教職経験年数・学年は2016年度現在

るためには、教員自身も自校へ誇りを持つ必要があり、そのためには「同僚性」の構築が重要であると考えた。その手段として検討したのが、協同学習と授業研究を軸に学校改革を展開する「学びの共同体」[4]の導入であった。

> 福田氏：どうしても高校の場合は、教科中心主義になっていくわけで、みんなで共通して子どもたちの状態を見とる。そうすることによって、共通の教育的課題を見つけて、みんなでその解決に向けて研究をしていくというプロセスの中で、そのために教師たちがコミュニケーションをとっていく。そういう中から、教師同士が、本校の生徒の教育に対して、同じ課題を解決していこうという同僚性が構築される。（2015年11月16日）

　しかし、多忙化・孤業化が進行する中、従来の勤務状況のまま学校改革を遂行するのは困難である。そこで福田氏とa教諭はプロジェクトチームにおいて、授業研究を実施可能な時程の検討を始めた（**図表1―4**）。

　具体的には、早朝補習の廃止と、50分6校時を45分7校時日課へ変更、そして7校時目にLHRと学校裁量（学裁）の時間を設定することが検討された。

　この学裁の時間のうちの3日間では、進学希望者は進学補習を、基礎学力が不充分な者は「学び直し」を裏表で同時開講する。これにより、進学希望者と就職希望者のどち

図表1－4　時程変更の具体

2014度（50分日程）

月	火	水	木	金
早朝補習（7:55～8:25）				
職員朝会・朝自学（8:30～8:40）				
朝読書（8:40～8:50）				
SHR（8:50～8:55）				
1校時（9:00～9:50）				
2校時（10:00～10:50）				
3校時（11:00～11:50）				
4校時（12:00～12:50）				
昼休（12:50～13:35）				
5校時（13:35～14:25）				
	LHR			
6校時（14:35～15:25）				
掃除（15:25～15:40）				
SHR（15:45～15:50）				
放課後補習（3年生）				

2015年度（45分日程）

月	火	水	木	金
職員朝会（8:20～8:30）				
朝読書（8:30～8:40）				
SHR（8:40～8:45）				
1校時（8:50～9:35）				
2校時（9:45～10:30）				
3校時（10:40～11:25）				
4校時（11:35～12:20）				
昼休（12:20～13:05）				
5校時（13:05～13:50）				
6校時（14:00～14:45）				
掃除（14:45～15:00）				
学裁	LHR	学裁	学裁	学裁
7校時（15:05～15:50）				
SHR（15:55～16:00）				
放課後補習（3年生）				

※　学裁＝学校裁量の時間：進学希望者（1～3年）＝進学用の補充授業、就職希望者（1～3年）＝就職用演習問題

らにも、実力に応じた基礎学力の充実の手立てが可能になるとともに、残る1日の学裁の時間へ研究授業をあてることができる。研究授業実施以外の生徒は、当該日は6校時で放課となり、教員は全員が研究授業を参観でき、また、その後の授業研究会へ全員が参加可能となった。そうすることで、勤務時間内に全員が参加できる研究授業と授業研究会が可能となるのである。

　ただし一コマ5分短縮は、長期休業中約10日分の授業日延長で補う。また大幅な時程変更は、授業時数管理や行事との調整、その他学校経営への影響が大きい。さらに早朝補習の廃止及び長期休業中の授業実施は教員の家庭生活へも影響するため、特にH高校在籍年数の長いベテラン教員が中心となって反対した。a教諭はその対応へ苦慮することとなる。

　このような状況を打開したのはd教頭であった。d教頭は、a教諭とともに時程変更案を作成し、また、ベテラン教員の説得を引き受けたのである。

a教諭：（d教頭は）全体的なことで結構、仕事をしてくださっていたんですよね。時程変更案を考えるときも、たたき台を作ってこられたりとか。だから相談はよくしていました。（２０１６年12月13日）

d教頭：僕（の意識）は半分教員側、半分校長側ですよね。（中略）（a教諭が）突っ走るための体力、精神的な気力、そういうものを持っていたら、手放しで「お願い」って言っていたと思うけど。多分、（a教諭に）そこまでの余力は無かったかもしれない。（２０１６年8月1日）

（3）「学びの共同体」の導入

　学校改革1年目の２０１４年度末、a教諭はプロジェクトチームでの検討と並行し、自身の授業での協同学習の先行実施を試みる。

a教諭：（協同学習を）先行実施して。（中略）どういうものかっていうのを（1~3月の）３ヶ月間やってみて、（年度末の）職員会議で「やりましょう」って。そのときに、良かった、変わったって思う点、中々難しいなと思う点とか、感じたりしたことも素直に先生方にお伝えして。（２０１５年11月16日）

ａ教諭はこうした取り組みを通じ、教職員の不安感に気付く。H高校教員、特に教職経験豊富なベテラン教員は、新たな実践への抵抗感を抱いていた。ａ教諭はそうした反応をプロジェクトチームへ還元するとともに、生徒対象のアンケート実施や自身の実践の効果・課題を周囲へと発信し続けた。その結果「学びの共同体」の可能性や理念が徐々に浸透し始め、翌年度（２０１５年度）からの本格実施が決定する。

ただし福田氏は、日常的に行う教職員との対話やａ教諭を通じて知り得たH高校教員の抵抗感を踏まえ、急激な学校改革の実施を思いとどまり、２０１５年度は進学・就職を控えた3年生を除く1・2学年かつ実技系科目を除く教科での実施となった。

こうした流れを受け、２０１５年度は「学校改革プロジェクトチーム」を「授業改革プロジェクトチーム」へと変更し、授業改革へ本格的に取り組み始める。引き続きプロジェクトリーダーに就任したａ教諭は、自身の実践を通じて周囲をリードし、職員会議や授業研究会の場で情報を発信し続けた。

しかし、教科の枠を越えた授業研究の実施は容易でなく、特に、ベテラン教員を中心に抵抗感が残るH高校で当該実践を軌道に乗せることは困難であった。さらにａ教諭は２０１５年度、「学びの共同体」実施で必須となる教務面での調整を図るべく教務主任も担っており、その負担は膨大なものとなっていた。こうした状況のなか、ｄ教頭は自ら率先して授業を担当し、ａ教諭をサポートする。

ａ教諭：（２０１４年度の）３月末に、次年度の研究授業の年間行事予定表に、「何月何日に誰が実施」というのを最初から入れておかないと絶対にできないので。（ｄ教頭は）そういうところも中心になって「こう入れようか」っていうのを（教員へ）聞いて回って。すごくリーダーシップを発揮されて。自身で授業も持たれていたんです。研究授業もされましたし。（２０１６年12月13日）

ｄ教頭：（授業の）一部を「やるから」って言って。（中略）（次年度の）行事予定を見ながら、意図的にというか、僕も授業を入れたんですよね。「僕もやるからやりましょう」っていう感じでできないかなって思って。（２０１６年8月1日）

こうしたａ教諭やｄ教頭の行動の結果、教科を超えた授業研究文化が教員間に根付き始める。そしてこの授業研究がしばらく継続されていくにつれ、職員室での話題が生徒中心のものになるという現象が生じはじめた。

b教諭：これまでの授業スタイルとは異なる授業を実践する中で、（中略）「こういうやり方だと生徒が集中した」というような、日々の実践についての悩みや情報を共有する中で、職員室での生徒に関するコミュニケーション度が増えた。また、職員室で生徒の名前が具体的に挙がることで、授業だけでなく生徒指導面や教育相談的な視点での情報共有が円滑になった。(5)

（4）「学びの共同体」の定着

学校改革3年目に入った２０１６年度、d教頭の異動に伴いe教頭が着任する。また、昨年度（２０１５年度）までプロジェクトリーダーとして活躍したa教諭は教務主任へ専念することとなり、２０１５年度にプロジェクトサブリーダーとして授業改革に携わっていたb教諭が新たなプロジェクトリーダーへ任命された。

福田氏：（bさんは）若手の中で推進していく力のある教員だと判断して。（中略）（学校の）真ん中の授業を変えないと学校は変わらないよっていうことで、まあ、真向からストライクにボールを放り込もうとしている訳ですよ。だから、そういうことを理解した教務主任が必要で、そうなると、「学びの共同体」を実際に引っ張る教員がもう一人必要で。そこには、力があって、これから先もそういうものを推進したり担ったりできる力のある人材を当てないといけないと思って。そこで、aさんを「学びの共同体」プロジェクトのリーダーにして、bさんを副にして、それで、二枚看板で動かそうとしたわけです。でも、教務主任の仕事は非常に忙しいので、来年はbさんをリーダーにして組織を動かそうかなと思っているけど。（２０１５年11月16日）

この頃、次期学習指導要領を見据えた「主体的・対話的で深い学び」への関心の高まりを受け、H高校は県教育センターの研究調査協力校に指定されるなど注目される学校へとなっていた。公開授業参観者も毎回100人を超し、対外的なやり取りも増加し始める。そのような状況の中、e教頭は、福田氏のビジョン具現化を進めるべく、外部折衝を通じてa教諭・b教諭をリードした。

e教頭：先生方が動かれたっていう印象の方が私は強くて。もちろん、対外的な連絡ですとか、広報的なものですね。そういうのは、私はさせていただいたわけですけども。実際、色々な準備に関わることですとか、中身に関わることは、先生方（＝a教諭、b教諭）が動かれたのではないかなと思っていますね。（中略）私は校長先生が作りたい学校、理想とする学校づくりのサポートに徹しようと思っていました。（２０１７年1月31日）

（5）学校改革の展開：文化祭の改革

こうして授業改革を核とした学校改革が進む一方、福田氏は生徒の自己肯定感をより高め、「自校に誇りを持つ」機会を求めていた。そこで提案されたのが、文化祭の改革であった。福田氏は長崎県高等学校文化連盟に長く携わるとともに、２０１３年全国高校総合文化祭長崎大会（通称「しおかぜ総文祭」。以下「しおかぜ総文祭」と記載）にて、生徒主体でマネジメントする「長崎方式」[6]の構築を先導した。福田氏は、上記経験を通じて高校文化活動の可能性を実感しており、「学びの共同体」で培われた生徒の主体性や教員の同僚性を、文化祭で深化させたいと考えたのである。

H高校は２０１６年度に創立70周年を迎えた。福田氏はこの70周年記念式典と文化祭を合同開催することで、学校改革の成果を示す機会にならないかと考えた。そして、当該実践のキーパーソンとして期待を寄せたのが、２０１６年度にH高校へ着任した、前任校での文化祭改革の経験を持つc教諭であった。

c教諭：やっぱり文化の力っていうのを僕は信じていますし、文化の力で、今まで人生豊かになってきているので、そういうものをきちんと、生徒にさせてあげたいっていうのが大きいですね。（２０１６年5月25日）

c教諭は「自校に誇りを持つ生徒の育成」というビジョンに共鳴し、それを具現化するべく、生徒主体の文化祭実施を提案し行動を起こす。具体的には、福田氏の着任以来実施されている「各学級による演劇」の更なる充実を図るべく演劇研修会[7]を実施して全生徒が文化祭へ関わる仕組みを整えるとともに、そのマネジメントにおいては、かつて福田氏が先導した「しおかぜ総文祭」の「長崎方式」を参照し、希望生徒で構成された32名の実行委員会を核とした文化祭のマネジメント体制を整備した。

H高校は生徒数が少ないため、その分一人ひとりにかかる負担が大きくなるが、そうであるが故に生徒たちの主体性は育っていった。このような生徒自らが文化祭を作り上げるシステムを構築することにより、H高校の文化祭は様変わりするとともに、H高校の生徒・教員にも変化が見られ始めた。この様子は以下の生徒・教員の発言からも窺い知れる。

生徒f：少しずつ「自分たちでやる」というのが出来るようになっている人もいるなっていうのはあります。（中略）きっかけは先生たちが作ってくださっているんですけど、そういうのをやったことがない人とかが、「私もやってみたい」みたいな感じで出てきたりとかいうようにはなっているると思います。（２０１７年2月21日）

b教諭：学校全体が、協同的な関わりの中で動き出したのかなと。それが体現されたのが文化祭であったりとか。（中略）色々なところで、他者と協同するというところが見えてきたりとか、他者と協同する姿が、不自然ではなくなったと思います。（２０１７年2月21日）

その後のH高校では、生徒によってなされた「生徒憲章」の作成や、生徒発案による「卒業式の自主企画運営」など、生徒の主体的な活動が目立つようになった。さらに日々の学びの様子も変わり始め、大学進学を希望・実現する生徒も増加し始めた。さらに２０１７年度からH高校は、長崎県高文連における生徒会交流専門部の担当校ともなっている。

学校改革を経た後、H高校で学ぶ生徒や教師の実践は、長崎県下全域へと広がりつつある。

1部注

（1）生徒数は２０１６年当時。

（2）福田氏による『全国普通科高校高等学校校長会会誌』寄稿論文より引用。

（3）インタビューデータへの筆者による補足は（　）で記載し、第一部では、インタビュー実施日時をインタビュー文末に記載する。また、1部・2部に共通することとして、人名は小文字アルファベット、組織名は大文字アルファベット、地域名は大文字と小文字アルファベットを組み合わせて表記している。なお、調査で得られた語りは、できるだけ忠実な再現（書き起こし）を心掛けているが、無機能語（例：「あのー」「えー」）については文意を損ねない範囲で省略している。

（4）「学びの共同体」とは、佐藤学氏によって提唱された、協同学習を核として展開される「学校改革のヴィジョンであり哲学」（佐藤学『学校を改革する』岩波ブックレット、２０１２年、15頁）である。

（5）『２０１６年度H高校研究紀要』116－117頁

（6）長崎県高等学校文化連盟には、県内全高校の生徒会執行部生徒で組織する生徒会交流専門部が設置されている。当該専門部に所属する生徒は「しおかぜ総文祭」のマネジメントを担い、これにより県内全高校の生徒が「しおかぜ総文祭」に参加することが可能となった。この「高校生の高校生による高校生のための文化祭」（長崎県高文連『高文連会報』第24号、1頁）を目指したマネジメント方式は、「長崎方式」として全国的に注目された**（図表1―5）**（福田鉄雄・前川卓郎・畑中大路「長崎県における高校文化活動の展開過程―高等学校総合文化祭を事例とした「知識移転」の視座からの分析―」

『長崎大学教育学部教育実践研究紀要』第17号、２０１８年、137－146頁）。生徒会交流専門部を核とした「長崎方式」は、現在の県高校総合文化祭においても継続して採用されている。

（7）当該研修は、各学級における演劇の演出と主演を担う生徒2名が参加し1泊2日で行われた。研修会の内容は演出・主演の生徒を通じて各学級へと還元されることが企図されている。当該研修会の講師には、c教諭が「しおかぜ総文祭」で知り合った私立高校の演劇部顧問を招聘している。

図表１－５「しおかぜ総文祭」における「長崎方式」

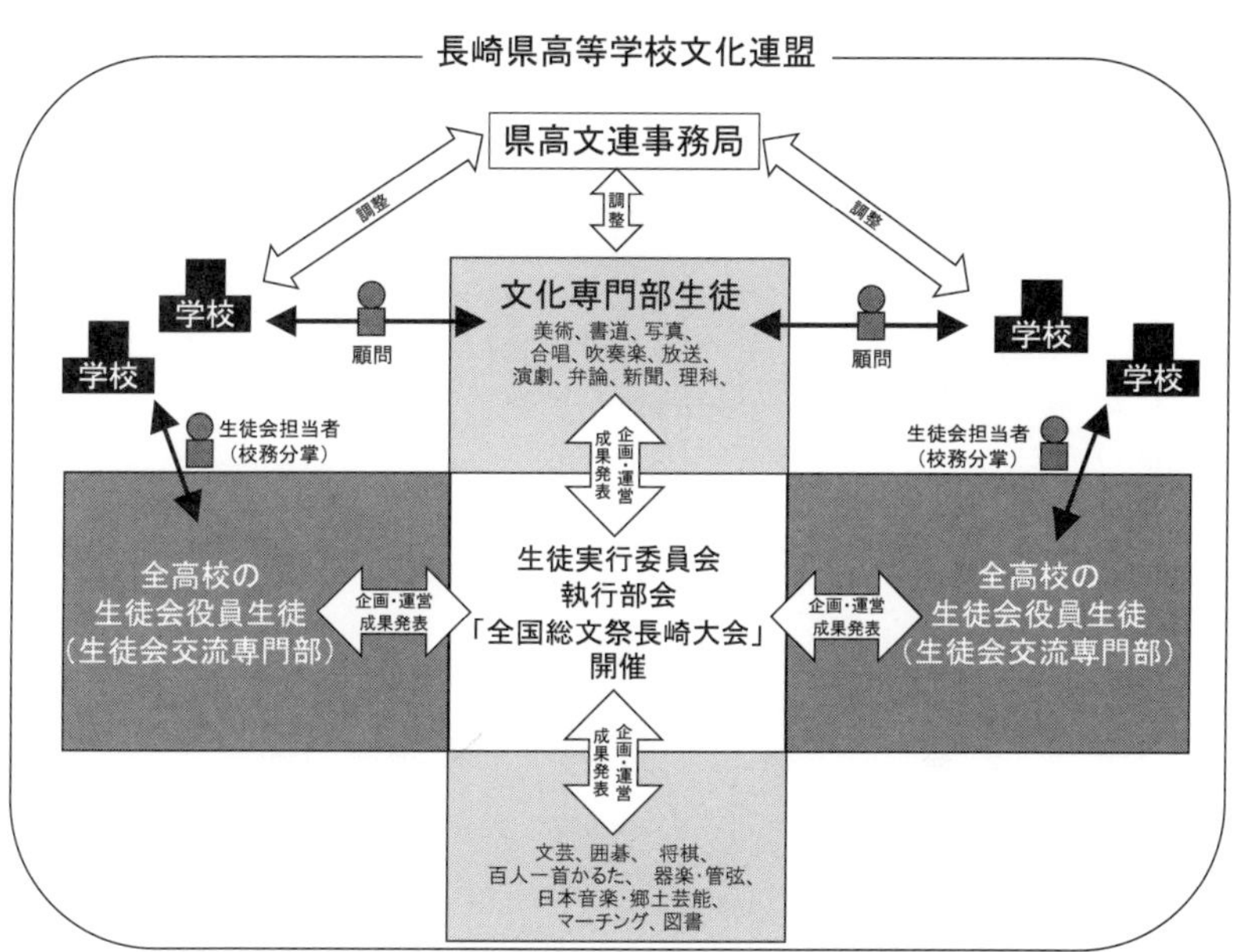

2部

教職生活の口述史

2部　教職生活の口述史

1部に記述したH高校の「学校改革」は、福田氏の「哲学」を色濃く反映したビジョンのもと展開された。そこで、この「哲学」を理解するべくインタビュー調査を実施し、福田氏の教職生活のライフヒストリーを描いた。2部では、当該調査における福田氏の語りを記載する。[1]

1　教職生活の「原点」

（聞き取り日時　2014年8月1日12：30～13：30　於H高校校長室）

―今までの経歴を確認させていただきたいんですけど。東京学芸大の院のときに成城学園高校で非常勤をされていたんですよね。

そうそう。週に15時間ぐらいしてた。修士の2年目だった。非常勤だけど、ほとんど毎日行ってた。そのあと、長崎に戻ってきて、私立のB学園の6年コースに1年いた。そのころ6年コースというのがあったんだよ、全寮制で。

―中高一貫の6年制コース。そこに1年いて、そのあと県採用でC高に。C高は何年間でしたっけ？

C高は4年。その後、D高が10年、E高が5年、F高が7年、G高が2年、教育庁の学芸文化課が3年。県に入ってからは、今年で31年目だ。その前に、全部言うと、成城学園の前に、A学園高校で1年。

―M1のときですか？

そう、それはマスターの1年目のときにそこで。マスターの2年目が成城学園。

―成城学園の実践というのはすごかったんですか？

成城学園の実践はすごかったね。大正リベラリズム時代に、〝日本教育界の父〟と言われた澤柳政太郎によって創設された学校という歴史もあるし、「自由と個性尊重」という成城の教育思想はいたる所に表現されていたかな。僕が一番感銘を受けたのは、そのころ高校で、すでに選択授業を取り入れていたというところだね。1・2時間目が1セットで100分。で、5・6時間目が1セットで100分。それが月曜日から土曜日まで種々の科目が開講されていて。だから必修の授業は3時間目、4時間目にほぼマネジメントされている。体育とか英語とか、そういう必修科目でクラスごとに受ける授業は、その3時間目、4時間目に配置されていて、だから朝礼なんてものはなくて、昼礼というのがあったね。当時はね。だって、お昼しか全員集まらないから。その必修以外の授業はほとんど、自分で選択して履修するようになっている。例えば、若菜先生って国語の先生がいたんだけど、その先生は「映画鑑賞講座」っていう授業を開講していた。その時間は、毎時間映画を鑑賞して、それに関するレポートを必ず提出することになっていて。それとか、国語で言えば「近代文学講読」とか「源氏物語講読」とか、もちろん数学も理科もそれなりの専門分野で授業を開講していたね。それを生徒たちが自分なりのニーズに合わせて受講希望を出して…大学とほとんど同じような感じかな。それを高校版にしているというか。だからそれを選択しながら自分なりのカリキュラムをつくっていて。あと、成城学園では、「他大学」、つまり成城大学以外へ進学する子どもたちには、例えば「評論演習」とかいった「○○演習」という講座を5・6時間目に開講して、3年生でちろんお昼までにして、その後予備校に通う生徒もいた。もちろんお昼までにして、その後予備校に通う生徒もいた。だから、普通の高校の授業よりも、それぞれの授業がより学問的、専門性に富む授業だったように思いますね。さっき言った「映画鑑賞講座」のレポートを読ませてもらったことがあったけど、とにかく驚きましたね。とても高校生が書いた文章とは思えないくらい、専門的な批評になってたように思ったね、その時には。僕は、高校でそういう選択授業をやりたいわけよ、ここ（H高校）でも。

―やること多いですね。

3年目ぐらいにやろうかな（笑）。当時の成城学園は1学年6学級ぐらいだったので、その頃にしては、こじんまりとしてる学校だった。だって、当時の長崎では13クラスとかあって、僕が卒業した高校は、当時一学年13クラスだったんだよ。まだ生徒数が多かった時代だね。その時代に、成城ではそんなの（選択授業）があって。生徒たちは私服だしさ。正確にいうと男子は紺色のブレザーにネクタイ、女子は私服だったたね。

なんでも大正時代の創立時には、旧制中学だから男子だけで。当時ブレザーの制服というのは、それは画期的なものだったと思うよ。女子が入って共学になったのは戦後だから、長崎の地方から出て来て、そんな世界を見たらさ。もう、何か別の世界のような感じがして、毎日が驚きでしたね。学術的にも、レベルが高い授業をしないと、生徒たちから馬鹿にされるだろうし…。いや実際生徒の親も、大学教授とか、日本で名だたる大企業の幹部とか、テレビやマスコミで有名な俳優や芸能人たち、政治家…。ある意味教育熱心な親がいっぱいいるわけだから。文化、教養にあふれた、そういうすごい世界で、それが当時の成城学園だった。

―そこで先生は何の授業を持たれてたんですか。担当は。

2年生と1年生の現代文と古典を受け持っていた。選択ではなく必修の方のね。先生たちも、修士を出ていないと採用してもらえない規定があったね。いまから30年以上も前の時代だよ。研究室はないけど、職員室の真ん中歩いたら、蜂の巣みたいな、それぞれが広いコーナーになっててさ。真ん中に通路がばーっとあって、「この一角が国語」とか、「この一角が数学」とかね。そこに先生方の机があって、周りに本が、その教科の関係の本がばーっとそろってあって。そう、今の代官山の蔦屋書店みたいな感じだな。

天井までの本棚があってさ。だから、図書館まで行かなくても、とりあえず必要な教科関係、その分野の専門書などはその辺にすぐあって、手にすることができる。当時は、成城学園みたいなところに限らず、自分の専門分野の研究を進めたいから高校教員になるという傾向が少なくなかった。ましてや成城学園などのいわゆる偏差値の高い私立学校は、修士以上しか採用の受験資格がないというわけだから、自ずと授業も専門的、学術的なものになっていく。

—まるで研究室ですね。

1教科十人ぐらいいるわけだから、結構な奥行きになっていたよ。

—そこに1年間。M2のときの1年間…そのまままずっといたいとは思わなかったんですか。

思った思った。思ったけど、母親が一人で長崎にいたからさ。僕は遅いときの子だったからね。結構歳とっていたお袋がひとりでいたからね。それがなければ分からなかったね。ちょうどその年が終わる頃に、「一人国語科で採用することになったから試験受けないか」っていう話があったんだけど。たぶん受けたら合格させてもらえたかもしれなかったけど…と思ったけどね。どの教科の先生も、専門性が高くて。たとえば、国語でいえば、近代文学を専攻しているなら現代文だけ受けもつ。古典の人は古典だけやる。漢文専攻の先生は中国語ペラペラ。漢文の授業はまず、中国語よみから入る。漢詩の授業なんか、本当は当時の中国語読みで聞くと、韻や平仄などがよくわかる。急に本格的な漢文の世界に入っていける。

長崎とか地方の高校だけじゃないかな。古文も漢文も現代文もみんな（一人の教員が）やるもんだなんていうのはさ。いや公立はどこでもかな。当然授業を受ける側の高校生の意識の高さも違ってくるよね。これは成城学園だけでなく、都会のいい私立高校はそんな感じ。だから授業のレベルが高いというか、研究者になる機会を待ってるっていうか…。チャンスがあれば、そこから大学の先生になっていくわけ。

まだ、僕も若かったから、研究者の端くれにでもなりたいという思いもその頃はまだ少しはあって。大学院の友達は、基本的にみんなそう思っていた時代だから。ましてや教科教育系の大学院なんてあまりなかった時代で。今のようにインターネットなんかないわけだから、地方に帰るということは、研究的にはそのまま都落ちをするようなものだという感じもあったからね。文献調査なんか、もう無理、っていう感じもあったしね。長崎と東京じゃそんなに簡単に上京できる距離ではなかった。経費がね。

—実際に研究者になっていく方もいらっしゃったんですか。

いたいた。教科教育学を成城大学の方に教えに行ったりもするわけ。だから、研究日が1日あって、出張費がいくらかある。当時はまだ、学校は土曜日は半ドンだったからね。それで、書籍費が、言ってみれば研究費みたいなものが講師の僕なんかにも、まあ非常勤だからほんの少しではあったけれどちゃんとあった。とにかく、どんな授業をするかとか、どのような教え方をするかとか、強制されることはない。もちろん僕みたいに初任者などは、色々と教えてもらうことはあったよ。模擬試験なんかは一切ないから偏差値がどうのこうのということもない。しかし、「自由」というのは逆に厳しいことでもあるね。レベルの低い授業をすれば、生徒たちはすぐについてこなくなる。先生方は、よく同僚と専門的な話を、授業のあり方も含めて話してましたね。授業の空き時間に、そんな先生方の話の中に入れてもらって、本当に勉強になったし、知的な刺激をいつも嫌というほど受けてたな（笑）。そういえば、長崎に帰ってきて、何年後だったかな、同じ成城学園時代の先輩の先生、同じ国語科の同僚ということになるけど、が長崎の大学に助教授で赴任して来たことがあったね。学校も近かったし、よく長崎を案内したり、文学について話したりしたこともあったな。僕もそのころはまだ近代文学会に入っていて、その先輩も近代文学が専門だったから、よくいろいろと教えてもらっていた。まあそんなふうに、研究を進めている教師が成城学園にはたくさんいたということだ。

そのころね、都会だから、40人1クラスの中で、30人ほどが一人っ子だったよ。（授業の中で）手を上げさせてみたことがあったけど。どのクラスも、といっても3クラスだけど、地方みたいに兄弟が二人も三人もというわけではない。で、お金持ちだから、こっち側（長崎）の子どもたちとは、いってみれば住んでる世界が違う。すごいですよ。例えば、何かに関心があって、仮に日本古代史とかに関心があったら、梅原猛とかにすぐに京都まで話を聞きに行くんだもんね、夏休みにね。その話を平気でする。「ちょっと梅原先生に聞きに行って来ます」とかね。僕からすると本の世界の有名な学者さんのはずなのに…と思ったけど。親も大学教授だったりするから、すぐ紹介とかしてもらって。実際その子は、帰って来てから、「すごく勉強になった」と。「自分もそっちの道に進みたい」、「京都大学に行きたい」と目を輝かせながら僕に話して聞かせてくれたね。生徒たちがそんなレベルだから、授業も、中途半端な予習ではできない。古典の授業の中で、近世の井原西鶴の話をやったとき、それを説明してたら、ある生徒が「父はそんな解釈はしてませんでしたけど」って授業が終わってから僕のところに話に来る。「父？父は誰？」って聞いたら、それこそ近世文学の大家で東京大学の教授。「ああ、そうなの…」って。冷や汗だらだらで。そういう子どもがいっぱい来てるからね。プロ野球の監督の子どもさんとか有名な俳優の子どもさんとか。僕の友達がその監督の大ファンということで、「なんとかサインをもらってきてくれ」と頼むもんだから、あるときその子に「お父さんのサインをもらって来てくれないかな」とお願いしたら、「先生がそんなこと言ったら軽蔑されますよ」と言われて、本当にそうだと穴があったら入りたいくらいに恥ずかしかった。とにかく趣味や遊びに関心がある生徒もいっぱいいて。それがどれも本格的で。学校終わったらすぐ渋谷に遊びに出掛けて行くとか。そこでスカウトされてハワイにコマーシャルの撮影にいってしまうとか。半年後には、テレビのコマーシャルに出てるとか…。ともかく僕にはカルチャーショックの連続だった。ただ、勉強も厳しかったね。赤点が一つでもあったらどんな理由があろうと留年だから。絶対、そこは手を抜かないので。バブルが始まる前だからね、始まりかけのころ、80年代。

平田オリザが最近よく言ってるんだけど、経済格差もそうだけど、文化格差がますます広がっている。都会と地方、お金持ちとそうではない人たち。確かな文化資本にどれだけ子どもの時から触れていく機会をふやしていくか。教育の大切な役目ではないか、というようなことを言ってるけど、成城学園のことを考えると本当にそう思うね。

―バブルが始まる前、長崎に帰ってくるころですね、先生が。

一生こんなところでやれたらいいなって思った。自分の大学（東京学芸大学）もすぐそこにあるわけだからね。自分の大学と繋がっていれば、今後色々と研究らしきこともできるんじゃないかと。成城大学もすぐそこにあるし。そういえば、若手の国語の先生たちと成城大学の文学部の院生あたりと一緒に読書会もやったな。当時売り出し中の若手心理学者の岸田秀の『ものぐさ精神分析』という本だったのを覚えてる。後に批評界では重要な書物になっているから、それを選んで読書会をやるのはさすがだなぁと思うよ。そういえばその院生の中には、後に有名な漱石の研究者になった人も確かいたんじゃないかな。本音を言うと成城学園にいたかったけどね。もしそうだったら、僕の人生も今と全く違ったものになってたかもしれないね（笑）。…いたかったんだけど、一方で、「なんか違うな」っていうのもあったのも事実。

―なんか違う？

うん。教師をやるなら地元でやりたい。自分が育ったところで、風土の中で、長崎の子どもたちを大きくしたいっていうかさ。育てたいっていうのはあったね。それとここ（成城学園）の教育は、ある意味、経済力に裏付けられた一つの理想の教育で、本当の教育ではないのではないか…という気がしてたのも事実で。いまこんなことをいうと畑中くんは、ピンとこないかもしれないけれど、僕は、自分が貧乏で、母子家庭だったから、高校出たら就職しようと思っていた。大して成績もよくなかったからね。いまは地方でもいわゆる進学校と呼ばれるような学校の生徒は、大学に進学するのが当たり前みたいな感じだよね。でも当時（70年代）はまだそうでもなかった。大学進学率も50パーセントいかないくらいじゃないかな？だからむしろ工業高校なんかはすごい倍率だったよ。高度経済成長の真只中だからね。というか、最終段階なんだけど…。だから高校出たら就職すべきもんだと思ってたからね、自分で。そんな僕も、高校の時の担任の先生や周りの友達も含めた環境のなかで、できることなら大学に行ってみたいなと思うようになっていった。もっと広い世界を見てみたいと思うようになった。だから、そんな土地の高校生を育てたいと思ってたんだね、きっと。当時はね。だから自分が教師をするならここじゃないかなって。でもまだ、研究もしたいなっていうのもあったので、こっち（東京）にいたほうがいいかなとか思ったりとか…。悩める日々だったよ。日和見主義ということばをはじめて実感したね。いい場所だっただけにね。きつかったけど。試験問題を作ったり。国語なんかは、試験問題を作るのが一番難しくって。今では皆さん、結構既成の問題を利用しながら作ったりしてるけど。本気で授業で培おうとした力を観る問題を創るとなると難しくってさ。何時間もかかるんだよ。当時はまだ力がなかったからね。そこは鍛えられましたよね。

―成城で作ってたんですか？

もちろんもちろん。長崎に帰って来てからでももちろん自分で作っていたけど。昔は国語で言えば、大きな学校では、一つの学年を三人から四人の先生で担当しているので、大問が4題あれば1題ずつ作ってきて、「ここはだめだ」とか「これは問題になってない」とか先輩の先生方から指導を受けたりして、そこが本当の勉強。読み方の勉強だよね。「こう読むのか」とかいうこととか。「はい作り直し」とか、何も言われないで問題を突き返されたりね。D高校の時なんかは、「問題作成だけはちゃんとやりましょう」とか言って、夜遅くまでやってた。その問題検討の日なんかは12時すぎるのはよくありましたね。E高校でも自分で全部作ってたけど、一人が1年も2年も持ったりとか、現代文も古典も持ったりとか、4種類ぐらい（試験問題）作らないといけなくて、とてもじゃないけど間に合わない。だからそういうの（既成のテスト）を使うわけですけどね。でも、「1題は自分で作ろう」って思って、はじめからの問題作成をやってた。そこで力が付くんですよ。教師力がね。しかし、背に腹は変えられないという事情も出てくる。

成城学園は、先生もだけど、能力がずば抜けている生徒も何人もいて。すごくできる生徒が寝てるわけ。授業中。ある生徒なんかは、いっつも授業では寝てて。涎垂らして寝てる。でも、試験はほぼ完璧にできて。（試験が）終わって、「あんな問題は試験問題じゃないですよね」とか言ってくるんだよね。「簡単っていうか、文意と設問の立て方がおかしいんじゃないですか」とか「授業で言わなかったことを問題にしなけりゃ。説明したことを問題に出しても本当の力は測れないでしょう」とか言ってくる。おっしゃる通りなんです、実は。「まあ、とりあえずこんな答えをしてほしいんだろうと思って書いておきましたけど」とか言ってきて。それはそれで完璧なわけですよ。でもいつも寝てる。その生徒に、なんとか考えさせて、考え苦しむような問題を作ろうと。要するに、その生徒に認めてもらえるような問題を作ろうとしてた。だから大変。下手な授業はできない。まだ何もわからないのにさ、大学院生で、現場の経験はほぼ無いに等しいんだから。でもそんなのは生徒からすれば教師の言い訳だよね。それで鍛えられたんだよね。先生たちはすごいし、生徒も賢い。読んでる本もすごいのを読んでる。本当に勉強になった、というか勉強させられたね。その生徒には、最後の学年末、2年の学年末が終わって、その子がまたやって来て…。「今度の問題はやられましたね」とか言ってくれて。「先生成長しましたよ」とか言って生意気だったけど、嬉しかったりしてね（笑）。1年間だけだったけど、だいぶ鍛えられたね。授業で下手なことを聞いたりしたら、「は？」って。「何聞いてんの？」みたいな感じ。「そんな質問ないでしょ」って。だって、他のすごい先生の授業も受けてるわけだからさ。だからこちらも一生懸命やらざるをえないわけだ。それで鍛えられたりしたのは大きいし。他の生徒も何人も、一人っ子だからか、なついてくる。先生たちに甘えてくる。甘えてくるっていうか、話に来る。わざと議論を吹きかけてくる。そんなので本当色々勉強したし。こっちも、教師になったんだから生徒といろいろとしゃべらなきゃ、って思って。勉強になったし、鍛えられたのは大きかったといまでも思う。

そういうところでやってきて、すべてがカルチャーショック。長崎の校則なんかでいう「自由」とか「自律」とかとはレベルがはるかに違う。自由というか、僕の目から見れば「放任」に近い。言ってみたらね。でもそれでもちゃんと専門性の高い立派な生徒が育っていく。だからそこに僕の理想の教育の原型みたいなものがあるのかもしれない。

修士1年目のA学園は、東京では偏差値的には下の方の私立高校で。2年目の成城学園は東京ではかなり上のほうの私立。両極端をとりあえずは経験したことになったね。A学園は、ことばは悪いけど、どこにもいけなかった子どもたちが来るような学校。その当時はね。大学院決まった後に（非常勤講師を）探して、そこしか空いてなかったから面接に行った。そこの校長先生が夏目漱石みたいな髭を生やしていた（笑）。

その校長先生が「どんな子どもも見捨てないというのが私の教育方針だ」と開口一番におっしゃる。僕も学校の校長面接は初めての経験だし、「おぉ。この人は素晴らしい教育者なんじゃないか」って思って。「できる子どもばかりを相手にしているようでは日本の教育はだめだ」って。「下の方の子どもをほったらかしにしているから世の中悪くなる。そういう子どもたちをこそしっかりと教育するところがなくちゃいけないのだ」と。男女共学だけど、女の子は怖がって来ないっていうような学校。

暴走族流行った時代だけど、暴走族がいっぱいいて。剃り込みが激しくて…。でも、だんだん退学していくんだよね。最初出席簿には、1クラス50人以上の名前が書かれてあるのだけれど、学期が進んでいくに従って、名前を消している赤線がどんどん増えていく。3学期になると40人に満たない数になっていく。僕たち講師には3年の現代文って、一番授業しにくいのをやらせるんだよね。「えー!」とか思うけど。しかも教科書は一番難解だとされている出版社のやつで。こんなところでやれるかなぁと不安なんだけど、やらないと、仕送りなんかないので、生活できない。それでやってみると、喧嘩、喧嘩、毎時間。こっちは一生懸命説明するしかできないんだけど、むこうはいわゆるツッパリみたいな生徒がほとんどなわけ。ほんと「ビー・バップ・ハイスクール」みたいな、ヤンクミの世界みたいな生徒がいっぱい。そのころ、校内暴力の時代だからね。

3年生って、専任の先生たちは手を焼くから。そういう私立っていうのはね、経営も厳しいのだろうけど、専任の先生は少しで、あとは講師をいっぱい雇うわけだ。講師の給料は悪くなかった。そういう子どもたちが3年生なんだけど、そういう生徒たち…、後ろでマージャンしてたり、ボール投げしてたりする中で、「森鴎外の『舞姫』とか読めるわけないじゃん」みたいな感じで。でもそこで、はじめて教壇に立つ教師熱をもっていた僕は(笑)、「何とかこいつらに国語の面白さをわからせるような授業をしなきゃ!」と意気込んでるわけで、色々と自分なりには努力したつもり。ほとんどそんなのは空回りする(笑)。いまいった鴎外の「舞姫」だけど、高校3年生の教材としては定番なんだけど、ともかく明治時代の、古文と漢文とが一緒になったような擬古文というのだけれど、で書かれてあって、漢字も難しいし、進学校の生徒たちにとっても読みにくい難解な文章なわけ。当然目の前の生徒たちは読む気はさらさらない。うー、このまま終わっていいのか…いや終わっていいわけないではないか…と熱血教師を目指していた僕は、この長い小説を、全部ひらがなに直して、プリントして…いまみたいにワープロなんかないよ。全部手書きで、プリントして。少しずつ、少しずつ読み進めていった。この話で何時間もかかるから何だけど…。

それと比べれば成城学園は全く逆だった。A学園のときのほうが給料よかったけれど、成城学園行ったら周りの先生たちもすごいし、生徒たちもそうだし、こっちも色々と鍛えられて勉強になるし。そんな学校だったね。見るもの聞くものすごい。当時の長崎しか知らない僕は、ともかく驚愕の毎日だったね。

生徒が書いた作文がそのまま本になってくる。お金があるから。本っていうか、文集がきちんと活字になって製本されてくる。さっきも言ったけど、ワープロとかない時代だから、データで渡すなんてできないわけですよ。だから、印刷屋さんが活字組んで印刷して製本してくれる。「なんでこんな作文が本になるの?!」って驚いてた。『読書のすすめ』とかいって、先生たちもすべて1冊ずつお薦めの本について短い文章を書くことになっていて…。僕も書かなきゃで…。恥ずかしかったけど、なんか書かなきゃで。沢木耕太郎の『破れざる者たち』について書いたかな。そういうのもすべて本になるわけ。なんでもかんでも本になってくるし。そのころはインターネットもなんもないけど。

それから、夏休みには「自由研究セミナー」っていうのがあって。1年から3年まで、「○○セミナーは、8月○日から○日まで、○○でやります」って、そういう一覧表を作って生徒に配る。それに生徒たちが応募する、応募っていうか決めるわけ。どれかに行かんばいかんとなっている。単位に入っている。もう一つ驚いたのはね、中間試験がない。期末試験しかない。中間試験とか。思ってみればいらないんじゃない、中間試験はない。年間3回しか試験はない。いらないんだよね。また実力試験とか進研模試とかないしさ。予備校で受けるわけだから、必要な人は。当然、成城大学には内部推薦だから。それはそれで、期末考査は、その推薦基準になるから手をぬけない。さっきも言ったけど、1科目でも赤点なら即留年。だから、試験前は何日か休みになる。

—学校が？

そう学校が。授業がないわけですよ。来るんだけどね、生徒たちは学校には。うん、でも来なくてもよかったのかな。でもやって来て、勉強したり質問したり…。でも授業はない。3日間ぐらいだったかな？試験前3日ぐらいは試験休みになってて。ひたすら試験勉強をするわけです。その間に、先生たちは試験問題を作るわけですよ。すごい難しいっていうか、考えさせられる問題。それが本当だよなって思うんだよね。ギリギリまで授業してさ。試験問題作ってさ。いい問題作れるわけないよね。そして期末試験だから、それが終わったら（長期）休み。僕なんか「えー！」とかいう感じで。

それからさっき言った夏休みの「自由研究セミナー」ね。「福田君もなんかやりなさい」っていうから。「やっていいんですか」って。「いいよ」って。まあ、やりなさいって言われたんだよね。何しようかなって。大学の先生に、「こんなのがあるんですけど、ゼミなんかの経験からどんなのがいいですかね」って尋ねて。その先生は、麻布高校なんかを知ってるから「それはいいね」って。「何かしたらいいじゃない」って言われて。だからたしか、「青春小説読書会」っていうのをやった。青春小説をずっと読む。漱石の『三四郎』。鴎外の『青年』。それから、大正時代、芥川。昭和で太宰、石原慎太郎の『太陽の季節』とか田中康夫の『なんとなく、クリスタル』が最後だな。その頃の芥川賞だからね。これは慶応の男子学生と成城の女子学生がモデルの青春物だからね。でも、「そのセミナー、どこでやるんですか」って聞いたら、「ここから選んでいい」とかいわれて。「どこでやってもいい」って。例えば軽井沢とか小諸とかの旅館やホテルでやっていいって。で、「費用はどうなるんですかね」って、貧乏学生の僕は気になって仕方がない。そしたら「もちろん先生の分は全部学校持ち」と言われて安堵した（笑）。もちろん生徒は自費ですよ。でもそんなことでクレームを入れてくる親は、だれもいなかった。まったくゼミの合宿みたいだった。集中講義みたいなのをやってるわけ。しかも1年生から3年生まで一緒に希望者でやる。それも面白かった記憶がある。生徒が自分の進路だとか希望だとかに合わせて選択する。すべて選択するわけ。強制はだめだって。選択なんだって。「自由と個性尊重」がスクールアイデンティティだからね。それはすごい取り組みだった。こんな学校が世の中にあるんだって、とにかくびっくりした。外国へでも迷い込んだかのようなカルチャーショック。長崎の、地方から出て来て。だけど、逆にその高校の先生たちは、「この子たちは、今いるこの世界が当たり前だと思っている」と。「それが違うんだっていうことを教えてほしい」って。地方の現状だとか、世の中一般の高校生がどういう風にすごしているのかとか、そういうのをどんどん授業で話をしてくれとか言われて。国立大学にこの子達を入れたいと。私立大学でももちろんいいんだけど。レベルの高い私大だからね。そうじゃなくて、5教科ちゃんと勉強して、いろんな広い視野を持った子どもを育ててほしいって言われたことを覚えているよ。うーん、何というか、「自由と個性尊重」というのは、そこに自律的なきびしさというか責任が担保されてはじめて可能な教育理念になるんだということを学んだね。たった1年間だったけど、本当にさまざまに鍛えられた経験になったと思う。

そこに工藤信彦っていうさ、ネットで引いてもらえば出てくるけど。その人が、その頃60歳前ぐらいだった思うけど、その人は実に面白い教師だった。面白いっていうか、岩波ジュニア新書で『書く力をつけよう』っていう本を出してるんだけどね。詩人なんだけどね。詩人で、大学で現代詩の研究をやりたいと思ってたんだけど大学には行かなかったね。「なぜ国語なのか」「なぜ文学なのか」っていうのを詩を中心にしながらずっと追求していっている教師。その人から、たくさん影響を受けましたね。当時は、大学で習ってることと実践をすることが、なかなか結びつかないわけだけど、その人はレベルが高いので、学術的なことをっていうか、詩人、作家たちのレベルにいて日々の授業をしているから、生徒もほとんど大学の授業を受けているような感じで、どんどん国語の力がついてくる。大学のほうの教科教育の講義も持っている。教師の学問的レベルが生徒を育てるんだということを目の当たりにした。後でも話すことになると思うけど、僕の中では国語教師というときに、教科、ここでは国語、文学とか詩とか言語学とかの専門性の問題と、教師という教育的な専門性の二項対立をどのように克服していけばいいのか、というのが自分の中のテーマだった。修論では、だから「文学教育理論の研究」がテーマなんだけれど、その文学と教育という二つの要諦をどう止揚していくのか。その問題は、僕の中ではずっと続くのだけれど、彼はそれを高度なレベルでアウフヘーベンし得ている教師だと思った。高校3年の時の担任の国語教師とこの工藤信彦という二人の教師が、僕がずっと追いかけている教師像ですね。その意味で、成城学園の1年間は、ある意味で僕の「原点」であるといっても過言ではないと思っている。

2 詩（ことば）との邂逅

（聞き取り日時　2014年8月15日9：00〜12：30　於H高校校長室）

―前回、話を聞いたのは成城学園高校の1年間。今、ちらっと（『成城教育』の原稿を）[2]見たんですけど、先生が「自分の学校観というのは、成城の1年間で作られた」と書かれていて。「それまでの、教員生活、学校像、教師像というのは、成城高校で作られた」と。それぐらい中身の濃い1年間だったと。そういうことを前回も話されていて。おそらく、まだ聞けば聞くほどいっぱいあると思うんですけど、少しずつ先に進みながら、戻りながら進めていければなぁと思うんですけど。それでよろしいですか？まだ成城で話し足りないことは。

話し足りないことはいっぱいあるけど、行きつ戻りつしましょうか。

―はい、そうしましょう。B学園の1年間から始めていいですか。

B学園は当時、6年コースっていうのがあって。これは全寮制で、ハイレベルの進学校を目指して作られた6年コース、全寮制で。

―じゃあ、レベルは高かった。

そうそう。去年、当時のクラスの同窓会があったんだけれど、ほとんどお医者さんになってたね（笑）。今思えばすごいけどね。その子たちが、九州各県から集まってきて、沖縄出身の子が多かったですね、そのころは。みんな寮に入ってて、中学1年生から。それで、中学3年と高校1年を、主に教えてた。

―担任を持たれていたんですか？

いや1年目だから担任は持ってない。

―国語だけ。同窓会があったんですか？

うん、授業が中心。担任はしていなかったけど、まあ生徒たちと近かったから…副担だったかもしれない。同窓会は一昨年かな。誰が計画したのかなぁ。誰かが連絡をしてきてくれて…。会にはそのときの担任と、僕が行ったかな。

それで、当時は週に2回ぐらい寮に泊まる。舎監として泊まって、夜も学習会が毎日あってて、その時の勉強をみたりするんだけど。質問を受けたりとか…。そこでいろいろと仲良くなる。

―1クラスですか？

1クラス。それとあと、当時は6年コースと3年コースって言ってたけど、高校から入ってくる生徒は3年コースの方でカリキュラムも別だった。その3年コースの2年生も持ってたかな。授業だけね。所属は6年コースの方で、同じ敷地内にあるんだけど、校舎は別だった。いろんな先生もそうやって両方またいで授業に行ってた。その6年コースは、進学のためのクラスだから、進学へ向けての勉強を頑張ってたね。毎日7時間授業で補習もあってたかな。高校2年生までに高校の教科書の内容をほぼ終わらせて、あと高校3年生になると、大学受験に向けた演習中心の授業になる。いま思えば、生徒たちはよく勉強してたと思う。部活動は基本的にない。中学は、サッカー部だけあった。人数も少ないしね。各学年1クラスだけだから。

—成城学園高校とは違いましたか？

それはまったく違いましたね。こっちは受験に向けてただひたすら鍛えるみたいな感じだから。まだ行って1年目だから、あまり何にもわからなかったし、何かを動かしたりはできないから。そういうときに、中学校のサッカー部の面倒を見た。6年コースは、基本的に部活動には入らないのだけれど、中学はサッカー部だけあった。中学の部活は、少し認められていたってことかな。まあ人数も少ないし、サッカー部だけで十分。まあ体を動かす運動も少しはした方がいい、くらいの感じのサッカー部。あと3年コースの美術部に入って絵を描いていた生徒もいたね。

—6年コースと3年コースはそんなに違うんですか？部活動まで別？

全然別。全然別の学校みたいな感じ。だから、6年コースは高校で部活動とかないからさ。中学部サッカーもそんなに厳しいサッカー部ではない。だから少しきちんとしたサッカーを教えたら、メキメキ上達して、すぐに市内でベスト4になった。新人戦か何かの大会で。急に強くなったと周囲には驚かれたよ。準決勝で優勝したチームに負けた。それはそれで、サッカーの指導はしてみたかったから、中学生だったけど、楽しかった。高校は、3年コースには立派な指導者がいるけれども、中学校の方は練習をみる人がいないっていうから、それなら、ちょっとやってみようかなっていう感じで…。

—その年に、県の採用試験を受けて。

その年に受けて受かってるので。当時は、一次試験は職場にも黙って受けられるけど、二次試験は、職場の所属長の許可が必要だったと記憶している。

—管理職に言わないといけない？

そう、所属長に。そのときの校長先生がいい人だった。二次を受ける時にその人に許可をもらいに行って…。「もうちょっと広い世界で教育を考えてみたいので、県の教員採用試験の二次試験を受けたいのですが、よろしいでしょうか」って聞きに行ったよ。ありがたいことだけど、先輩の先生たちの何人かから「辞めるな」とか、「しばらく残れ」とか言ってもらって。若い先生たちとはみんなと仲良くしてたから、なんかその時は慰留してもらったのを覚えている。しかしその校長先生はちがったね。彼は雪国の出身で、スキーで、世界選手権みたいなところまで行った経験があるらしい。それで、あなたはまだ若いと。自分もいろんな経験をして、世界に出て行って、視野が広がったし、ものの考え方が変わったりしたと。他の先生方から慰留されているのは知っているけれど、あなたはまだ若いので、もう少し広い世界で、自分の希望する世界で頑張って、それでまた、もし機会があればいいから、県の採用試験を希望するなら受けてくださいと。落ちればまたここにいてもらっていいから、というようなことを言ってくれてさ。あぁ、いい人だと思った。古いかもしれないけど、人の情けというものをまたそのときに知った思いがした。それで、採用試験を受けて、4月からC高に採用になった。

そういうこともあって、B学園は1年で去ることになる。しかし、B学園とC高は近いので、そのあともB学園の生徒たちがC高に遊びに来たり、質問に来たりと色々付き合いもあった。

―生徒が？

そうそう。3年コースの生徒も知ってるからさ、サッカーも時々行ったりはしてたし、練習試合したりして。C高でもサッカー部の顧問をしてるから、練習試合したりして。そういえば、さっき言った絵を描いてる美術部の生徒が、B学園の、あの美しい青い屋根の修道院を油絵にして持ってきてくれたね。その絵は、今もちゃんと持っているよ。

浜の町で時々会うんだよね。彼らに。そしたら「裏切り者」ってよく言われた。愛着のこもった「裏切り者」（笑）。生徒の側には、公立も私立も関係ないのだからね。

―そのころの教員採用試験って、どんな状況だったのですか？

その頃はある意味すさまじかったよ。ドルショック、オイルショックの不況がまだ続いていたように思う。深刻な社会不況。トイレットペーパーがなくなるパニックが起きてさ。その頃は1ドル360円の固定為替相場制から変動相場制に移行しようとしていた頃だね。経済不況は、僕の印象としては、バブル崩壊時よりも厳しかったような覚えがある。たぶんまだまだ日本が貧しかったんだね。

そのショックのちょっと前頃に教員の給料が少し上がったこともあって、教員採用試験の倍率は高かったね。経済不況で企業がいっぺんに募集しなくなって、多くの企業をめざしていた者たちも教員採用試験を受けだした。「教員にでもなろうか」って受けだしたから、もう、受験者が多すぎることになって…。もちろん「でも・しか」教師というのは、その昔から言われているけど、言ってみれば「積極的でも・しか」教員が大量に志望した時代。

だから、当時は大学の教育学部も相当な倍率になってたと思うよ。東京学芸大は、これまたおそらく史上初くらいの高倍率。どこの大学の教育学部もかなりの高倍率になってた時代だ。結構広い学芸大学だけど、受験はここだけでは間に合わず、一橋大学の教室も借りての受験だった。僕の受験会場は、一橋大学の大教室だったな。たった定員20人の中等教育課程国語科に200人入る大教室三つ分が試験会場。それだけで圧倒された。そういえば、長崎大学の受験も、確か附属の中学校か小学校の体育館だった。寒かったのを覚えている。当時は、一期校、二期校の時代だから、国立大学は二つ受けられる。一方には、大学進学者の数も急激に増えていく時代だったんだろう。その三、四年後に共通一次試験がはじまることになって。

でも、自分のことを言えば、ちょっと恥ずかしいけれど、真面目に教員になりたいと思っていたわけだ。「でも・しか」でなく。高校3年生の時の恩師が目標だったからね。だから心のどこかで、そのように教員志望に流れてくる者たちに不満を感じてた。「打算で教育を語るなよ」、みたいな…。だから自分は、教員になるんだったら真面目に教育とは何か、教師とはどうあるべきかを追求していくべきだと思ってた。そんな教師にならないといけないと…。でも今考えると浅薄な意地張りだよね。だって現場が何も分かってなかったんだから。自分の過ごしてきた学校経験と、大学で学んだ机上の教育しか知らないんだからね。

—学部を出たときには教採は受けなかったんですか？

最初の年は東京都の教採を受けた。大学院に行こうかなと思ってたから。両方できると思って。東京の教採は受かったんだけど。仕送りはないから、とにかくお金がないので、定時制と大学院なら両立できるなって思って。修士はほぼ毎日行かなきゃいけないけど、定時制だったらそれができるなって思った。実際そうやってる先輩もいたしね。定時制を希望していると、大学の方からか何かで、都の教育委員会に申し出てもらって。そうしたら定時制の話が来た。巣鴨にあった定時制高校。「やったー」とその時は思ったね。勤めができれば何よりお金の心配はないからね。その学校の校長先生との面接の折に、よしと思って契約書に印鑑を押そうとしたんだけど。で、「大学院に行きたい」ってちょっと話したら、「どこの大学院か」って聞かれたから、「学芸大です」って答えたら、「両方とも公的機関だから、それはちょっと無理ですね」って言われてさ。片方が私立だったらいいけれど。早稲田とかなんとか。私立（の大学院）と公立の教員とか、逆に私立の教員と国立の大学院とか。でも、どっちも公的な機関に所属することはできない、とか言われて。「えーそんなことがあるのか」って呆然となって…。そういえば先の先輩たちは、私立の学校とうちの院、またはその逆だったね。大学院に行くことにはなっていたので結局東京都の教員になることは断念した。それでバイトしなきゃっていうことになって、急遽、A学園に非常勤で行くことになったんだね。そんな感じで…。で、何の話だったっけ。なんでそこまでさかのぼっていったわけ？

—C高に採用された。

あぁ、そうだった。

（教頭来室により、一時中断）

—さっきは、C高の話に入ったところでしたね。4年間なんですか？新任の1校目っていうのは。

そのころは基本3年か4年。4年いたので、31歳になる年に出た。僕は8月だから、誕生日が。この前、2・3日前、58歳になった。31になる年にD高校に行って。

—（開校）2年目のD高校ですね。

だから、30歳、C高の最後の年に長女が生まれたからね。あなたも同じ年に生まれたわけだね。

—そうです、1986年。

で、C高に4年。その頃、新任教師の心得として一般的に言われていたのは、授業が第一だということ。まあこれは当たり前と言えばあたりまえですね。で、研究をしていかないとだめだって、専門教科に関する研究をね。それは大学でもよく言われていたことだし、学び続けなければいけないんだということ。だけど部活動も一生懸命しなさいと言われる。そして、その頃はやっぱり、今もそうだけど、学級経営だね、今の言葉で言えば。その頃は経営とかという言い方はあまりしてなかったかもしれないけれど。学級作りみたいなのをしっかりやりましょうということ。教科と学級と部活動っていうのは、教員の、まあ三本柱みたいな、それがいわば当時の高校の教員の「常識」だったと思う。新任研修とかでよく言われていた。あと校務分掌もしっかりやりなさい、と言われたね。だから少なくとも、この三つには全力を注ぐべきだと当時は真面目な僕はそう思っていた（笑）。できるか否かはともかくね。たぶん多くの新任たちはそのようにとらえていたんじゃないかな。

それで、前も話したけど、長崎に帰って高校の教員をしようっていうときに、国見、というか小嶺さんのサッカーを倒したいっていうのがずっとあったからさ。高校生のときから。それが、中学校じゃなくて高校の教員になりたいと思った僕なりの理由の一つ。だからサッカー部を持たせてもらって。

—最初から、1年目からですか？

うん。もちろんその学校の顧問事情というのはあるのだけれど、僕の場合は、最初からサッカー部の副顧問だった。C高には、サッカー経験者の英語科の先生がいたんだけど、でも彼は中堅教員で、生活指導部の副主任として校務分掌が忙しかったので僕が中心で指導するようになった。サッカーの指導ができる教員って、当時はあまりいなかった、その頃はまだ。だから、すんなりサッカー部の顧問になれた。

—サッカー部はあったんですか？C高には。着任当時からサッカー部は。

サッカー部は昔から、僕が高校のときからあったよ。歴史は古い。よく練習試合をした覚えがある。あまり強くはなかったね、というか弱い方。だから、新任の僕は燃える（笑）。

でも、部活指導も、学級経営もなかなかうまくいかない。それから、一番大事な授業もうまくいかない、なかなか。授業はなかなかうまくいかないのだけれど、とりあえずは教科教育学を勉強してきたのだから、授業をうまく成立させるというか、自分なりのいい授業をしないといけないっていうプレッシャーはあったね。それから、進学校と言われるところで、常に試験の平均点を比べられる。他のクラスとか、他の学校とかと。これまで、私立高校で3年間講師をしてきたのだけれど、それである程度はできるだろうとは思っていたけれど…なかなか思うように生徒を乗せられない。つまらなさそうに授業を聞いてる。それに耐えられない。本物の、というか、本当はもっと国語は面白いはずなのに…と思うけれど、その面白さや豊かさを全然伝えられないんだね。自分の非力さを痛感せざるを得ない毎日だった。

あと、クラス経営も、自分が思うほど生徒がついてこない。自分がかつて生徒の時に味わったクラス、担任と距離が近くて、あれこれといろいろな話ができて、困り事を一緒に考えて、悩んで解決していく…みたいな、こういえばドラマっぽいけどさ、少なくとも1年終わる時には「先生のクラスでよかった」と思ってもらえるようなクラスにしたいと思うよね。はじめての学級担任の経験だ。また部活動では、自分と同じようにサッカーを好きな生徒たちだから、なんとか少しでも強くなっていって、自分たちが目標に向かって努力すれば、それが結果に結びついていくんだということを実感してもらいたいと思っていた。「きついと思ったら、いまその時に走れ！」というのが、自分達が高校生の時のサッカー部の合言葉だったんだけれど、そんな自分を乗り越える精神力を学んでもらいたいと本気で思ってた。それが高校で部活をやる意義だ、みたいな。まあスポ根みたいな感じだね。その意味で僕もまだまだ甘いし、まだ青春していたんだろうかな？

自分で言うのもなんだけれど、自分なりには精一杯、真面目に、誠実にとりくんでいたと思う。ほぼ毎日睡眠時間は少なかったと思うよ。「でも・しか」ではない教師を目指そうとしていたつもりだったから。

しかし、いま思えば、あまりに気負い過ぎていたのだろうと思うし、若さに任せて、自分の考えを一方的に、ただただ生徒に押し付けようとしていたような気がする。どうして生徒たちは分かってくれないのだろうとばかり思っていたような…。それではうまくいかない。上からいくら押し付けても生徒は何も変わらない。それが当時はまだ分からなかった。

1年目の秋も深まった頃だったかな。あまりにもうまくいかないので、ほとほと自分に嫌気がさしていた。その頃はバブルの始まりかけで、就職は他にもいっぱいあった。もう1回盛り返すからね、ドルショック、オイルショックでだめになった企業が、また盛り返してきて。証券会社や銀行がどんどん、右肩上がりで。就職の口なんていっぱいあったんだけど…。やっぱり、自分は高校の教員をやる能力はないのではないか。向いてないのではないか、と真剣に悩んだ。「トラバーユ」ということばがそのころ流行っていた。もう教員はやめて、他の仕事をさがそうか…と本気で悩んでいた。でも、大学院のあと、まずは10年現場に出ようと思ってて。そして現場をある程度知ってから、それから国語教育の研究をしたいと思って教員になったんだけど。うまくいかんなぁというのがあって。やはり、自分に教師は向いていないんじゃないかと…。ほとほと自分に自信がなくなっていた。まあ、それだけの自分の実力がなかったということなんだけどね（笑）。

そんなある日の午後だったと思う。なんとなく学校の図書室に入った。

―C高の図書室ですか？

そうそう。きっと授業の空き時間だったんだろう。昼下がりだったような気がする。

現代の学校図書館は基本的に明るい、みんなが集まる図書室にしなければいけないとかで、座りやすいソファーがあって、温かみのある木の本棚で、漫画本もあって、雑誌があって…みたいになってるけど…。その頃はまだ古い図書室の感じで。どの学校もたぶん。スチールの本棚に、難しい本がびっしり並んでる…みたいな感じで、多少かび臭い雰囲気があって…というような図書室だった。

個人的なことをいうとね。僕はそんな言ってみれば暗い感じの図書館もきらいじゃない。むしろそんな図書館も必要なのではないかとさえ思う。確かに明るくて、みんなが集まりやすくて、いろいろな情報を手に入れることのできる場所としての図書館は大切だ。僕の盟友が言ってたけど、「図書館は学校の知の心臓部だ」、という捉え方が大切だと思っている。これからはもっとさまざまな学びに役立つ知的情報を探索できる場所になっていかなくてはならない。そして確かな司書さんがいる。そんなふうにこれからの学校の図書館はなっていかなくてはならないと思っている。おそらく学校の図書館のありようで、その学校の知的レベルというか、文化レベルが測れるのではないかとすら思っている。

しかし一方で、やはり静かに自分と向き合う、自分の孤独と向き合える場所としての学校の図書室っていうのも必要なのではないかと思うんだよね。日々の授業や人間関係に疲れてしまう生徒だって少なくない。教師だってそうで。そんな自分に静かに向き合える場所と本。そんな空間というか機能としての図書室も保障されていかなくてはならないのではないかとも思っている。別の友人が、ある学校で図書主任をやっていて、彼はその図書館を、「知と癒しの空間」と名づけていた。その「癒し」の部分も大切にしていかないといけないと思うんだよね。単にくつろげる場所という以上に、どんな自分も認めてくれるような場所。言ってみればヒーリングとしての図書館の機能を大切にしていくべきだと思っている。「学校の図書館の利用者数が何人に伸びた」とか、「本の貸し出し数が何冊に伸びた」とか、ここでも成果主義で語られる。そうではない場所こそ、学校の図書館、図書室として大切なはたらきだと思っているんだけどね。

話をもとにもどそうか。C高の図書室ね。そしてたまたま何気なく手に取ったのが、茨木のり子さんの詩集。「自分の感受性くらい／自分で守れ／ばかものよ」っていう詩が目に入ってきて…。「あぁ、これだ」というような衝撃が走った。「なにもかも下手だったのはわたくし」っていうフレーズが、胸の奥に突き刺さる。「だめなことの一切を／時代のせいにはするな／わずかに光る尊厳の放棄」「自分の感受性くらい／自分で守れ／ばかものよ」ということばに出会ってしまった。身動きできないくらいに衝撃を受けた。そのときから、もう1回やり直してみようかなって。もう1度、最初に戻ってみようと思った。単純だけど本気でそう思えた瞬間だった。そのときの感触はいまでも覚えているよ。僕は学生時代、詩の研究をしようと思っていた時期があった。だからいろんな詩人の詩を読んでいた方だったのだけれど。茨木のり子の名前は知ってたけど、そしてもしかしたらその詩も読んでたかもしれないけれど…僕にとって、その時が「自分の感受性くらい」という詩との邂逅だった。

　その人のその詩は、いまでこそ、かなり有名になったね、この詩。でも当時は、そこまではなかった。ともかく、自分のなかでは、今の自分を心底叱咤してくれて激励してくれることばに出会った瞬間だった。

—そんなにうまくいかなかったんですか？1年目。

　うーん、そうでもないんだろうけど…。目標が高いので（笑）。まあ、例えば管理職や学年主任が慌てるとかいうような問題はなかったよ。ただ、自分の中で、こんな状態は認められないという感じだった。自分の感動した恩師の授業、成城で学んだ学問的香りの豊かな国語の授業、そんな授業に生徒を導きたい。成城やB学園で経験した生徒との人間的な触れ合い。何やかんやで悩んでいる彼らとの対話。そんな教師としての充実感が得られない。何というか、いつも自分と生徒が対峙しているような関係というか…。それが結局は、自分の人間性の小ささにあるような気がしていた。もう耐えられないなぁ、というような感じになっていたんだろう。いつも何かに、成績とか、偏差値とか、自分のチンケなプライドだとかに追い立てられているような感じだったんだろう。

　いま思えば、たとえば国語を学ぶ、ことばを学ぶとはどういうことか、とか、真の教育とはどうあるべきなのか、とかを、大袈裟に言えばそういう「哲学」を問う余裕もなければ、その力もない。そしてそんな環境ではなかったんだろうね。

（茨木のり子の詩をコピーに行く）

「自分の感受性くらい」ね（畑中へコピーを渡す）。学級担任を持ったのは初めての経験だからさ。周りから見て特段うまくいってないというわけではないけど、僕としては、もう少しうまくいくもんだと思ってる。若いし、部活も生徒と一緒にグランド駆け回ってサッカーするし、授業もいままでの経験から、少しはできるはずだとか思ってるわけだ。でも生徒たちはついてこない。何でだろうとか思いながら。よく、若い先生には生徒がついてきますよ、若さだけで、とか言われるからさ。余計に自分はダメなんじゃないかって思ってくる。生徒たちが、全然ついてこない。まあ、厳しかったり怒ったりするからでしょうね。まあ、今思えばそうだなぁと思うんだけどね（笑）。

―ついてこないっていうのは、授業に乗ってこないとかそういうことですか？何かやろうとしてもうまくいかないとか。

　うーん。どういうのかな。一生懸命するわけよ。いや、往々にしてそうなんだよ。だいたい。こっちは一生懸命頑張れば頑張るほど、生徒は離れていく。授業なんかでもそうなんだけど。あの頃は、教材研究だって、時間かかるわけじゃん。まだ教材研究の蓄積もあまりない。まあ、授業自体も下手なんでしょうけど。部活は毎日する。5時ぐらいから部活をするでしょ。で7時ぐらいまで部活動をして。一緒にグランドを走り回る。日曜は練習試合。まだ若いからね。終わってから教材研究をするよね。まぁ授業の予習ね。家に帰ってきてから夕飯を食べて。で、一生懸命勉強しないと教えられないと思っているから、一生懸命予習していく。指導案みたいなものを書いたり、資料を準備したりしながらね。そうやって準備していくけど、なかなか思う通りにならないし、というか、うまくいかない。たとえば生徒に当てても答えないとか、説明しても自分の声が教室の上空を素通りして、後ろの黒板に当たってそのまま、また自分に帰ってくる感じ…。生徒たちは聞いてないとか。寝てるとか。つまらなそうな顔して頬杖をついている。そうしたら怒ってしまうよね。怒ればまた…。自分のクラスの授業が一番やりにくいと思ってた、その頃は。他のクラスでは結構うける授業ができるんだけど…。だって他のクラスは別に、服装が変でも、態度が多少悪くても、よっぽどのことがなければ、別にそんなにこだわらなくていいけど。授業に集中できる。でも自分のクラスは「もっとちゃんとしろよ」とか思うわけ。小言が多かったんだろうね。きっと。

―何年生だったんですか？

　1年生。今思うと、生徒たちもはじめての高校生活だからね。僕も担任1年目。言ってみれば憧れの担任。いま思えば、そのときの様々な環境には大変な要因は種々あったと思う。でもはじめてだからわからない。結局は、自分がだめなんだと思ってしまう。自分には、教師は向いていないんだと結局は逃げようとする。

　そんな感じで悩んでた。今思うとね。その頃はわからない。「ああ、なぜだめなんだろう」とか。でも、僕が思うほど生徒はだめだと思っていないわけだ。僕がイメージしてるものにはならないけど、でも、委員長とか副委員長とかは、「私たちはそんなに悪くないですよ」みたいなことを言ってきたりとか。「そこは怒るべきところじゃないと思う」とか、いろいろ意見を言ってくる。もちろん、ちゃんと話せばちゃんと話すし、真面目な子は「先生のほうが正しい」って言ってくれたりもする。生徒とあんまり変わらないわけだ。6歳7歳か8歳しか変わらない。そういったときに、「自分の感受性くらい」に、「なにもかも下手だったのはわたくし」とか出てくるわけ。そうか、って。生徒が悪い、この生徒たちじゃ無理だとか、環境がわるいとか思ってたけど、そうではなくて、自分が悪いんだよなと思い知らされる。もちろん常に双方向に考えてはいるけど…でもやっぱり生徒のせいにしてしまうんだな。どこかで。

しかし、この「自分の感受性くらい」という詩に、それこそ邂逅して、もう1回頑張ってみようかな、と思えた。「何もかも下手だったのは／わたくし」だし、「初心消えかかるのを／暮らしのせいにはするな／そもそもがひ弱な志に過ぎなかった」のだから。ここで、もう1度、はじめからやり直すべきだと思いながら。

それから、いままで出会った生徒たちにはすべてこの詩を読んでもらった。授業でも、クラスでも。それから以降の毎年の授業開き、学級開きには、必ずこの詩を配るところからはじまる。クラスでは、この詩を、習字の得意な生徒に模造紙に大きく書いてもらって、教室の後ろの黒板の上にいっぱいに貼ってた。それから25年間1年も欠かさず担任をやり続けたけれど、毎年、何年生でも、全ての学級に貼り続けたね。僕自身にとっては、初心を忘れないという意味もあったし、生徒たちも、1年が終わる頃には、その詩を自分のことばのように暗記していた。その詩を教室の後ろの黒板の上の壁一面に貼ることへの批判は、まず出てこなかったね。ある学校のある学年の生徒たちは、1年生のクラスが終了する時に、その詩を40片に切って名前順に持って帰ったらしい。もちろん毎年クラス替えはあるのだけれど、3年生になってから撮る卒業アルバムに、1年生のときの僕のクラスの生徒たちは、全員がそれぞれその詩の一片を手にかざして写ってたことがあった。1年生の時は、自分達は同じクラスだったね、ということがわかるように。僕はその学年を3年間持ち上がったので、そのときは、その3年生の別のクラスの担任なのだけれど、1年生のときの自分のクラスの子どもたちがそのような形で各クラスに数名ずつ写っている。もうそれも感無量でしたね。複雑な気持ちももちろんあったけれど。

話を元に戻すと、図書館でその詩に出会ってから、僕は生徒との関係性を改める、というか作り直さなければならないと思った。教師業の根幹は、生徒との関係性の構築にあると改めて思った。教師と生徒が対峙する関係性ではだめなんだと。しかし生徒と教師が同列になってももちろんだめに決まっている。同列の仲間関係であってはならない。そこで辿り着いたのは、斜めの関係性とでもいうのかな。生徒と教師が、斜めに向き合う関係。決して、上下でも同列でもない。比喩的に言えば、いわば斜め45度に向き合って、同じ方角に、同じ「目的」を目指す関係性の構築とでも言えるかな。45度は、一番遠くを見渡せる角度だから。つまり、斜めの関係性をどう築いていくのか、をテーマにその後の様々な教育活動を仕組んで行ったように思う。

たとえば、その後「夕焼けの詩(うた)」という、僕が生徒に読ませたい詩をもってきて、その下に、その時々の僕自身の想いをエッセイ風に記して、合わせてプリントにして配る。畑中くん（が高校生）の時も配ったよね。

—はい、いまでも持ってます。研究室にありますよ。

へえー。うん。上段に詩を載せて、下段にその詩から触発される僕の詩の読み方とそのときの想いをエッセイ風に綴る。その折々に、生徒へ語りかけたいことを書く。これは、授業でも、クラスでも同じように配り、話をしていった。いわば「○○通信」みたいなものだけれど、僕は「通信」とは呼びたくなかった。「通信」というのがあまり好きではなくて。僕のは不定期だし、書きたい時に書くものとしたかったから。つまり、お知らせではなく、「手紙」に近いものをイメージしていたんだよね。よい詩に触発された、生徒へ向けての手紙…みたいな感じ。不定期だけど、月に1回か2回は出すようにしていた。…まぁ2ヶ月に1度になることもあったけどさ。これは、発表の形態は変わってきたけど、教頭になっても、校長になったいまも続けている。

また国語の授業でも、こちらの知識や読みの押し売りはできるだけ避けた。どうやって彼らなりの読みを引き出すか。そして、それをどう深められるか。それをどう表現していくか。これが授業の眼目になっていったと思う。読みの授業で言えばね。目先の点数主義にはもうこだわらない、といっても少しはこだわらざるを得ないのだけれど（笑）。最初はやはりここでつまずく。生徒の、「ことばを通しての認識の受容と深化」をまず第一に考える授業をめざした。遠回りに見えるけれど、生徒が主体的に関わり出した。回り道に見えるけれど、点数も着実に伸びていったよ。

—持ち上がったんですか？

うん、学年はそのまま。クラスは変わったけど。2年から理系・文系に分かれる。で、そのあたりから進学体制が始まるわけだけど、「点数何点でどこに入れる」とか。そういうようなことだけが進学校の教育のやりがいだと思っている教員たちも当時はいた、と思ってしまっていた。

3年のときに3年4組なんだけど、文系なんだけど、割と生徒とうまくいったかな。案外うまくいって、なんとなく高校の在り方がわかってきたみたいな。3年目で何となく全体が分かってきたような気がしたのを覚えている。石の上にも三年とはよく言ったものだとそのときは思ったね。実はまだまだわかってはいなかったのだけれど…。

だから、人によって教師に向いている、向いていないということはないと僕は基本的には思っている。強いて言えば、生徒とどのような関係性を築いていくのか、によるような。だからもしかしたらそこに、運、不運はあるかもしれない。生徒との関係性をどうやって築いていけばよいのか。そのための方法論としてはどのようなものがあるのか。このあたりの実践研究はまだ遅れているのではないかと思っているんだけど。

担任として初めての卒業生を送り出した経験は、いまでも忘れられない思い出だね。生徒ももちろんそうなんだけれど、担任や教員の方もこの子たちを挟んで大変なことが山ほどあった。たくさん苦労をした。でも笑い泣きしながら卒業していく生徒たちを見送ると、それらが一瞬で報われるような気がしたね。最後の最後、ホームルームで長渕剛の「乾杯」を生徒たちが用意していてみんなで合唱したんだけど。もうそれだけで全てが許されるように思った。はじめての経験だからか、あのとき「トラバーユ」しなくてよかったと心底思った記憶があるね。

次の年、僕の場合は3年生を連続で担任することになった。いわば留年ということだ。前年と同じ3年4組。そのクラスがまたすばらしく良くてね、すごくいい子たちだった。まあ、馬が合ったんだろうね。その学年は結構厳しいというか、高圧的な学年だったな（笑）。学年色というのは結構あるんだ。僕はその中に急に入ることになるわけだけれど。その頃になると、先輩から後輩へ評判は伝わるから、「あの先生の授業はおもしろい」とか、「顔怖いけど、実は優しいんだ」とかね。ちょっと自慢話的になっちゃうけど（笑）。だから、生徒は最初から喜んでくれていた気がする。この先生はだれも見捨てないみたいなところがあって…みたいな（笑）。そんな風な噂も流れるし、生徒たちも喜んでくれていたようで入りやすかった。もちろん、最初から「自分の感受性くらい」を配って。2年目からそれをやって、2年目から後ろの黒板の上に大きな、詩を描いた模造紙を張ってる。その3年4組でもそうして。そのクラスはとってもまとまりもいい。男女の仲もいいし、おもしろいし、楽しいし…。あんまり勉強はしなかったけれど、毎日の学校生活を楽しんでいたような感じだった。今でも同窓会みたいにして時々呑んだりしてる。12歳違うのかな。

―あー、一回り。

うん、干支が一緒で。当時は一緒にボーリングいったり、キャンプしたりとかもやったね。その頃も時代的にはもう、あまりそんなことはしないよね、先生たちはね。僕が高校のときの先生は、みんなで紅葉狩りに行ったりとか、みかん狩りに行ったりとか。みんなで山に行って、カレーを作ったりとかしてくれて。僕もそんなことしたいなって思ってたので。生徒たちは、部活もあるからなかなかできないんだけど、3年生だから部活を引退してから、高総体が終わってから、夏とか秋とかにやったりしたな。もちろん、進学体制的には睨まれるわけです。受験が近づいてきているのに、そんなことをしている暇はあるのかと…。でも昨今と違うのは、保護者からそのことについてクレームがくるようなことはなかったね。むしろ子どもたちを可愛がってもらってありがとうございます的なことをその後の面談などでも言ってもらうことがよくあった。

受験やそのための模試など、ともかく言ってみれば受験一色になっていくんだよね。でも生徒たちは、自分の進路に関して、もちろん自分の成績も含めて、様々に本気で悩んでいく時期でもある。大袈裟に聞こえるかもしれないけれど、本当に自分の生き方、在り方を自分自身に問い詰めていかざるを得ない時期なんだ。ある意味では、諦めも必要になるし、将来へ向けての覚悟も必要になる。そんなことを想う時間というか、そのことを考えることに大切な意味があるんだという価値観を醸成していかなければならないと思うし、それが高校での本当の進路指導、進路保障ということではないかと思っている。

その学年クラスは、僕にとっては本当によかった。そのクラス「みよちゃんクラス」っていうんだけど…3年4組だから「みよ」ちゃん。「このクラスに出会ったから僕は教師を辞めなかった」っていう話をよくするんですけどね。本当にそう思った。その後何年も担任をやると、さまざまな困難に出くわすのだけれど、そんな時はこのクラスのことを思い出したりしながら頑張ったことも少なくなかったよ（笑）。

―1年目でこの詩に出会った。そのときに、研究者はあきらめた？

研究者はあきらめてないよ。10年現場をやる、たくさん本も買ったし。

―その、2回目の3年4組のときにあきらめた。

研究者はあきらめてないよ、ずっと。あきらめてないけど。少し…。

―10年（続けるというの）はあきらめた。

いやいやいや。あきらめてないよ（笑）。でも、研究者になったらこんな思いはできないだろうなあ、とは確かに思った記憶があるね。

大学の教育実習の時、僕らの大学では、3年の時に付属中学で3週間、4年の時、母校の長崎の高校で3週間やることになっていて、それをやったのだけれど…。付属中学で実習が終わる打ち上げで、その二次会だったかな…指導担当してくれた、年配の国語の先生がいて…わりと僕は好きな感じの先生だったのだけれど。その先生がおしぼりでゆっくりとテーブルをふきながらしみじみと話してくれたんだよね。僕は、教育実習で運命が変わった、と。自分は、本当は教師になるつもりなどさらさらなくて、大学に残って文学の研究をしたかったのだ、と。だけど、たまたま教員免許でもとっておこうと教育実習に行ったら、「先生、先生」と慕ってくれる生徒の笑顔に目が眩んで、そのまま教師になってしまったのだ、と。この選択は果たしてよかったのかどうか、今でも時々そのことを思い出すんですよ、と。皆さん方も一時の感情に流されないようにしてくださいね…と。大袈裟に言えば、そのとき僕は、漱石の「こころ」の先生とはこんな感じの人だったのかもしれない…と思ったことがあった（笑）。ちょうど僕が大学後の進路を考え始めていた頃だったからだろうか。妙にそのことばが引っかかってね。その記憶が、何度かよく蘇った時期があったね。

―その意味では、二度目の3年4組っていう存在は大きかったんですね。

大きかったね。一生教員をやってもいいなって思えた。教師っていいよねって本気で思えた。前の年もそうだけど、3年生の時にはノートを、『みよちゃん』っていうノートを回していたんだ。それは僕が高校のときに、担任の西先生がそれをずっとやっていたから。そしてそれが僕自身にとっては、すごく大人にしてくれたというか、自分について何度も思い直しを促してくれたものだったから。いつかは自分も教師になったらやりたいことだと思ってて。1年生で担任を持ったけど、うまくいかなくて。そのノートもさ、1年生だから書かないっていうのが僕は分からない。当然担任持ったらそうしようと思ってやったんだけど続かないし。1年生は書かないし。それで「何で書かないんだ」って怒るし。2年目はもうしなかったかな。3年になってやろうと思ってやったら、3年生は書くわけだ。いつも悩んだりしてるから。それがすごく良くて。それでクラスもまとまって、1回目の3年生も十分まとまった。その時の生徒も、まだ付き合いある子もいるんだけど。卒業した後も、浪人してまた落ちて、自殺しそうだとか言って電話してきて。すぐ飛んで行ったりとかね。結婚して離婚したけど…とか、あーだこーだいろいろ。

その『みよちゃん』ノートはずいぶん盛り上がってね。もう、20冊ぐらいになった、普通の大学ノートが、20冊以上になったね。

―一人ひとり回すんですか。

うん、そう。2泊3日でね。

―相当な量を一人ひとりが書いてるんですね。

そうそう。でも結局、卒業までに3周くらいしたのかな。3周で20冊ね。だから、名前順でずっと回すんだけどね、2泊3日で。最初恥ずかしがって書かないんだよね。しかし、そこにちょっとテクニックがいるんだけど…生徒がちょっと書いてあったことに一生懸命こっちが答えたりとか、僕が思ってることをあれこれと書いたりして回す。でもこのノートの存在は、他のクラスの生徒にはもちろん、自分の親にも言ってはいけない。このクラスの45名と…当時は1クラス45名だったな…担任の僕だけの46名のノートで…ということで。この秘密主義は大切なスキル。2泊3日で回して、土曜日は担任が持っとくんだと言って。また土日で書いて、月曜日に戻す。なぜ2泊3日かっていったら、そのうち増えるので、1泊2日じゃ読めない。読んで書けない。読むだけでも1日かかるようになる。そのうち、2周目くらいから生徒たちは、割と本格的に、本気で書き始めて…。1学期の終わりごろから2学期になるくらいから、どんどん書いていくようになって。まだどこかにとってあるけど。一人1冊は無理。1対1じゃできない。40冊も読めないわけだから、こっちは。それには時間と労力が無理だ。でも、生徒自身が、他の級友の悩みを共有するということも、とても意味があることだった。それを読んで、また他の人が書いているのを読んで、考える。誰かが「受験で、親と意見が違うんだけど…」みたいなことを書き始める。「僕は失恋したんだけど…」とか、「進路に悩んでいるのだけれど…」とか、私もこーだとかあーだとかみんな書いていって…。そのうち、自分の生い立ちとかも書き始める。それが書けるような雰囲気になるっていうか、仲間意識もできてくるんでしょうね。それがどんどんクラスの仲間に広まっていく。みんな、自分のところに回ってくるのを心待ちにしている、というか、中には待てなくて、友人に回ってきたのを先に読んだりもしている。

それでね。共通一次が終わった後くらいに、名前順に遅刻してくるようになるとさ。今日はaさんが遅刻してきたと思ったら、次はbさんが遅刻してくる。次にcさんが遅刻して、「なんで順番に遅刻してくるの?」って聞いたら、読むのが大変で、深夜までかかるから、寝坊して遅くなるとか言ってきて。『みよちゃん』で遅れるんだったら、遅刻してきてOK」なんて言ったりして…。そんな感じだったね（笑）。

すごくいいクラスで。こんなクラスを持てるんだったら、教師をやめられないよなって。研究者と比較してるわけじゃないけど。朝学校に着いたら、クラスから僕が車停める所が見えて、車を停めるのを待ってて、生徒たちは早く来てるから、窓から、「先生！」とか手を振ったりしてくれる。男子も女子も、ほぼ毎日。まだ若かったからね、僕も。もう、青春学園ドラマだね。もうやめられんやろ。サッカーも強くなってきたし。4年目だからね。4年目にサッカーも少し強くなって、4年目の新人戦で県ベスト4だった。C高歴史上初めて。

―ベスト4になったのは4年目だったんですね。

そうそう。4年目ぐらいになると、楽しくてしょうがない。運動会で走っても僕が一番だしさ…たまたまだけど。リレーとかで一緒に走ってさ。楽しかったね。クラスマッチのソフトボールでも僕にピッチャーさせてくれたり…。そして優勝したり…楽しかったよ。

―うまくいかなかった1年目から、4年目にかけて。

そうそうそう、成長したんでしょうね、僕も少しは。

―何か変えたんですか。自分のやり方なり、考え方なり。

うーん…。先ほどの斜めの関係性をどう構築していくか、という点にかなり神経を使っていった、というのはあると思う。さっきのクラス回覧ノートもそのひとつだし、個人面談も常に、時間さえあればやった。

また僕は次のような比喩もよく使うんだけど。壁とカーテンとボールの関係。壁が硬ければ硬いほど、ぶつけられたボールは強く跳ね返るよね。だけど、カーテンにぶつかったボールは、勢いが吸収されるからふわりと足元に落ちる。生徒と教師の関係性も、一般的にはこのような比喩で説明できるのではないかと思うんだよね。どうしても教師は生徒に指導力を示さないと、威厳をもたないといけないと思いがちだ。だからむしろ教員の方が頑なになっていることが少なくない。頑張れば頑張るほど生徒が引いていくという経験は、先ほども話したけど、結構多くの先生が経験していることではないかと思うんだよね。まずは引いて、生徒の言い分をたっぷり聞いて。あるいは聞き出しながら。場合によっては、こちらが至らないところや誤解のあるところには素直にあやまるところから始める。話ができる、聞いてもらえると思ってもらう。経験的に言えば、そんな教師を生徒たちは決して馬鹿になどしない。一見教師の威厳などなくなってしまうように思えるけれど、そのような生徒との関係性をつくることができれば、様々な面で教育効果は大きくなっていく。

—その詩に出会ったことで、先生の教師観というか教育観、生徒との関わり方も含めて、大きく変わったということですか。詩の力ってすごいものなんですね。

もちろんそれで急に何もかもが好転したわけではないですよ。でも、少なくとも自分が行ってきた教育実践を反省的に振り返る、その視点から次の手を考える。それをまた実践していく、というサイクルを自分の中に位置付けようとすることになっていく。うまくいかないことに対して、少なくとも自覚的に方法論を問うことになっていったような気がする。だって、「駄目なことの一切を／時代のせいにはするな／わずかに光る尊厳の放棄」と言われる。「自分の感受性くらい／自分で守れ／ばかものよ」と叱咤される。ここで逃避して他へ行っても、これまでの「自分」を放棄することになっては意味がないと思ったんだろうね。

「ああ、これだ」と。この詩には力があるので、色んな形で生徒に見せたり紹介したりするんだけど。生徒たちも打たれるわけですよ、ことばに力があって。色々説明しなくても。まあ、ちょっとは説明するけど。国語の教師としても、ことばの力をまざまざと感じて示すことになる。

それから、他にもいろいろな詩を配った。その（茨木のり子の）詩に出会って、もう1回、自分がやらなければいけないって、自分が下手だったんじゃないのって、もう1回自分を見直して。もともと詩が好きだったので。

要するに、やみくもの受験体制のあり方が、嫌でたまらなかったんじゃないかな。点数をとらせることばっかりやっても、って当時は思っていた。すぐ何かと比較するのが当たり前的な感じが。「ここは国語的に大事だから」と思って、何時間もかけて授業をしたいわけだ。そうすると、「そんなのじゃ試験に間に合わない」とか色々言われて。成城では、例えば1行に何時間かけようと自由なわけ。っていうよりむしろ、工藤先生などは、たった1行で何時間も授業をするわけね。それがいかに国語的に大事かって。その一つの小説の、その古典作品の、1行の裏にどんな意味があるのかって。何時間も。当然、それが本当だと僕は思ってるので。そしたら、試験までに終わらない。もう、なんか表面的なわけだ、とにかくね。なんかそういうのが嫌でたまらないというか。全然、学問的でもないし、学術的でもないし、教育的でもないし、何やってるんだって。ただ受験の点数を取らせるだけなのか、って。「こんなの教育じゃない」っていうのがどこかにあって。そうかといって、本当に授業で納得させるような授業は自分の力不足でできないし…。家に帰って夕飯食べて、10時か11時ぐらいに授業の予習を始めて、1時、2時は当たり前だし。眠いのに朝7時半からの朝補習をやって。そんなことやってるからヘトヘトなんだけど。それでも、一生懸命やってた。そんなふうにやってたけど。そこでスポイルされていく生徒の感性だとか、本当に大事なことはこういうことだろうとかいうようなものを、これ（「自分の感受性ぐらい」）だけじゃなくて、このあと詩を配っていくことで、そこで生徒に話をしながら、共有していく。育てていくというか、そういう方法がちょっとでき始めましたかね。で、次のD高校では、「夕焼けの詩（うた）」っていう形で詩を生徒に配った。それがすごく教育効果があるというか、評判がよかった。生徒たちも同じように感じてくれてた。毎日の、日常の中でさ。何のために勉強してるんだろうかとか。大学に行くっていうのは大前提にあるけど、立ち止まることは許されないわけだから。ある意味、大量生産、ベルトコンベアから落ちたら、「もう知らん」みたいな感じで。そういうところで、「流れから落ちてもいいんだから」って言うわけですよ。立ち止まって、ものを考えたりするのは当たり前なんだからって、悩むべきところではしっかり悩まないといけないとか。まあ、そういうことで、みんな通じていくわけですね。もちろん、それだけじゃないけど。それと日常のあり方なんかがミックスしていくんだろうけど。

―D高校では、どんな感じで授業を進めていったんですか？

D高校行ったら、D高校には国語科に、結構おもしろい、ガチガチじゃない先生が同じ学年にいて。尊敬できる先輩の先生がいた。これは僕にとっては、とても嬉しい出会いだった。僕と三羽烏みたいに言われたんだけど。三人は今でも仲良いんですけどね。

―まだ教員されて？

いや。

―あ、退職されて。

10歳上と、その次は5歳上で。とにかく、授業では色々しゃべるべきだっていうのが一緒で。とにかく、よくしゃべって、どっちが面白い授業をしたかみたいなことを言い合ってた。それは面白かったですよ。成績もそれなりに、国語は進研模試とかでも、僕らの学年の国語は良かったね。県下でもね。そんな感じで楽しかった。授業するのが楽しいというのは最高に素晴らしいことで。もちろんきつかったけど、それがやりがいになっていくのは教師にとっては一番の充実感だと思うね。一生懸命いろんなことやって。「夕焼けの詩」を配って。そしたら他の、授業に行ってないクラスでも、「あの夕焼けの詩のプリントもらえませんか」とか言ってきてくれたりとか、友達から見せてもらったりしてね。きつかったけど、まあ、一ヶ月に1回ぐらいは書いてたかな。

D高校ではそうやって、1回生の2年生に入って。そのときは理系のクラスを持たされて。なんかうまくいかんとさね。C高の、前のクラスがものすごくよかったもんだから、それもあったでしょうし。次に3年生を持たされたときは、学年主任も結構リベラルな感じで。県で最後の進学校だから、点数で生徒を輪切りにするような学校にはするまい、と突っ張るんだけど。理想を掲げながらやるんだけど。なかなか現実は厳しい。

うまく説明できないのだけれど、本当に進学のための授業と本物の授業との間の相剋を乗り越えるのは、容易なことではない、と思っていて。もちろん両者は重なる部分も多くあるよ。しかし、本物の授業を追求すれば、時間もかかるし、それがすぐにいわゆる進学のための点数に反映するとはかぎらない、というかなかなか成果をすぐにははかれない。本物の授業といっても、教科によってその目指すところは違ってくると思うけれども、少なくともこれをやればマークのテストはできるようになります、テストに出るから大事なんです、というような内容とは異なる。もっと、その教科でしか学べない本質的な力を養成する学びというか、それが本物の学びで。それを追求するのが本物の授業というふうに定義をしてみようか。もう少しわかりやすくいうと、センター試験で問われる教科の力ではなく、大学入試の個別試験、いわゆる二次試験や、難関大学の推薦入試にあるような小論文などに対応できる本質的な教科の学力のようなものだね。

最近やっと、大学入試も含めた三位一体改革の中で、センター試験も見直しが必要だ、考える力が問われなければならない、というようなことが言われ始めてきたけれど、当時はそんなことを思っている教師たちはたくさんいたかもしれないけれど、現実的には、表面的な点数を取るためのスキル的なものに走ってしまわざるをえなくて。昨今、やっと「真正の学び」という言い方で、その本物の授業を問い直そうという気運は出てきているような気はするけど、どこまで深められるかはなんとも言えないと思っているけれどね。やはり大学入試が変わらなければ、という思いは、言葉に出さなくとも、出してもいるけれど、本音の部分として心ある教師たちの中にもあるのではないかな。

―そのような現実にあっても、あるべき本物の授業をめざしたと？

そんな格好いいものではなかったけれどね。そんな力もなかったし。歴史的に見ても、戦後の日本の教育は、大きく言えば経験主義か能力主義かの両方を行ったり来たりしているわけだから。こんな大きな問題に、一地方の名もない学校で何かを変えていくことなんかできないよね。

でも、自分たちなりには、できたばかりの学校だから、40代半ばの、それまでの学校では主要なポストで仕事をしてきた先生たちが結構集まっていた。それに僕らみたいな30歳前後で、それなりに、「長崎で最後の普通科進学校の創設だから、理想の学校を創ろう」という気運もみなぎっていたように思うね。校訓の中にも「進取」という語もあったし。

ともかくも一生懸命だった、みんなが。職員会議など、放課後に始まって、夜の9時、10時くらいまで続くことも珍しくなかったよ、最初の頃は。もちろん事情が許さない人たちは出られない場合もあったけれど。それくらい、新たな学校創設にみんな燃えていたのは確かだった。当然、いくつかの教育観の違いのぶつかり合いは起こる。そのころ、学校とはどうあるべきか、というようなこともいろいろと学んだり考えさせられたりしたね。

―D高校では、2年生の担任から3年生、そしてその次の年も3年生の担任でしたっけ。

そうそう。32歳のときかな。西先生から高3の時に持たれた時に、その先生が32歳だった。だから32歳っていうのは自分の中で一つの目標で。32歳のときにどういう教師であり得るだろうみたいなのが目標だったね。まあ、西先生みたいになりたいなっていうのがあったから。それが3年目の担任の時。文系の優秀な生徒が集まったクラスだった。自分なりには、精一杯頑張ったつもりだけれど…。

―雑誌『成城教育』に寄稿したのはその時ですか？

あぁ、そうかな。成城とか東京の人からは信じられないような世界だから、こっち側は。研究なんか、論文なんかとても書けない。よっぽどじゃないとね。何かをほっぽりださないとできない。授業だ、クラスだ、部活だとかしてたら、できないんだけど。まあ、それだけの力が僕になかったんだけどね…。初任の頃に言われた、教科と学級経営と部活動は頑張ってやりなさい。それに専門的な研究は続けていきなさいと言われたことは、自分的には心に残ってはいるけれど、とてもではないが現実的には、なかなか大変な毎日だったよ。

でも、変な言い方になるけど、そのときそのときであれこれと悩みながらやってるわけだけれど。僕の場合は、部活がウエイト大きいわけですよ。運動部なんかはね。D高校のサッカー部は僕が言い出して立ち上げたところもあるし。やめるわけにはいかないし、手を抜くわけにもいかない。部活は一生懸命しなきゃいけない、と思ってた。授業とか、クラスとかでは学べないものが、部活では学べるわけだから。学年が縦割りになるわけでしょう。そして、自分で望んで来てるわけだから、部活にはね、一応は。だから、ある程度厳しい要求もできるし、チームワークが大切だ、ということを追い込みながら学ばせることもできる。で、そういう中で学んでいくことには、授業とかクラスではできない大切なこともたくさんある。そういうのは大事だっていうのはあるし。勝つことは目標ではあっても、最終目的ではない。勝とうとすることで、みんなで限界を超えていくみたいなことがあるわけ。だから人間関係をこそ学ぶ場でもある。レギュラーであろうとそうでなかろうと。自分たちの部活を自分たちでより良くしていくためには自分はどうすればいいのかっていうことを、そういう経験をさせていくことが大事だっていうのが僕の中にはあった。だからよくミーティングをさせてたよね。それは一つの教育観なんですよね。そのころはまだ、学校教育の一環としての部活動の教育的意義…みたいなことが議論になっていたような気がする。

たとえば、サッカー部だった卒業生が遊びに来て、アルバイトしながら大学にいったり、浪人したりしている。「大変だねえ」と労いの言葉をかけるんだけど、そんなとき彼らはほぼ異口同音に、「サッカーの時の練習に比べれば、大したことないですよ」と応じてくれて。これは僕自身も実感したこともあることなので、「そうか」といいながら、内心僕は嬉しく思っている。確かにそれが全てではないけれど、人間関係の対応の仕方も含めて、彼らの人生に積極的な意味を持つ一つになっている、と思っている。だからそのためには、自分なりには手を抜いちゃだめだと思っていた。彼らは、同じ部活の仲間たちと一緒に、きついことを乗り越えたら何かが得られるんだという小さな成功体験を経験していくことになるんだと思う。仲間の存在を含めて、それらは、将来を生きる彼らの力になると思っているわけだ。

生徒にとっても大きな負担となる部活動だけど。たとえば部活動は、勉強に対して言えば、様々なハンディを背負うことにもなる。それでも部活動に積極的に関わることが、その生徒たちにとって、よりよい教育的意義があると考えられる状況がまだあったような気がする。でも、いつの間にか、いつの頃からか学校部活動の存在意義も商業主義の流れにのって変化していくことになって。

一方でクラスは、そもそも偶然集まった集団だから、最初からあまり強い要求はできないけど、しかし偶然にもせっかく出会った仲間たちなのだから、この1年をかけがえのない必然的な仲間になろうと呼びかける。仲間作りというかさ。そういえば、幼い感じがするかもしれないけれど、決してそうではないと僕は思っていて。なぜなら、ほとんどの生徒にとっては、学校って、クラスがまず一番目に所属するところなんだよね。大人たちは学校全体を思うけど、生徒にとっては、学校の建物とか学校全体の成績とか、強い部活があるとか、そんなことは二の次、三の次だよ。生徒にとっての学校の良し悪しは、今自分が所属している、毎日通っているクラスが第一。そこが楽しければ学校は楽しいし、そこが辛ければ、学校は辛いところだ。もちろん部活が第一という子もいるだろうし、校外の活動が第一という子もいるだろうけど。しかし、その子にとっても、学校はどんなところでどんな感じだ、との問いに、クラスを抜きにしては考えられない。クラスは、あくまでホームルーム、温かい家でなくちゃいけないと僕は思っている。

確かにクラスのことなんか卒業したらあまり覚えてないわけでしょ、部活は覚えてるけどさ。クラスはどうだったとか、クラスが楽しかったことなんてあんまり記憶には残らない。でも、それじゃダメだっていうのもあって。だからみかん狩りに行ったりとか、「文化祭は劇だ！」って。文化祭になったら、クラスの出し物としては劇を必ず推奨していたね。不登校気味の子がいて。その子を救うために劇をさせたりとか。クラスのまとまりはそういう必要がある、と。

それから、授業は授業で、国語だから、手を抜くわけにはいかないからさ。本当、一生懸命仕事をしたよ。自分で言うのも何だけど、ボロボロになるぐらい。その割には、自分が成長しないことにまた自己嫌悪の毎日ではあったかな（笑）。

――劇は、D高校の頃から始めたんですか。

D高校は文化祭に全クラス参加だったから、僕は基本的に劇を推していたね。C高の時には、映画を作った。春休みは、ほとんど学校に来ない。入試とかがあるから、3月は。それで、C高の2年目のクラスで、そのころちょうどビデオが流行りだして。自分たちで撮影できるような機械が出てきて。「何かしたい」って言い出して、映画を撮るとか言い始めて。「そんなことできるの？」って言ったら、知り合いに電気屋さんがいて、カメラ貸してくれるって。「ならやってみれば」って言ってね。それ（映画）を作って、最後にみんなで見て終わるようにしたいとか言い出して。やってもいいけど、同じクラスの中で、映画に出る者、出ない者がいたらダメって僕が言って。1年の終わりの催しだからね。クラスの全員を1回は出す、っていう条件を飲むならいい、とか言って。なんか、「必殺仕事人」と「太陽にほえろ！」が一緒になったようなやつを作ってきてね（笑）。脚本も誰かが書いて、映画をつくるわけよ。今でもそのビデオは残ってるけどね。それで、クラスの全員が最低1回は出演して。出来上がって、最後の終業式の日にそれを全員で見て、2年生が終わる。そしたら、3年になって、クラスはバラバラになってるんだけど、「文化祭で、有志で放映したい」とか言ってきたから、生徒会の先生に相談して、有志で上映会をさせてもらったんだ。そしたら結構盛況でさ。まだ映画制作なんて、高校生の間ではまったく新しい分野だから。でも演劇とは違う。

―先生も出てるんですか？

出てる。何役やったかな？忘れたけど。県短（県立短期大学）に撮りに行ったりした。そういう意味では、いいクラスだった（笑）。

―いいクラスじゃないですか、C高の2年目も。

いやいや、そういうわけでもない。「自分の感受性くらい」に出会った後のことだからね（笑）。

―本格的に色々と、カリキュラムを変えたり、学校の中で動き始めてきたのはD高校からなんですか？

そうですね。まだ年齢的に無理だもんね。まだ何にもわかっちゃいない。自分のことで精一杯。研究者の道を閉ざしたわけじゃないよ。道は閉ざしてはいないつもりだけれど、現実的には、このままの状態では無理だなあ、とは思い始めた。先の『成城教育』には、確か、「社会が混沌としてきて、社会がどんどん濁ってくる中で、成城だけが澄んでいることなどあり得ない」という論考に対して、「それでも確かな教育の光を照らす灯台のような存在であってほしい」と地方の学校で奮闘している者としての願いを書いたような気がする。

D高校に行って3年ぐらい経ってからですよね。周りの様子もわかってくるし。その頃までは、学級経営で精一杯。

―それまではですね。

まあ、小さな学校だったら、もっと早く動かないとしょうがないとかなるけどね。でも、ここ（D高校）は一学年10クラスの大規模校。年配の人たちが多くて、40代半ばが主任になって、頑張ってくれている。D高校に行って、3年ぐらいしてからかな。それぐらいからは、むしろあっという間に時間が過ぎていきますよね。だいたい様子も分かるし、授業もそんなに準備しなくても、だいたい勘所は掴めてくるし。生徒を動かそうと思ったらいくらでも動かせるし、みたいな変な自信がついてくる。これがまた足元を掬われる驕りにつながるんだけど（笑）。

それから、D高校は出来たばっかりだから。年配の人が後から転勤してきても、「この学校では僕のほうが長い」とか、「僕の方がよく知ってる」とか、そういうのもあるし。だから、クラスごとの行事とか、百人一首大会とか合唱コンクールとか文化祭とか、何をやっても僕のクラスで一番がとれるようになってきた。また一番、また一番とか。学年主任からは、「自分のクラスがどうのこうのとかじゃなくて、もう学年全体を考える年齢だろう」とか怒られてさ。確かにそうなんだけど。自分のクラスのことをやってるのが一番楽しいんだよね。でも、学年主任が言うことに対しても、「まあ、そうだよね」というのもあるわけで。30代も半ばに近づいてくる。

そのあたりから、クラスの子どもたちのことを考えたら、学年の組織を変えないといけないって思い始めてきた。学年の組織のあり方で、クラスの生徒たちにとって不合理なところもある。そこは、学年のシステムの問題だとか、学校システムの問題だとかいうことになっていくから。そこを変えなきゃでしょっていう。もともとはそういうことでしょうね。先に学校があるんじゃなくて、先にクラスがあって、先に生徒があってみたいな。そのことが、ややもすると見えなくなってしまう恐れが常にあるね。

次回はD高校にじっくり入ろうか。D高校は10年あるからね。いっぱいある。

③　リベラルアーツと学校教育

（聞き取り日時　２０１４年8月29日15：00〜18：30　於 ファミリーレストラン）

―前回聞こうと思いながら聞けなかったことがあるんですけど。C高でノートを回した話をされてるときにでてきた西先生というのは。

僕が高校3年のときの担任が、西敏男先生という人で…。3年のときに担任をしてもらって。授業は2年生の時も習っていたけれど。僕は、その先生から担任してもらって、自分の道を思い直すことになったんだけどね。うちは、僕が12歳の時に父親が病気で死んで母子家庭だった。父は鼈甲細工師で、機械を使うのが嫌で、最後まで手彫りで彫刻していた。弟子は二、三人いたけど、会社経営でもないし、死んだら何も残らなかった。借金だけが残っていた。弟子たちには暇を出して、母親が外に働きに出た。昔の女の人は、貧しくても専業主婦が多かったからね。結構歳取っていたけれど、そして何の資格もなかったので、仕方なく母親は年齢をごまかして外に働きに出るようになって。家の中にあるテレビやステレオやその他の家財道具がだんだんと少なくなっていったのを妙に寂しく思った記憶があるね。ぼくも仕方なく、新聞配達をやることになった。そんな感じで貧乏だったので、高校を出たら就職するつもりでいて。大学への進学なんか考えられないことだったんだよね。その当時、まだ１９７０年代になったばかりの頃。だから、中卒の人なんかも「金の卵」と呼ばれて、まだ集団就職で都会の方に就職していく人たちも少なからずいたし、高卒で結構いい就職もあって。高校までは出ておきなさいという母親の意向で進学したんだけど。だから、高校時代はサッカーに明け暮れた。それが最後の自分の青春だと思っていて、ほとんど勉強もしなかったね。

しかし、西先生に出会って、自分も大学に行ってもいいかもしれない、と思えて。自分も、国語の先生になりたいと思った。なぜかうまく説明できないけれど、大袈裟に聞こえるかもしれないけれど、自分のような人間でも、未来に希望を持ってもいいんだと教えてもらったような気がしたんだよね。そのために大学に行けるんだったら行ってもいいんだと教えてもらえたような気がしたんだろう、きっとね。お金はなくても、国立大学なら、何とかアルバイトで行けるかもしれない。当時は、大学の授業料は確か、年間1万2千円だった。月にすれば千円。当時の幼稚園より安かった。私大はとても無理だけれど、国立大なら何とかなるかもしれないって、本気でそう思えたのは、3年の高総体が終わった後だった。同時に国語の先生になりたいと思って。おそらく、国語こそが、いま自分が悩んでいる問題に対して応えてくれる唯一の教科だって思ったんだろうね。成績はすぐにはよくならないけれど、国語を一生懸命勉強し始めて。時すでに遅しの感はあったけどね（笑）。おそらく、西先生に出会っていなければ、僕の人生は全く違うものになっていただろうと思うね。

ともかくも、そのとき、西先生は32歳で。こっちは18歳。そのときに、3年2組だったので、「3×2＝6」っていうことで、『ろく』っていうノートを回してたんだよね、その先生が。そうすると、それがすごくよくて。みんな一生懸命になって書いて回して。みんな、なんか知り合いになるっていうか。この前話した『みよちゃん』ノートは、それを真似したわけだね。どういうわけか、その『ろく』も今僕の手元にあるんだけど。そういえば高校3年生の時は、後期学級委員長だったな。時々ある同窓会には、相変わらずそれを持って行ってますよ。

だから、僕自身が、3年生の担任をした時は、絶対にそんなノートを回すことをやろうと思っていたので。それが、前回話した『みよちゃん』ノートなんだよ。この前も話したけど、そのノートを、一人2泊3日で回して。最初はちょっとしか書かないんだけどね、恥ずかしいから。例えば、部活動がおもしろくないとか、誰々先生の授業がわからないとか。とにかく、日ごろの何かを書くわけだけど。それについて土日で、担任の僕が一生懸命それに対して書いて、また回すわけ。通常の学級日誌とは全く違っていて。それはそれで、表向きには普通にあるんだけど。だからその『みよちゃん』ノートは、本音をどんどん書いていいものになっている。だから、誰それ先生の悪口とかも書いてある。ともかくも、このクラスのみんなの秘密のノートだから。一応親にも見せたらダメだということになっている。そこに、「あぁ、こんなこと言っても、これだけ応えてくれる」とか。あるいは、「自分のつまらないことでも、これだけ真剣に考えてくれるんだ、みんなは」とか。それをどんどんどんどん深めていくわけだから。生徒のレベルで、「嫌いだ」とか、「面白くない」とか書いてきても、「人が生きるとは何か」とか「孤独とは何か」とか返して。次の人もそれを読みながら、また自分のことを書いていく。段々とレベルが上がっていくんだよね。深まっていくと言うか。

―西先生とは、実際に、福田先生が長崎県の教員になったあとも繋がりは？

今でも時々。

―あぁ、まだ繋がってるんですね。

そうそう。その当時、本人はそういう意識はないだろうけど、まあ、意識はあったのかもしれないけど。時代が違うんですよね、今の感覚とは違うので。当時、金八先生が始まるちょっと前頃だけど、後で思うと、生徒の側に立つ、金八先生みたいな感じだった、その先生は。当時のL高では若い先生だった。他にはベテランばっかり。そこに若い先生ってほとんどいなかった。下から二番目ぐらいかな。本人のそういう資質ももちろんあるし。みんな西先生大好きなんだけど。なかには、毒舌だから嫌だっていう生徒もいるにはいるけど。だけど、実はみんな大好きで。だから、生徒と一緒にいろいろやってくれる。要するに、「THE先生」なわけ。当時の僕らからするとね。教師なわけ、生徒たち側のね。一緒に山登りしたりとか、紅葉狩りも、みかん狩りもした。カレーを作る。授業とは全然関係ないところ、野原に行ったりとかさ。そんなことをしながら生徒といろんなことを話してくれる。まあ、そんな感じの先生だった。要するに、僕はそういう教師に憧れて、教員になっているから。結構やったことは真似させてもらってるところがいっぱいある。というかほとんど西先生の真似ばっかりだ（笑）。

—モデルだったんですね。

そうそう、僕の完全なロールモデル、常に。「西先生だったらこの場面でどうするかなぁ」とか。「どんなことを話すだろうか」とかね。同じ国語の先生だし。学生時代、長崎に帰省するたびに、先生のうちに遊びに行ってたよ。いつも家でもてなしてくれてた。たくさん話をしてもらった。

—西先生の国語の授業に憧れて。

そうそう。後からわかるんだけれど、本当に国語の力も凄いし。本当によく勉強されてる。授業も面白くて深い。家に遊びにいくでしょ。もう、蔵書がすごい。そんな環境に育っていない僕は、読めもしない本を買って、少しずつ真似だけでもしようと頑張ってた（笑）。西先生と出会わなかったら、僕の教師像はないでしょうし、そもそも教師になっていないね。そしたら、君（畑中）と出会うこともなかったね（笑）。西先生に出会わなければ、そもそも教師になろうとは思わなかった。だから国語の教師になったわけで。あぁ、こんな生き方をしたいんだ、と思った。大袈裟に言えば、っていうか本心だけど。自分も世の中に前向きに生きてもいいんだな、と思わせてくれる人だった。小さな離島の出身で、兄弟がいっぱいいるわけだ。だから、お金が無くても大学行けるんだとか。自分もお金ないけど、アルバイトをしながら大学を出たりしてて。アルバイトで何とかやっていけるかもしれないとか。だから、自分が目指すことをやっていかなきゃいけないんだ、とかそんなことを思わせてもらった。その頃すでに僕ら生徒の間でも、あの先生は、あんな馬鹿なこと言って、笑わせながら僕たちの次元、生徒の次元まで下りて来てくれて、色々話したり、世話焼いたりしてくれてるけど、本当はすごい人なんだよね、みたいなことをみんなで話をしてたね。もし教師になっていなかったら、きっと小説家かエッセイストになっていただろう、とか生徒同士で噂していたよ。そういう教師がいたんですよ。それが僕の、ロールモデルというか。あぁなりたいな、ああいう教師になりたいなと思って。それで、まだ、団塊の世代の名残の名残みたいなのがあって。ベビーブームだし、大学の数は少ないし。ほとんど落ちたんだよね。僕らのクラスからは現役で国立に受かったのは少しだった。学力が低いクラスだったからね。私大にも何人か受かったけれど、後はほとんど浪人。だけどその後はみんなそれなりに、一浪すればみんな、それなりに入っていくから。

で、僕も浪人。浪人して1年間経って、1年後には、長大と、東京学芸大と、都留文の国文と、三つ受かった。どれに行こうかってなって、悩んだ。とにかく浪人時代にはたくさんの本を読んだね。まあ有名な本しか知らないんだけど、でも人生ではじめて意図的に本を読んだ頃だった。そのころ、「文学をやってみたいな」という感じが芽生えてきていたね。でも教育もやらなきゃならない。はじめて勉強してみたいと思った。国語の教員免許は、受かった三つの大学のどこでも取れる。

その三つでどこに行けばいいか、西先生に相談に行ったんだけど。実は西先生も3年の担任をダブっていて、忙しかったろうに、生徒側の僕はそんなことは知らないのでお構いなしで。だから西先生の家に電話して。この三つで迷ってるけど、どうしたらいいでしょうか、とか尋ねて。今から相談に行っていいですかって。そんな感じで、しょっちゅうでもないけど、みんな遊びに行くような感じ。そしたら、今から大村はまの、ちょうどその頃、ペスタロッチ賞を受賞した、そのドキュメンタリーがテレビであるから、それを見てからお出でっていうことになった。で、その、よくはわからない大村はまさんのドキュメンタリーを観て、8時過ぎぐらいに行ったんだよね。そしたら「入学手続きの締め切りはいつまでね」って聞かれたときに、なんか、学芸大の締め切り日を言ったんだな。最後の方を言った方が良いだろうと思って。そしたら、「あぁ、もう心は東京に飛んどるとたい」って言われて。あぁ、そうかなぁと。それで、国語の、高校の国語の教師をしたいと。そこで、国語の教師っていうのはどっちなのかっていう質問をするわけよ。国語的なことが優れてるほうがいいのか、教師的なことが優れているほうがいいのか、どっちなんだって質問をするわけだ。未熟な僕のおそらく意図は、国語的な方を深めるんだったら文学部。教育的な方を深めるんだったら教育学部。西先生は、「わからんけど、将来教師をやろうと思うんだったら、やっぱり東京やろうね」って。うん、じゃあ学芸大にしますと。

ただし、行けば苦労することはわかってるわけだから。お金的な苦労。仕送りはできないと言われてるし、家の事情は自分でも良くわかっているわけだから。長大にいけば、家から通えるから飯は食える。向こうに行けばへたすれば飯食えなくなるかもしれない。その、大学に入ったときに面白いのは、そういうなんか、危ない橋をいくつも渡ってるんだけどさ。寮に入らないと生活できないわけ。だから、大学に受かっても、寮に受からなければ、行く道は閉ざされる。寮費、月の家賃みたいなものが、その頃は確か、古い木造の寮が100円。それで、鉄筋の方の寮が300円。どちらも食堂があって、朝が120円、晩が220円だったかな。タバコが当時100円かな？一日500円ちょっとぐらい。昼は学食。まあ200円前後だね。日曜日は食堂が無いので、外食。差し当たり、ひと月1万5千円ぐらいあれば何とかなった。その頃、奨学金が自宅外生は月1万8千円だったから、それでまかなえるわけだ。雨露凌いで、食事ができて。電気代、水道代はタダ。まだ受益者負担ではなかったから。考えてみれば、まだ貧しい者への教育機会の保障は、いま思えば手厚かったよね。あとは教科書買ったりとか遊んだりっていうのは、アルバイトすればいい、という計算で、行けると。受験があった後、寮の説明を聞いて、申し込みをするわけね。そしたら、一浪してるから、現役で入ってる友達が東京にいて、そいつの家に泊まって受験したんだけど。彼が、合格発表を見に行ってくれて。寮も、寮の人が、係の人が見て、受かりました、落ちましたって連絡してくれるんだけど。それもどこまで本当か分からないと思うからさ。友達に頼んでて。そしたら受かってたって友達が電話してきてくれて。あぁ、本当か、ってなって。「でも、寮には落ちとったぞ」って言われて。寮には名前無かったって。そしたらダメだな、って。大学は受かってたけど、さっき言ったように、寮に入るって計算の元で行けるっていう可能性をギリギリ持ってるわけだから。下宿とか高いからね。4万も5万も、は完全に無理で。大学に受かって、寮に落ちたから行けないのか、と思うとショックだったけど、まあ貧乏人だからしょうがないかと諦めかけていた。そしたらその後、寮から電話がかかってきて、受かりましたよって。合格おめでとうございますって。いつ来ますかみたいな。え、寮は落ちたって言われたんですけど、と言ったら、いやいや受かってますよって。そしたらね、友達は古い方の寮を見てたんだよね。鉄筋の寮の方は見てない。寮が二つあることを知らなかったみたいだ。僕はこっち側（＝鉄筋の寮）を申し込んでいたんだね。そしたら受かってるって言うから。1度逃げたと思った魚がまた舞い戻ってきた。うーん、どうしようかってまた悩みが始まるわけ。

そこで、頼るのは西先生しかいなくて。それで先の話のような展開になっていくわけだ。ほんの小さな偶然の重なりが、人生の多くを左右していくことになるんだということをまた学んだね。

そこで大村はまさんのテレビも見て来てるから、心は国語教師だって決まってた。国語の授業って素晴らしいねっていう話になるわけだよね。おそらく、それを観てから来なさい、と言ってくれた西先生にもそんな計算があったかもしれない。

「さっきのテレビを見たら、答えも何も無いと思うんですけどね」とか言って。「そうよね」とか西先生も言いながら。で、「行けば」って。「行きます」とか言って。で、家に帰ってお袋に、「西先生がこんな言うたばい」って言って。そしたらほら、昔の人だから、先生が言うんだったら、ってなって。好きな先生っていうのもわかってるわけだからさ。で、一人で暮らせるとねって。いや、寮がこうで、奨学金がああでとか説明して。仕送りはできんけんねって言われて。全部自分でするって。奨学金でなんとかなるとか、四年経ったら帰ってくるからとかいって。言った以上はもう僕自身も腹を括らなきゃならない。どうにもならなくなったら、最後には住み込みの新聞配達のバイトをやれば何とかなるだろうと腹を括った。

今からすれば笑い話かもしれないけど、当時は、東京なんて外国くらいに遠かったよ。特に貧乏人にはね。飛行機なんて高くて乗れないし。新幹線だって走ってたけれど高くて学生なんかが乗れない。だから寝台特急でいくんだ。ブルートレインといえば聞こえはいいけど、長崎から東京まで17時間くらいかかっていたね。「さくら」という寝台列車だった。好きな列車だったけど（笑）。

今でも忘れられないのは、出発の前の日に10万円もらった。これが用意している全てだと。その時は、国立大学の入学金が上がったばかりで5万円だった。授業料も年間1万2千円から3万6千円に上がっていた。そして何もかも値上がりする時代に入るんだけれど、さらに授業料が大幅に上がっていった時代で。でも、確かその年は、ロッキード疑獄で国会が空転して、次年度の予算が年度内には決定できないということで、授業料は据え置きになって。だから、入学手続きに払う費用は、入学金の5万と前期の授業料の1万8千円。東京までの寝台列車代が、覚えてないけど1万円弱かな。だから手元には2万円くらいしか残らない。さて、これがなくなるまでにバイトを探さなきゃ、で。でも、ほとんど給料ももらえない病院の賄いの仕事をしながら、大学に行く最低限のお金を用意してくれていた母親には、やはり感謝しかない。本当にありがたかった。

大変だったけどね。その後は寮にはじめて入ったその日、入学式の前日にちょうど、茨城県のデパートの店内改装のための荷下ろし、荷配のバイトがある、とはじめて会った寮の相部屋の先輩から聞いて。人手が足りないからやらないか？って言われて、二つ返事でオーケー。何しろ手持ち2万円を切っているわけだから。おかげで翌日の入学式は遅刻もいいところで。これから始まる東京での学生生活を暗示するような初日だったね（笑）。

それからは以前にも話したように、ほとんど毎日バイトバイトの連続で、苦学生生活が始まって。でも当時は、それでも暗くはなかったね。同じような苦学生もたくさんいたから。学生とは金がないものと相場が決まっていた。だから世間の人たちも大学生には何となく温かかったような気もする。

西先生のような先生になりたいんだという思い。そのためには国語を勉強しないといけない。生徒から見て、学校の先生は、国語の先生は国語がすごいし、数学の先生は数学すごいと思っているわけだ。数学や古典や、いろいろ先生はいるけど、どうも高校の先生で、「ＴＨＥ教師」みたいな人はあんまりいないわけだ。少なくとも当時の僕はそう感じていて。「生徒と一緒に」とかいうような先生は、高校にはいないって。一生懸命勉強したいって、真面目に思っていた。国語と教育との両方を勉強するんだ。それなら学芸大がいいだろうって。

そういうのも、ノートを回したりとか、みんなで何かしたりとか。授業もそうだけど。そういうものを1年間経験して、「ああいう風になりたいな」みたいなね、もちろんそれだけではないよ。授業中での話や、個人面談での話や、そういうのにも憧れるわけですよ。まあ、そういうことが色々あって。それは喋ればいっぱいあるけどね。そういう影響で、東京に行こうかって思った。そうなった以上、高校の教師しか僕の心中にはないわけだね。この前も言ったけど、1回、小嶺さんの国見（サッカー）を倒さないといけない。真っ当に、普通の入試を受けて集まってきた普通の高校サッカーで倒さなければならない。それから、奨学金をどれだけもらってても、教員になれば返さなくていい、当時は（笑）。公共に役だつ仕事に就く人は返さなくてよかったんだ。そして、国語を、詩も含めて国語を、本当のことばの担い手を育てたい。日本を変えるというか。立派な子どもたちを育てる。三つあるみたいな、理由が。で、高校の教師になろう、と。その時は。

―前回は、西先生の話が2回ほど出てきて。1回はノートの話。もう1回は、アッパークラス(3)をもった年、西先生に福田先生が受け持ってもらった32歳の。

僕が教員になるときに、いつか追いつこう、追いつきたいと思ってたわけですよ。ああいう先生になりたいと。それが自分の中では、32歳になったときに、僕たちが習ったときの西先生のような教師であり得るかどうかっていうのが、一つの自分の中のバロメーターのようなものと位置付けていて。D高校のアッパークラス…このことばはあまり好きではないんだけど、そのときに、32から33歳になる年だけど。「今年は勝負だ」みたいな。勝負っていうか、今年の1年自分が教師としてどうだろうっていうのが。

―どんな1年だったんですか？

どんな1年…うーん、結論的には、まだまだ及ばないなっていうのをやっぱり思い知った1年でしたね。

そりゃもちろん文系上位クラスだから、それなりの大学には進学して行ったけど。東大、京大はいなかったけれど、一橋とか東京外大とか、お茶の水とか筑波とか、早稲田とか慶応とか、千葉、横国、阪大、神戸、広島、九大とか、東北大とかも…もちろんその他ほとんどが国立大学か有名私大。今風のことばで言えばね。みずから浪人を選んだ者もいたし。でもそういうんじゃないんだよね。いい大学に何人入ったとかいうんじゃなくて…強いて言えば、「君はなぜ、その大学に行こうとするのか」って。そのことと君のこれからの生き方というか、生きていく〝根っこ〟の部分についてもっと考えてもらいたかったんだよね。具体的な職業などはもちろん大学に行かなきゃわからないでしょうけど。実際、どんな勉強をしていくのかも、大学に行ってみないとわからないよね。しかし、いい大学に入ったとか入らなかったとかいうのではなく、自分を語る、表現するというか、自分が生きるということに貼り付いた〝ことば〟を、もっと獲得してほしかった、というかそこを考えさせることができなかった、ということかな。もちろんその答えを求めているのではないよ。そうではなくて、そのような自分を生きる〝ことば〟が何より重要だということを学ばせきれなかった、と今振り返ると思うんだよね。それが、その生徒一人ひとりの将来の生き方につながっていくと思うから。うまく言えないけど、そのことが国語の授業の本質であって、そこを学ばせることができなかったですね。僕にはその力量がまだまだ全然足りないことを痛感させられた1年だった。いい大学に入れば、いい教育ができたということではなくて。でも何人かは、そのレベルでわかってくれた生徒もいた、と思っている。

―D高校に行ってからの10年間も、ノートは回したんですか？

　3年生を持ったときだけね。2年目、3年目が3年生で。そのあと、1年2年3年と持ち上がったから36歳のときがD高校で3回目。その次の年もまた3年生で。そのあとも2・3年だったから、D高校に来て、2年目、3年目、6年目、7年目、9年目の5回3年生の担任だった。10年のうち5回3年生を担任したわけだ。3年生の担任ってね、長崎の進学校の3年の担任ってほんと大変。補習は休みなくあるし、模擬試験の日は、土・日にはずうっと学校に出る。調査書や推薦書はたくさん書かないといけない。センター試験後は、チューターもやる。部活はもちろん別時間で試合や遠征が入る。そもそもそんなにできるわけがない。愚痴だけど…でも現実。

　でもその全部の3年生の担任の時は、同じようにクラスだけの秘密のノートを回したよ。その年によって違うけど、でも大体10冊以上にはなったね。全部家に保管しているよ。何かの資料になるかなぁ（笑）。

　でも高校3年生時における学級経営の一つの手法になるかもしれないね。ともかくも生徒の誰かがちょっとした本音に近い部分を書き出せば、他のみんなが本音に近い部分を語り出す。通常よりも一段深い心の部分で共有が始まる。そうすると、クラスの仲間意識も大きく変わってくる。そのようになるまでに、担任のスキルが少しは必要になるんだけれど、それほど難しいことではない。こちらも本音に近い部分を告げればいい。昨今のＬＩＮＥやＳＮＳとは全く違ったことばが展開されるわけで。その生徒の、自分を表現するためのことばが表出してくる。もしかしたら、それこそがこれからの世代の生徒たちに、本当に必要なものかもしれないね。

―なるほど。本当にそうですね、単なるつぶやきではない自分のことばの獲得ですね。

　そう、それが〝意思的存在〟として、主体的に生きる、ということにつながるのだと僕は思っていて。大学の時の国語教育の田近洵一先生の言葉でいえば、「言語行動主体」の形成、っていうんだけどね。

—それからD高校では、「コース制」が導入されたんですよね。それはどのようなものだったんですか?その「コース制」に先生はどう対応していったんですか?前回調査の後で紹介くださった論文[4]にも書かれていたと思うのですが。

平成7年（1995年、9年目）から、総合選抜制度[5]にコース制が導入されることになって。僕はコース制度が導入された年は3年生の担任だったので、その次の年、1年生に降りたときに、1年生の文系コースを受け持つことになった。

—そのコースというのは、受験生が自ら選ぶんですか。

そう。長崎5校、佐世保3校、諫早2校の普通科のいわゆる大規模進学校と呼ばれるところは、当時、総合選抜制度を敷いていたから、自分の希望の学校に行けるとは限らなかったんだよね。ただそのどこそこの学校の理系コース、または文系コースに合格すれば、自分の行きたい学校に行くことができる。だから、一部学校自由選択制の役割を担っていたところもあったのかな。後から思えば、おそらくその後の学校自由選択制の前哨戦みたいな感じだったのかもしれないね。でもその時にはわからない。ともかくも一部自分の行きたい学校に行ける制度だったね。

普通科の文系コース・理系コースみたいな言い方をする。名称は各学校でそれぞれ名付けていた。D高校では、応用理系コース、応用文系コースと名付けていたんだ。それでもあくまで普通科だから、各教科の時間数は変えられない。普通科の他のクラスとコースのクラスも同じようなカリキュラムで、そこを変更することはできない。たとえば、理数科とかあるけど、それは科が異なるから、カリキュラム的にはもっと自由度が高くなる。ところが、この文系・理系コースというのはあくまでも普通科の一環だから、当時よくやられていたのは、理系だったら理数が強くならなきゃいけないだろうということで、7時間目、そのクラスだけ7時間目を作って補習のようなものを設定している学校が多かったようだね。その7時間目に数学を入れたりとか。つまり、他の普通のクラスより理科、数学の時間が多くなるね。だからまた文系コースの方では、英語や国語を入れたりするわけ、プラスアルファで。

そうすると、同じ普通科で入学して来てるんだけれど、そのコースの生徒だけ、1クラスずつだったけど、私立の特別クラスと同じように、余計に授業時間が増える、ということになる。それがそのまま力に反映すればいいのだけれど、そうは簡単にはいかない。

僕は、同じ普通科なのだから、授業の枠内で特色を出すべきだって思っていた。カリキュラムの構成と授業の内容でね。だからもっと本質的な文系、理系の力をつけるためにどうするかを考えなければならないのではないか、と主張していた。僕から言わせれば、補習時間的に1時間ふやしたら特色になるのか、それで文系、理系のそれぞれの力の養成になるのか、って言いたいわけだ。結局、僕は、英語や国語の力をそのクラスの子どもたちにつけるためには、もっと本質的な文系の力をつけるべく授業改革が必要だと思った。単純に、突き出しの補習的なものを1時間増やすのではなくて、もっと本質的な文系の力をつけるような授業をしましょう、と。そこで生まれたのがOBAS（オーバス）。コースの正式名称が応用文化コースだったので、応用文化アカデミックソサイエティー、略してオーバス（OBAS）と銘打って（笑）やりはじめたんだ。

―1年のクラスで。

そう。1年のクラスで。その前年度が、コース制度の第1回目なのだけれど、そこは突き出し授業をやっている。でもその担任とも話をしていて、突き出しには無理があると聞いていたことも念頭にはあった。それで、思い切って特別授業の仕掛けをつくった。

―コースは3年間同じクラスなんですか。

前提はね、原則は。しかし、そのつもりで行くんだけど、そう説明して募集したんだけど、同じクラス内で大きな学力差が出てくるわけだ、3年生になるころには。だから、成績に差が出すぎてしまうと、最終的にこのままいくのは、子どもたちのためにはならないということで、3年になる時にはだいたい解体してたような気もする。そして他の普通クラスと同じにして習熟度別のクラス編成に混ぜることになった。実質的なコースの解体だったね。

―そうだったんですね。

それで、突き出しをしないけど国語と英語の力を付けるためには、カリキュラムを一部変えないといけないと僕は考えた。教務だったから。時間割は僕が作るから、国語を2時間くっつけて100分の授業を作った。それがOBAS（オーバス）。

―応用文化のOBですか（笑）。100分のオーバスは、成城学園高校を意識してた。

応用文化のOB、アカデミックソサエティーのASもお忘れなく（笑）。応用文化アカデミックソサエティーを略してオーバス。アカデミックな内容を共に学ぶ仲間たち、という意味も込めた。だからASも大切。名前の由来ね（笑）。もちろん、成城の選択授業のイメージはあった。ゼミみたいな授業を仕組もうと。そういうことなんです。

例えば月に1回は、必ず問題性を孕む映画を鑑賞してレポートを書く。後にそれをグループや全体で共有して、話し合ったり、問題の解決を考えたりする。また、学校内の専門性の高い先生に講演をお願いして、そのテーマで考察を深める。例えば中国史が専門の世界史の先生に、ご自分の研究領域について話してもらう。「中国とは何か―科挙制度を中心に」といったタイトルで。絵本を専門の先生に話してもらう。「絵本と言葉・絵本の愉しみ」。その他、心理学を研究しているカウンセラーの先生にお願いする。僕も、現代詩講座と銘打って、「現代詩史」の講義をしてみた。英語の先生にボディーランゲージの話をしてもらう。音楽や美術の先生に、芸術とは何か、というテーマで話してもらう。トルコの留学から帰ってきた先輩生徒に、トルコ語とかつて世界の中心であったトルコの国の話をしてもらう。といったように、様々に（**図表2―1**）。

図表2－1　OBAS授業内容
（福田（1999：57）を匿名化のため一部改変）

回	日付	講座内容		講師
1	10月22日	映画鑑賞Ⅰ（芸術）	フライド・グリーン・トマト	福田
2	10月29日	歴史への招待Ⅰ（史学）	世界の黎明（ほののめ）	（生徒）
3	11月 5日	現代詩鑑賞（文学）	昭和詩の地平	福田
4	11月12日	映画鑑賞Ⅱ（芸術）	ルディ	福田
5	11月19日	歴史への招待Ⅱ（史学）	中国とは何か	世界史教員
6	11月26日	児童文学（文学）	絵本とことば	国語教員
7	12月10日	映画鑑賞Ⅲ（芸術）	いまを生きる	福田
8	12月17日	文化探求（教養）	数学という文化	数学教員
9	1月14日	映画鑑賞Ⅳ（芸術）	翼をください	福田
10	1月21日	文化探求Ⅱ（教養）	教育学と心理学	英語教員
11	1月28日	言語学講座（英語）	身振りと言語	英語教員
12	2月 5日	映画鑑賞Ⅴ	陽のあたる教室	福田
13	2月12日	芸術討論（芸術）	音楽・美術・文学の段階	福田、音楽・美術教員
14	2月19日	世界は今（英語）	イギリス・トルコの旅	ALT、生徒
15	2月26日	哲学への誘い（哲学）	生きるということ　いま　生きているということ	福田

いってみれば、大学の講義に近いような専門性をもった講義をしてもらって、それについて生徒には必ずレポートを書いてもらうようにした。

大学の公開講座や講演会にクラス生徒みんなで参加して、大学の先生の話を聞きに行ったね。その際には、必ず事前にテーマについて、自分たちなりに調べた上で参加した。諫早湾干拓の問題が持ち上がった時期で、その調査をしてみる。新聞社に出かけて行って、記事ができるまでを調査する。裁判所に出かけて行って裁判の傍聴をさせてもらう。

他にも、ある大学の文学部の公開研究会で、ハーバード大学教授のジェイ・ルービン氏という日本文学の研究者で、特に村上春樹の翻訳を多数手がけている著名な文学者の講演があって。ちょうど東京大学に来ていたころだったのかな。地元の大学で「井戸―村上春樹と世阿弥」という題で講演会があった。僕は、ちょっと難しいかもしれないとは思ったけれど、その生徒たちを大学の学問的世界の一端にでも早くに触れさせたいと思って。だから、クラスをいくつかのグループに分けて事前研究をしてもらった。あるグループは「世阿弥の人と作品」について調べてくる。あるグループは、「芸能歌謡の流れと能の発達」について、またのグループは「室町・北山文化」について調べてくるんだ。一方で、村上春樹の方では、「村上春樹の生い立ち」や「村上春樹の作品について」、「村上春樹と同時代の作家たち」などについて調べてくる。そして、各グループがそれぞれ発表して、それを聞いて、みんなでまた質疑応答をしながら共有していく。まだインターネットやパワーポイントなど無い時代にだよ。学校の図書館を中心に、その他の図書館にも行ったみたいだったけど。D高校の図書館は、当時県内の学校図書館の先端を走っていたような図書館で、文部大臣表彰とか、その他の賞をいくつももらっているような図書館で。その図書館の先生に言って、あちこちの公共図書館から、村上春樹と世阿弥に関係する本を多数借りてもらって。それを利用しながら生徒たちは、調べるは、まとめるは、また調べるはで、ほんとによく勉強していた。発表会も、それぞれがよく聞いて、それぞれの参考にしていたね。前に学校図書館は、その学校知の心臓部だと言ったことがあるけど、それはたとえばこういうことなんだよね。図書館にある情報源を元に、かれらはどんどん知の世界を開拓して、広げていった。

講演会の日には、それらの資料を冊子にまとめて持参していった。大学の先生にもその資料をお渡ししたんだけれど、驚嘆されたよ。高校1年生がこんなに専門的なことまで勉強できるんですかってね。大学生にも配って、もっと研究しなさいと伝えます、ということだった（笑）。お世辞も多分にあるだろうけれど、高校1年生でも学びはじめるとかなりのレベルまでいけるということだよね。

このＯＢＡＳの授業をセッティングするこちらも実は大変だったけれど、面白かったし、愉しかった。生徒たちは本当によく学んだと思う。僕ら教師たちが目を見張るくらいにね。人文、社会、芸術、科学、その他諸々の分野を、本当によく聞き、読み、話して、書いた。専門性の高い内容もあるけれど、難しい課題ほど、生徒たちは一生懸命になった。いまでいう探究的な学びに近いものだったんだろうと思うよ。生徒たちは、毎週のその時間を心待ちにしていましたよ。よく我々は、「生徒が勉強しない」と嘆くけれど、教科書にある知識をただ講義するのではなくて、自分たちを取り巻く世界の問題に、それこそ様々な角度から問いかける。本当に毎時間、知的興奮を味わうことができたよ。

そのとき僕は思ったんだよね。生徒たちにとっては、テストの成績や評価などは本当はどうでもいいんだ、って。どうでもいいというか、いつもそんなことを気にしながら学んでいるのではないって。教師側が評価によって生徒を抑えているだけで。本当はそうではないはずだと。知らない世界を知ることの愉しさ、知的快愉を味わうことができれば、生徒たちは懸命に学ぶのだということを僕も教えてもらった。

生徒にとって、本当に学ぶこと自体が面白ければ、愉しければ、興味深ければ、どんどん自ら自分たちで学び出すんだということを改めて目の当たりにしたような気がするね。先生方もとても協力的で、そして魅力的な授業をしてくださったし。普段の授業とは違って特別な準備も必要となるのだけれど、快く講義を引き受けてくれて、学ぶ生徒に感心してくれましたね。一生懸命になって聞いてくれて、質問してくれる生徒がいることが嬉しいと口々に語ってくれたのが印象に残ってますよ。実は、この試みを当時のＤ高校の先生方はたくさん応援してくれていたんです。そういう専門性を持った先生方がたくさんいたし、日々の知識伝達型の一方的な授業の限界をわかっておられたんだね。月曜の5・6時間目には、毎週確かな学びの園が実現されていたんだと思うね。

—短期的な評価なんてどうでもいいことだとは思うんですが、実際のところどうなっていったんですか、試験などの成績は。

はい、よくぞ聞いてくれました（笑）。ご推察通り、これで上がって行かないはずはないんですね。模試の偏差値でいえば、国語や社会、英語などは当然上がっていったよ。そして学びの、ある分野が面白くなってくれば、その他の分野も勉強するようになっていくんですよね。本当は全部が繋がっているんだから。

ある女子生徒は、このＯＢＡＳをきっかけとして、シアトルへ1年間の留学を決意しましたね。その後戻ってきてＤ高校を卒業して、国際基督教大学（ＩＣＵ）に進んだ。現在はストックホルムに住んで国際的な仕事で世界中を飛び回っているらしい。この難関大学に進んだのは、Ｄ高校では初めてだったんじゃないかな。他にも、入学当初は「地元の大学に行って公務員になるのが夢です」と語っていた生徒は、東京の方の大学の文学部に進んで、いま近代文学の研究をしている。ある生徒は、英語の方に進みたいと言っていたのだけれど、その授業で活水大学の文化講演会に参加して。米倉斉加年氏の講演だったのだけれど、確か「アジアの中の日本」というような内容で、日本はアジア諸国を一段低く見下ろしている。さも日本はアジアではないかのように、常にアメリカやヨーロッパこそ外国だと思い込んでいて、外国語といえば英語やフランス語、せいぜいドイツ語などばかりを追い求めている。でも本当の国際化とは、まずすぐ近くのアジアの国々と、もっと仲良く、どのように交流をしていくべきかを考えていくことではないか、日本はアジアなのである、というような趣旨だったのだけれど、その子は、「自分も外国語といえば、すぐに英語を思い浮かべていた。そうではない。アジアの言語をこそ学ばなければならない」と言って、大学では中国語専攻に進んだね。いまでは中国と日本の架け橋的な仕事についていて、著作もありますよ。その他にも、九州の新進気鋭の画家と騒がれた生徒だったり、映画制作の方に進んでいった生徒など、様々いましたね。

僕は彼らの1年生が終わる時に離島の学校に転勤になったのだけれど、翌年度の担任の先生に同じＯＢＡＳを引き継いでくれるようお願いして、その先生もよく頑張って深めていってくれましたね。次の下の学年の担任も同じようにＯＢＡＳの取り組みを続けてくれて。他の高校が文系コースは定員割れになることが多かったけれど、そのような取り組みが口コミでも広がったようで、Ｄ高校の文系コースは、しばらくは定員割れにはならなかったようです。いま言ったように、僕は1年で転勤になったのだけれど、ほとんどの生徒が手紙をくれて。中には、その島まで何人か遊びに来てくれた。だから後々まで、うん、大学や卒業後の様子も結構知っていたんですよ（笑）。

―いまＯＢＡＳのお話を聞いて、やはり、成城学園のときの選択授業やゼミ的授業の影響があるのかなあ、と思いながら聞いていました。その辺りはどうですか？

そうですね。成城学園の選択授業をイメージしていたのは確かですね。月に1回は映画鑑賞を入れるということもその表れかな。実際そのような授業を見たことがなければ、躊躇なく、そんな授業は計画できなかったかもしれないね。

だけど成城学園と同じようには、毎日そのような選択授業を入れることはできなくて。所詮今のところ、一担任の発想にすぎないからね。せめて週に一枠だけ。だけれどもそれが面白いから生徒たちは勉強するわけですね、みんな。それが成績とかに直ぐに結びつかなくとも。宿題もしてくる、レポートもまとめてくる。それを読めばまたおもしろい。知的好奇心を刺激される。自然みんな仲よくなっていく。それがどのようなメカニズムかはわからないけれども、確かに彼らは学ぶということに前向きになっていきましたね。そして不思議だけれど、みんな仲良くなっていくんですね。成城学園もそうだけど、おそらく成城だけでなく、都会のいわゆるナンバースクールと呼ばれるような学校では、このような専門性の高い授業を、もっと精度の高いレベルで行なっていると思いますよ。東大にたくさん合格していくような高校は、ほとんどこのようなプロジェクト型の授業をしているよ。

いま、そのクラスだった生徒は、こんな道に進みましたと話したけど、もちろんその彼らの進路に、この授業がすべて影響を与えていると思っているわけではないよ、当たり前だけどね。その後様々なこととの出会いがあって、彼らなりに自分の生き方、在り方を考えて進んで行ってるのでしょう。ただ、その様々な出会いが自分にどう関わっていくのか。あるいはどう関わりがあるのか、無いのか。そのような〝受容体〟としての自分の基礎部分をつくっていくのに少しは役立ったのではないかとは思ってますね。おそらく学びとは、そのような〝受容体〟としての自己を形成する営みではないかと僕は思っているんです。あえてそれを〝自己変革〟と呼んでもよいのかなとも思っている。

（休憩）

―他にもいろいろ聞きたいことはたくさんあるんですけど、前回の続きから言えば、劇。文化祭で劇を開始したって言われていた。学級での劇をＤ高校に行ってから始めたと。10年間全部ですか？

いやいや。3年生は、文化祭のクラス出し物はないから、3年を受け持ったときはしてないですね。10年で5回3年生の担任だったから、それ以外のときで、3回かな。2回は展示だった。

—（現任校の）H高校でも劇をすると。

そうそうそう。ぜひやりたい。東京都立の日比谷高校や国立高校、そのほかいくつも全校で全てのクラスの出し物が全部劇という学校があるよ。確か灘もそうではないかな。

—E高校でも劇をしたと。

E高校の劇は圧巻でしたね。学校全体が変わった。まあ小さな学校だったけど。

—なぜ劇なんですか？

なんでだろうね。でも劇なんですよ（笑）。

—なんで劇をやろうと思ったんですか。

一つは展示がおもしろくないっていうことだね。やる者だけが一生懸命やって…。不真面目な生徒はほとんど関わらないでも済む。その関わらない生徒をきちんと関わらせることが僕はできない。そしてその展示によっては、クラス全員に達成感を感じさせることが僕にはできなかった。クラス全体での達成感が生まれにくい。それが劇なら生み出せる。なぜなら、直接生身の人間が、他者の息遣いを感じながら演じるわけだからね。

それに僕自身が、演劇が好きだったたっていうのもある。演劇をやってる寺山修司が好きだった。それから、学生時代、アングラ劇をよく見に行ってた。演劇っていうのはある独特な世界があって。映画やテレビでは味わえない、生身の人間の関係性から生まれる世界というか。当時はアングラとよばれていたんだけれど。アンダーグラウンドの略ね。僕らが学生の頃は、まだまだ演劇がかなり盛んだった。下北沢というところは学生の街なんだけれど、そこには小さな劇場がいくつもあって。今だってもちろんたくさんの劇団があって、いろいろな劇をやってると思うけど、当時はもっと身近だったね。

—東京にいたときに見に行かれてたんですね。

うん、ときどき。一人で行ったり、友達と行ったり。でも少人数だったな。大勢で行くことはなかった。劇場も狭いしね。

僕としては、劇は、文学と世界が近いっていう感じがあった。戯曲なんかも時々読むし。文学の思想だとか、感性だとかを訴える一つの表現の形とも思っていた。詩と演劇を両方やっている人もいる。寺山修司もそうだし、吉原幸子もそう。もっとたくさんいる。

僕が高3の時のクラスの中に一人、演劇をやってる女の子がいて。その人が長崎の大学の教育学部を卒業した後、どうしても演劇をやりたいということで、教員にならずに東京に出てきて。僕は当時大学院生だったから、東京にいて、よく話をしていた。その子はアルバイトしながら、有名な文学座の劇団の研修生をしていたね。そんなこともあって、小さな劇場に時々は観劇に行ってた。それで演劇についてよく話してた。

それと、高3のときに、五島から来てたやつが同じクラスにいて。体は大きくて、草刈正雄みたいに格好いいんだけど、シャイであまり人と喋らない。1年のときも同じクラスだったけどあまり人と喋れない。3年になっても同じようにあまり喋らないんだよね。僕はその彼と仲がいい方で、その彼を何とかみんなと打ち解けさせたいと思っていた。体育祭のときに、クラスごとの仮装行列があるんだけど、それもグランドの中央で短いドラマ風な、仮装行列しながら、なんか寸劇みたいなことをするんだけど。彼をなんとかみんなと喋らせるようにしたいと思って、その寸劇に出てくれれば、劇というか、その仮装行列に出れば、みんなと仲良くなって話しはじめるかもしれないな、と思って。体は大きかったから、関取に扮してもらって…担任の西先生も背が高いので関取になってもらって。この二人が相撲をとって僕が行司。誰々が露払い、太刀持ちとか言いながら、相撲をするというさ、極めて単純な寸劇というか仮装行列の一コマ（笑）。「(西先生は）もし教師になってなかったら、背が高かったから関取になってた」みたいな感じで。なるわけないけどね（笑）。その相手役に喋らない彼を。でも全校生徒の前でやるからね。それなりにプレッシャーはかかる（笑）。で、そういうことをしながら。結構それが受けたわけよ、その寸劇が受けて。それで自信もってさ。ていうかみんな仲良くなって、あーだこーだ、どんどん話すようになっていったんですよ。そういう経験が一つある。なんか、そんなことすればみんな仲良くなれるんだなっていう体験があった。

もう一個、これは、真面目な話なんだけれど、竹内敏晴っていう演出家がいるんだけど、その人は僕らが学生の頃は、竹内演劇研究所というのを開設していて、演劇研究と共に、自閉やその他の言語障害などの障害を持っている人を、演劇を通じて恢復させていく、療育していくというような活動をしていた。その後ずっと演劇と教育ということに関わっていく人なんだけれど。たとえば『ことばが劈(ひら)かれるとき』（ちくま文庫）や『からだ・演劇・教育』（岩波新書）とかいう本を書いてる。これらは、自閉症の子とか障害を持った子が演劇をすることで新たな自己を発見し、恢復していくっていうことを追求している本だよ。

宮城教育大の、当時学長だった、有名な…誰だっけ。有名な教育学者。最近名前出てこなくなったんだよねぇ…有名な社会学者。田中正三の研究をした…。

——林竹二。

そうそう、その林竹二さん。林竹二なんかと一緒に、定時制とか荒れた学校の子どもたちを、演劇を通して恢復させていく。演劇のレッスンをしながら、その子たちを変えていく。そこに谷川俊太郎もことばの側から参加していくんだけど。「体・ことば・演劇」ということで。もともと演劇の脚本家なんだけど。そういう演劇と教育みたいなものがそこにあって。演劇の教育的効果というよりも教育の本質がそこにあるような気が僕はしている。そういえば、ヨーロッパの学校では、演劇が必修科目になっているところが少なくないようだね。

そういう経験をふまえて、僕は演劇と教育っていうか、演劇に大きな人と人とがつながっていくための重要な要素があると思っている。人は、体を動かすことで回復していく。ことばを通してつながっていくんだ、みたいなことについて、ずっと関心を持っていた。実は、大学院時代のゼミの後輩が、学芸大の付属小学校の司書をしてるんだけど、彼女は、その竹内敏晴の研究所に通っていた、その時の話などもよく聞いていたんだね。

確か竹内敏晴は、学校で行う演劇の授業について、「オシバイのやり方を教えるんじゃなくて、人間が生きていく意味を伝えたいんだ」みたいなことを言っていて。[6] 僕は、演劇の専門家でも何でもないのだけれど、クラスの子どもたちの関係性の成長ということを考えると、どうしても劇の力を信用したいと思っている。

―確信があってやったっていうよりも、やってみたら、すごく効果が大きかったっていう感じですか、初めてやったときは。

そうそう。はじめてやった時はね。そっちが大きかった。とにかく、展示がつまらなかったっていうのが一番。その頃まだダンスはないから。指導もできないし。映画とかもあるけど。ビデオも、編集するのが特定の誰かだけだから。撮影が済んだら後は、一部の生徒しか関われない。他は知らんぷり。クラス全体の出し物としては難しさがある。そこに、達成感みたいなものを味わわせたいっていうのがあって。最後に達成感をみんなで持てるのは、演劇しかないと。まあ、他でもありうるのだけれど音楽でもあったのかもしれないけど、僕の場合、かなり竹内敏晴の影響は大きい。

そういえば、成城では、劇の観賞にいくんだよね。

―100分の授業で？

いや、学校全部で。

―選択授業とは別で。

たしか「芸術鑑賞会」とかいって、学校行事。国立劇場とか大きな劇場に本物の演劇を観にいく。僕がいた時は、確か日生劇場に劇団四季のお芝居を観に行ったな。確か「オンディーヌ」だったかな。とにかく本物は素晴らしい、というかすごいよね。テレビや映画とは、また全く違う世界がそこにある。中学・高校時代にこのような本物にふれることの大切さを思うんだよね。

―福田先生の中で、文化っていうのにすごく重いというか、こだわりがあるのかなって思ったんですけど、そういうのが出てきたのはD高校のときですか？

「文化と教育」はつながっているということの「根っこ」はそうでしょうね。でも学生時代に、いくつかのサークルが共同で出していた『教育と文化』という雑誌があって。それに生活綴方について寄稿したことがあって。それから、「教育と文化」には何かと関心をもっていましたね。具体的に、教育に文化を定義づけないといけないって思ったのは、F高で高文連の仕事をするようになったからっていうのはあったんだけど。〝根っこ〟に、文化というよりも、人間の心だとか。

真面目に言うと、文化資本的に貧民なのですよ、僕の場合は。サッカーばっかりやってるサッカー馬鹿で、そういう文化の世界に憧れるみたいなのは昔からあったね。文化の世界。根本的には、人間って素晴らしいんだ、っていうか、素晴らしいはずなんだみたいなことを信じたいという感じかな。それを証明してくれるものが文化だと。だから、結局、人が生きるとは何かとか、人はどう生きるのかとか言うような文化と教育とがもっと近いものであるはずだという気がしていた。そこからが結局僕のダメなところなんだけど、そういうのに関心があれば一生懸命それを勉強して追求すればいいのに、なかなかできなかったね。そんなに一生懸命勉強するようなタイプではないんだなぁ（笑）。でも常にそういうのが気になってはいる。

――ずっと、高校生のころからですか？

そうでしょうね。生い立ちが貧しかったからかな。それだけではないよね。でもどうしても文化資本の貧しさは否めない。だけど、クラシックにしても何にしても、本当に、絵にしても、本当にいいものを見分けるには、いいものを見ておかなきゃ、いいものは分からないっていうかさ。そういうところで、劣等感は常にあるわけです、僕の場合は。だから、大学時代、近世文学のゼミの人たちと歌舞伎とか能とか何回か観に行ったけど、よくわからない。夢幻能だとかさ、能の世界だとかいうのには、きっとものすごいものがあるんだろうと。分からないけどあるんだろうと。そういう憧れみたいなものが常にある。いろいろ本読んで文学の世界に入っていけば、そういう当たり前に演劇や絵がたくさん出てくる。だから、絵なんかもね、学生になったとき、僕も絵をわかるようになりたいって思って。でも地方ではなかなかそういう本物に出会う機会は少ないよね。たとえば小林秀雄を読めば、そこには絵とか音楽とか演劇とかが当たり前に出てくる。文学世界に当たり前に出てくる。同じ大学の同級生と話をしているとみんなそれらの基本的なことは知っている。「えー！」って。僕はあまりに知らない。それまで、長崎にいてさ、絵を見るなんてないわけじゃん。美術館だって最近できたばっかりで。それまで長く、美術博物館だったし…。だけど、サッカー馬鹿だったっていうのもあるし、音楽は選択だし。絵は小さいときから下手くそだって言われてたから書くの嫌だったし…。そういういわゆる文化的な家庭で育ってない、全然。だから逆にわかるようになりたいよねって。東京はどっかのデパートでしょっちゅう有名な画家の展覧会をやってるでしょ。

たとえば学生生活が始まったばかりの頃にね、日本橋の高島屋デパートで東山魁夷展があってて。僕はそれを観に行ったんだけど、あの有名な「道」という大きな絵の前で動けなくなった。「道」の絵。知ってるよね。そのときの衝撃はいまでも忘れられない。何かきつい時は時々観たりするんだけど。その絵のそばには確か、「絶望と希望を織りまぜてはるかに続く一筋の道」というようなことばが書かれてあった気がする。はじめての経験だったね。絵の前に立ち竦むという経験は。その後ゴッホも観た。ムンクも観た。シャガールも観た。いろいろ観たね、本物をね。

さっき、その五島から出てきたシャイな彼は、3年生の途中ぐらいから小林秀雄に嵌まってしまって、小林秀雄ばっかり読んでいたんだよね。どんどんどんどん読んで、東京の大学に行って。それで、小説を書いたりするんだけど。何かの新人賞の佳作までいったな。そして小林秀雄は近代絵画とか、ゴッホの手紙とか、いろいろ、絵を。彼はどんどん、どんどん影響されて絵を観に行くようになった。こんな絵を見てるんだって。僕はこの前これを見てきたとか言ってさ（笑）。僕も負けられないよなとか思って、何回か一緒に展覧会に行ったたね。だからそういう世界に憧れてたっていうか。そういう世界がすごく大切なんだ、実は。人が生きるうえにおいて、感動するだとか、実生活じゃないそういうものの中に、実生活を生きていく力があるんだみたいな感覚を、どっかで持ってるわけですよね。それが文学とも繋がるし、哲学ともつながる。あえていえば教育にこそ大切なもののように思う。自分の文化の世界なんだけど、芸術的な世界っていうのが、芸術をわかるような人間でありたいみたいなさ。そういう意味で、割と何でも関心を持とうとしたし、知らないと話にならないし…。そういうのはあるね。だから、いま、平山郁夫が（県美術館で）あってるけど、平山郁夫なんかも、東京で見に行ったり。京都に行って、お寺に行ったら、平山郁夫の絵が突然どーんとあったりして。やはり日本画は、日本の風景によく似合うんだなあと思ったりね（笑）。

そういう中で、僕は、国語の教師になるにあたって、そういうものが解りたいと思っていたような気がする。結局、詩を追求していくことと同じだと思っている。そういう世界を相手に、自分を取り巻く世界を相手に、大袈裟にいえば、「自分とは何か」っていうのを、「人はどう生きるのか」とか、「生きる意味は何か」とかっていうときに、そういう文化というか芸術というか、そのようなものを求めていくんだろうと思うね。結局、精神世界の重要さを確かめているような気がするんだよね。そのことと、教師であること、国語教師であることっていうのは違和感なく僕の中でつながる。むしろ、そういうものがわからないと国語の授業できないんじゃないかとか、そんな感じですよね。だから自分に自信はないから、自分が演劇をしようとは思わなかった。自分がプレーヤーになろうとは思わなかったけど、わかるようにはなりたいとは常に思っていたような気がしますね。自分が絵を書こうとは思わなかったけど、絵を分かるようにはなりたいと。そういう中に何かがありそうだっていう感じがあったし、今もある。芸術は分からないから、芸術を知りたい。クラシック喫茶にもよく通ったし…音楽もわからないんだけどね。曲名なんか全然覚えきらんし。でも何となくクラシックを聴いてる時とジャズを聴いてる時の気分の違いやモーツアルトとベートーベンのときの鼓動の違いとかが気になっていたね、いつも。

—教師として、生徒に伝えていきたい、教育として文化を伝えていくっていうことに対しては、先生はとても真剣にやられてきたと思うんですよ。その思い、バックグラウンドがありながら、劇を生徒にやらせてみて、クラスでやってみて、実際にどんなふうに変わっていくんですか？

子どもが？

—はい。例えば劇をやってみて。

どんなふうに変わっていくのか…。生徒がどう変わるのかっていうと。説明が難しいんだけど…一つは、全然みんなの中に入れなかった子が、劇をやることによって、その後、みんなと仲良くなる。みんなの中に入っていけるようになるし、みんなと話せるようになる、誰とでもしゃべれるようになるというか…。ほかのグループの子とかとも話をするようになっていくね。もちろん、もって行き方にというか、担任のその劇のさせ方というのもあるし。たとえばこんなことがあったなぁ。少し長くなるけど話してもいいかな？

—もちろん、どうぞどうぞ。

高校2年生を受け持った時だったけど。その時の生徒に、高校2年を不登校で2年間進級できずに留年していた男の子が僕のクラスに入ってきて。もう19歳の彼を、僕はここで進級させて卒業させないと、この子はこのままだめになってしまうんじゃないかと思った。もちろん始業式のはじめから学校には来ていなくて。話を聞くと、今でいう引きこもりに近い状態らしくて。一学年が10クラスある大規模校だから、他の学年だった彼のことは、僕はそれまで顔も知らないし、詳しい事情も知らない。でも、今年は僕が担任になった。何とかしたいと思って。

はじめに、ともかく顔合わせをしなければならないって思って。僕はその子の家に行って、「今度君の担任になった福田です、よろしく」って挨拶をしに行って最初の顔合わせをしたね。「学校なかなか来れんやろ、まあ、そんなに焦らんでよかけん、そのうち来てみれば」とか、「来れるようになってからでいいからね。無理しないで」とか言いながら、いくつかとりとめのない話をしたね。思ったよりやりとりができたので、僕は少し可能性を感じてて。ところが、やはり何日待っても彼は登校して来なくて。親からの連絡も、最初のほんの何日かはあったけど、それからは途絶えてね。

僕は、クラスの生徒たちには、実は一つ机が空いてるけど、こういう生徒がいるんだ、と。今年のこのクラスのテーマは、この子を進級させる、ということにしようと。誰でも思い通りいかなくて辛い、きつい時期というのはあって、今彼はそんな時期だって。いつか自分にもそうなる日が来るかもしれないし、そんなとき、自分も立ち直れるように、何とか彼を理解して、みんなで彼を進級させるための努力をこのクラスの目標にしよう、と。もし、それができたら、君たち自身が人間的に大きく成長することになるはずで、なぜなら、人間は人と人との関係の中でしか生きることができない存在だからだって。彼に何とかこのクラスに馴染んでもらって、3年生に一緒に進級しよう、そのことがたぶん、君たち一人ひとりが自分とは何かを問うことになるはずだからって。確かそんな趣旨の話をした。そして、そのための準備をして、彼がいつ登校してきてもいいようにしておこうって。あなたはノートを取る係、君は宿題を持っていく係、学級日誌は、後から彼が読んでもわかるように少し詳しく書いてね…と、まだ一日も登校して来ていない彼でも、このクラスの一員であることを僕はみんなに意識してもらおうとした。席替えや何かのグループ分けなどの際にも、必ず彼の名前を入れるようにしていたね。まだ「不登校」ということばが一般化する前の時代だったと思う。

そうやってしばらくあれこれと準備するけど、彼は来ない。4月が終わっても彼は1日も顔を見せなくて。僕は、その間、適度な間隔で彼の家を訪問して、あれこれと話をして、彼の学校への関心を何とか繋ぎ止めておかなければならない、と思っていたんだ。彼とのやりとりの最後は、いつも「明日は学校行きます。」ということばで結ばれるんだけど、やっぱり翌日も来ない、ということの繰り返しだったけど。

生徒たちも、1度も見たことのないクラスメイトのために、あれこれとことあるごとに配慮をしていくのにもそろそろ限界だなあ、と思ってきていたようで。「先生、その人、来ないやん」って言ってくる。「うん、来んよね」って応えるしかない。「まあ、待て」、「こういうことは焦ったら駄目なんだ」と続ける。何とか生徒たちをなだめる、というようなやりとりの繰り返しで。それでも僕自身は家には何回も行って、少しずつ話をするようになって。親に了解をとってファミレスなどに一緒に飯食いに行ったりして。「ちょっとだけでも来てみれば」とか言って。そして最後は、「明日学校行きます。」で終わる。

ところが、5月の連休が終わった頃だったかな。彼が突然学校にやってきたんだ。我らがクラスに入ってきて、みんなは驚く。誰も彼も、先生たちも驚く。待ちに待った彼の登場で。生徒たちは、ぎこちなく世話を焼く。彼の方がはるかに年上で、体も大きい方で、なんかわからないけど貫禄みたいなものもある（笑）。そのうち、ちょっと来て、また何日か来ない。またちょっと来て、しばらく来ないとかを繰り返しながら、少しずつ来るようになる。でも、来てもしゃべらない。普通、上履き、スリッパは学年で色が違うんだけどさ。彼は、元の自分の学年の色を変えなかったね。最後まで。それは彼のプライドだったのかもしれないけれど。でも、ともかく少しずつ僕らのクラスに登校してくるようになって。その頻度も少しずつだけれど増えていって。

クラスの生徒たちは、彼のスリッパの色に、あれこれ文句を言ってたけどね。「もう、これだけみんなで一生懸命になってやってあげてるのに、そして馴染んできてくれているのに、なんで黄色（当該学年は黄色学年）に変えてくれないんだ」って。「まだ、自分たちは仲間だと思ってもらえてないのかな」とかね。「いやー、それはせめてものさ…」とか僕はお茶を濁しながら答えにならない答えを言いながら。何のかのと生徒たちは何とか彼を仲間に引き入れようとしてくれて。もちろん無関心な生徒もいたけど。40人全員が一丸となって、などはないよね。冷ややかに見ている子もいたよ。でもクラス目標だから、その彼をクラスの仲間に迎え入れようとすることを否定はしない、という感じ。

彼はといえば、結局、けっこう学校に来るようにはなったけど、ほとんど誰ともしゃべらないし、試験は受けないし。みんなは何とか馴染んでもらおうとあれこれと面倒を見ようとするけど、うまくいかない。取り付く島もない感じで、なかなか進展しない。そうこうするうちに、いよいよ「文化祭のクラス出し物は何やる？」っていうのを決めなくちゃならない時期になって。大体9月に入ってすぐに体育祭、文化祭をやる学校だったから、もう1学期の7月前後には、何やるかっていう話になる。生徒会の方に、クラスの出し物を提出しなきゃだからね。

僕は、この機会にかけようと思って。ここは劇しかないと。彼を仲間に引き入れるには劇しかないんだと思って。それでその趣旨を生徒たちに話して、生徒の了解を得ることになったね。そして趣旨を理解した生徒たちは、劇やろうってなって、自分たちで脚本を作ったんだけどね。１９９１年だったかな。

—それが、D高校で始めてやった時ですね、劇を。

そうそう。そういえば、そもそもその不登校の彼をみんなの中に馴染ませたい、その子が学校に来れるようにしよう、そのためには劇しかないと思ったのが始まりだったのかもしれないね。それで、「劇をやろう」ということになって。「なんで劇をやるんですか」ってなっていって。要するに、やっぱり動かない生徒たちもいるわけだよね。「何でこんなことやらなきゃいけないんだ」とかね。グループがいくつかあるわけだ。そこにはそれなりのグループの幹部みたいなリーダー格の生徒がいるよね。僕は、その幹部の彼らを動かせば、全体が動くだろうと思って。このグループはこの役割、このグループはこれって。このグループのリーダー格の子を何人か集めて、学校ではなく喫茶店に連れて行って、ジュース飲みながら、飲ませながら（笑）、「こういうことをやりたい」と。このことにはこうこうこういう意味があるんだと。だからみんなでやってみようよと、僕なりに本気で話してみる。一応、そんなふうに説得をしながら展開して。それでその劇のテーマは、彼を進級させるために、彼を何とか舞台に上げようということになって。彼は、声がちょっと大人びてるわけだ。そして唯一、社会や歴史には興味を持っている。生徒たちは、その彼の特色を生かして、ある自殺事件を報じるアナウンサー役をしてもらおうと話し合って。生徒たちが、あの手この手で彼を説得しようとする。何とか舞台に出てくれ、って。そうしなければ担任に怒られると（笑）。でも彼は頑として「うん」とは言わない。生徒たちは泣き言を言ってくる。「こんなに説得してるのに、言うことを聞いてくれない」って。「何とか頑張ってよ」と僕は言うしかない。もちろん裏で僕も彼に話す。彼はうつむいたまま「無理です…」と応えるんだけど、回を重ねるごとに否定する声が弱くなってきているのを僕は見逃さなかったね（笑）。

そうこうするうちに、生徒たちは妥協案を持ってきた。表舞台には出なくてもいいから、舞台の袖の後ろから、声だけ出演してほしい。録音ではなく生の声で、声だけ出演してほしい、と彼に言ってきた。今でいえば声優のはしりかな（笑）。生徒たちが次々と彼を説得に来る。とうとう、ついに彼は動いたね。「表舞台には出きらんけど、声だけなら出てもいい」と。「ばっちりやん！」と生徒たちは大喜びだよね。

本番に向けて、彼への特訓がはじまって。脚本係は、それに合わせて書き直す。放送部の子が、話し方の指導をする。役者の演技はもちろん、演出に照明に音響、小道具、背景造り、みなそれぞれが本番に向けて必死になる。各グループが、それぞれの役割を成功させようと必死になる。だってさ、たとえ声だけでも彼が出演してくれるんだから、失敗するわけにはいかないよね。彼のこれからがかかっているからね（笑）。最初はいやだいやだと言ってた彼も、みんなが何のかんのと言ってくる。ここでアナウンサー役がいないと、この劇は成功しないんだよとか言いながら、みんなで創っていく。彼も半分しかたなくやらざるを得なくなる。

いよいよ本番は、みんなドキドキだよね。そして、劇の山場に彼のアナウンスが始まって。それが上手なわけだ。声も渋いし、語りも上手で。観客からもオーッという歓声が上がるくらい。結構ウケたんだよね。みんな、スゲェーとか言ってさ。その頃になると、結構他のクラスのみんなも事情を知ってるようになってる。

それから、その文化祭から、彼はクラスの中でどんどん元気になっていって。本当に。文化祭当日だけの話ではないんだよね。劇を作るために、さまざまな生徒たちの関わりがそのプロセスの中に生まれて。何とか、発表というゴールへ向けて、みんな歩き出し、そして走り出すしかなくて（笑）。

―脚本は自分たちで考えたんですか？

そうそう。もちろん生徒が自分たちで考えたけど、僕も入って。題名は今でも覚えているよ。「アガペー～無償の愛～」と言うやつだったね（笑）。内容も覚えているけど、長くなるのでやめるね。ともかくみんなで相談しながら、関わり合いながら創っていく。そしたら楽しいんだよね。ああでもない、こうでもないと言いながらさ。きついけどね。当然、予定されている準備期間の時間だけじゃ足りないし。夜、どこかの公民館借りて。親に電話かけておいて、迎えに来てもらったり。「遅くなるけど心配しないでください」とか言いながらね。そんなことしながら公民館で夜遅くまでやったりする。そしたらさ、近くのお母さんがおにぎり作って差し入れてくれたりとかさ。楽しいよね、みんな一緒になってやって。小さい子どもに戻ったようでさ。苦しいけど楽しい。この〝苦楽しい感覚〟こそが、人を感動させるんだろうね。そして自分たちがもっと感動するわけだけど。

そんなこんなしながら創っていって、本番は拍手喝采なわけだ。本人たちがみんなびっくりするわけ。「自分たちもそれなりに結構やれるんだ」って自信が出てきて。それで自信を持った彼は、それから見違えるようにみんなと話すようになっていく。学校に来るようになるんだよね。それは不思議だよね。でも本当の話。みんなと話すようになっていって。僕は、そうなるって確信はなかったけど、予感はあった。希望的予感（笑）。さっき言った高校のときの仮装行列の時もそうだったから、そうなるんじゃないかなと。なってほしいなと。竹内敏晴もかじってる。「彼ってしゃべってみたら結構おもしろかとよ」という話になっていく。学校に当たり前のように来るようになる。無欠席ではないけれど、だいたい普通に来るようになって。そうして見るからに元気になっていく。笑い顔まで見せるようになっていくんだ。

まあ、進級までには、出席以外にも、テストだとかいろいろあるんだけれど、ここにもある意味壮絶なドラマがあったんだけど…それはまた別の機会に。ともかく彼は無事に3年生に進級したよ。年齢は20歳で。3年生時は僕のクラスではなかったので、どの大学に行ったかは覚えてないけど、大学に進学したのは間違いない。

―文化祭の出し物としてのクラス劇…お話を聞いて、まさに教育の一つの真髄のように感じました。

真髄と言えるのかはわからないけれどね（笑）。でもクラス劇をやるんだということになって、その「表現」のために、クラスの生徒たちに様々な関係性の小さな渦がいくつも生まれて。その渦がだんだん寄り集まって、大きく勢いよくなってきて、ついに竜巻のように舞い上がる感じ。

彼らは、その竜巻に乗ってどんどんどんどん上空に上がっていって、精一杯上り詰めて「表現」するんだね。そして、竜巻は弾けて、またもとの海面に、日常に戻る、という感じかな。でもね、その日常は、以前の日常とは変わってるんだよ。それまでとは確かに変わった日常が、新たにはじまるというか。比喩的にいえばそんな感じかな。たとえばグループ形成が変わってくるとか、話す相手が変化しているとか、全体の〝空気〟が新しくなっている。しかも、仲間を見る目が優しくなっているような感じ。よくいえばね。確かに、誰かが誰かを認めている空気感があって。それぞれが「自分はここにいていいんだ」と思えてくるというか……そんな感じだね（笑）。もちろんその認め合う日常がいつまでも続くということではないだろうと思うよ。日常は、必ずまた新たな濁りを生み出すけれど、そのクラス演劇という一つの経験は、濁りの浄化法の一つの学びになっているはずだと思えるね。

―なるほど。一人の生徒を救うというか守り育てるための試みが、実はクラス全員を成長させることになるということですね。そういう教育的手法としてのクラス演劇は、もっと注目されてもよいはずですね。

そうだよね。だから先にも言ったけれど、イギリスだったり欧米では、演劇という科目が、独立して必修授業としてあるそうで。子どもたちの主体と協同を学んでいく、人間関係を学んでいく重要な教科らしいね。

もう一つだけ、今度は、そのクラス劇の推進側の生徒のことを話してもいい？

―はい、ぜひ。

実は、1年生の時も2年生になっても、続けて僕のクラスになった男子生徒がいたんだけど。この生徒も難しい子だったね。このときの学年主任の先生は、i先生というんだけど、まあ先生方からも、生徒たちからも信頼されているいい学年主任なんだけれど。僕は、その学年主任さんと何年間か同じサイクルで、同じ学年で動いていて、わりと仲良くさせてもらっていて。だから彼は、不登校系の生徒や問題を抱えている生徒がいると、よく僕のクラスに配属するんだよね。「てっちゃんよろしく！」とか言ってさ（笑）。だから、さっきの不登校の生徒も、この学年に入ってきたら、担任はもうすでに僕に頼もうと最初から決めてるんだ（笑）。

その2年続けて僕がクラス担任として受け持つことになった彼は、放送部に入ってはいるんだけど、どちらかというと体育会系で、腕力もあるし頭も良くて。中学の時から不良っぽくて、1年生の時も担任の僕にも反抗的というか、心を開かなかった、と思う。何人かの先生方から彼にまつわる問題がいくつか報告されるのだけれど、頭もいいし、弁も立つ彼は、その問題を難なくくぐり抜けていて。僕も手を焼いてはいたけれど、僕なりに見所のある生徒だと評価もしていたのは事実。いつも何かに不満や鬱屈を抱えているようで、何かにつけイライラしているような男子生徒だったね。何となく、僕と重なるようなところもあって、この生徒をここで、2年生で何とか前向きに成長させたいと思っていて。よくも悪くもリーダー性もある子だから、彼がどんな振る舞いでこの1年間を過ごすかで、このクラスの状況も大きく変わるだろうという思いは当然あった。

いま言ったように、彼は放送部にも入っていたから、2年生になった最初から、僕は彼を呼んで、「このクラスの1年間の全てをビデオに記録してほしい。それができる、ビデオ撮影と編集ができるのは君しかいない」って話をして。当然、僕の中では、C高でのビデオ創作が頭にあったね。

「このクラスの1年間を、ことあるごとにビデオに撮って、最後にまとめて『2―6青春グラフィティ』というのを創りたい」って。「そのためには君にお願いするしかない、何とかやってもらえないだろうか」って頼んで。そして、自分の持ってる何かで人の役に立てるということは、実はとても大切なことだって。自分は、自分だけで存在しているのではないし、存在できるものでもないって。これが自分だっていうのも自己主張かもしれないけれど、人のために何かができることが、もっと大きな自己主張になるよ、と。他者が、君の存在を認めることによって、君の存在は、もっともっと重要なものになるんじゃないか、というような感じのことを、手を変え、ことばを変えてあれこれと話をしたんだよね。「そろそろ脱皮しなければ」ということをね。

それからというもの、彼は、どんな行事でも、必ずビデオカメラを持ってきてみんなを撮ってくれたね。もしかしたら、彼もそろそろ変わらなければと思っていた時期だったのかもしれないね。2年6組のクラスのみんなのあれこれを、ビデオに収めてくれて。ビデオは、今のハンディカムのように小さくはなくて、肩に当てないと撮れないように大きいし、重いやつで。それでも彼は、いつもそのビデオカメラを抱えてきて、みんなの姿を撮影してくれたね。たとえば遠足のとき、ただでも歩くのがきついんだから撮らなくてもいいよ、というと「いや、歩くところを撮らんばだめですよ、遠足なんですから」とか言って、ずっとみんなの姿を撮るためにビデオを回し続けてくれた。修学旅行でも文化祭でも、合唱コンクールでも、百人一首大会でも、球技大会でも、レクレーションでも清掃活動でも、何から何まで、事あるごとに彼はビデオを回し続けたんだよね。

いつも自分は映らずにみんなの笑い顔をどんどん撮っていく。そんな彼が、文化祭の劇の時は違ったね。ビデオはいつものように持ってきてはいるんだけど、撮影よりも演出の役割に回っていて、懸命にみんなの動きに注文を出していて。みんなも真剣に、積極的に彼の指示についていって。まるで舞台監督だったね。いつもは控えめにビデオを回している彼が、脚本作りから演出まで、何人かのリーダーと共に全体を仕切っていて。そのリーダーたちの目標は、もちろん先の不登校の彼に立派な仕事をさせることだったんだけど。

「彼は今、自分を賭けているんだ」と僕は思ったんですよ。自分の存在感を確かめているんだって。もちろんいつもビデオカメラを回すことを厭ってはいないし、それはそれでやる気で果たしてくれてはいるのだけれど、でも、もっと彼はみんなと表面的ではない、もっと深いところで繋がりたいんだって。指示する言葉は丁寧で適切だと僕は思ったし。でも、それ以上に、彼の指示に従うみんなも真剣で。おそらく彼ら一人ひとりが、この取り組みに本気になっていることの証だと僕は思ったね。彼にとってこの演出作業は、自分の本心の表明なんだと思った。

クラス劇は、役者だけではないんだよね。成功させるためには、全員の推進力が必要で。彼はその時、確かに自分をメタ認知していて。演出するということ、その自分のことばを他者が受け取って、どう動いてくれるかを考えていて。それがまさに人間関係の試練と構築の場であって、たかが文化祭の出し物ではあるけれど、されど、クラス全員が各々の役割を果たしながら、常に劇成功のビジョンを共有して、そのために各々の困難の解決を目標にはたらいていくという共同幻想が生まれていて。「演劇は人間の応援歌だ」とよく言われるのはそういうことなんだろうなって、ビデオの彼から僕は学びましたね。

その2年生の終わりには、彼はそのビデオを編集してまとめて、『2—6青春グラフィティ』を見事に作り上げたんだよ。字幕もいれて。最後には僕のインタビューも入れてくれて。この1年間を振り返って、担任としてはどうでしたかって。そしてそれをVHSのテープにまとめてみんなに配って。みんなで最後に、一緒に鑑賞会をやって…。今でも持ってるよ。

彼は大学には行かなかったけれど、成功して、いま東京と大阪と福岡に支店を持つ会社の社長をしているね。年に何億も稼いでいるよ（笑）。3年は僕のクラスじゃなかったけど。大学に行かんで東京に行って。今成功してね。この前校長になったときに、その年代が集まってお祝いをしてくれたんだけど。わざわざ東京から彼も来てくれて、エルメスのノートとネクタイをくれてさ。もったいなくて使いきらんね（笑）。

会うたびに彼は言ってくれるんだよね。「先生が、あの2年生の時、僕に役割を与えてくれたことで、今の僕があります」って。もし演劇を視野に入れていなかったら、彼のあり方も変わっていたかもしれない。

—学校演劇、クラス演劇の教育的価値には、深いものがありそうですね。勉強になります。

劇の他に、D高校での実践はありますか？

そうだね…。D高校の国語科での取り組みは、いま思えばユニークで、ある意味画期的なものがあったかもしれないね。一つは、国語科でね。『くやま』っていう「生徒作品集」を作ったんだよね。

―あー、これ（＝『日本語学』論文）に書いてありました。

そうそう。それも、言い出しっぺは僕だったけど、D高校の国語科の先生方はすぐに理解してくれて、みなさん、積極的に賛成してくれたんだよね。みんなでやりましょうって。その名称は、学校から見える前方後円墳のような面白い形の小さな山というか丘があって、それが「久山」といって土地の名前にもなっている。そこからとって、『くやま』ということになったんだけど。

生徒の作品集を残さないといけないって思っていて。国語の授業では様々なことについて学んで、読んだり書いたりするよね。ただの作文集ではなくて、私たち国語科の授業を通して、生徒たちが何を考え、どう思ったか。そして、どう新たな自己を獲得していこうとしたのか。あくまでも僕らの授業のあり方と生徒の内面の関わりを、そういうものを重視したんだけど。その点では、手間もかかるし、授業のねらいもしっかりとしたものにしていかなきゃならないしで、大変だったけど。当時の国語科の先生たちは、みなさん力があって、すぐに趣旨を理解してくれて、積極的に取り組んでいきましたね。

―それはいつですか？

平成元年が第一号。それから20年くらい続いたようだね、でも実をいうと、それも結局、L高に、『蒼穹』って言う同じような趣旨の国語科の生徒作品集があったんだよね。それを参考にさせてもらったところは大きい。そういう作品集。結局それも、L高で西先生が言い出して誕生したものなんだ。

―それも西先生が。

それを真似させてもらった。

そういえばもう一つ、当時、たしか県だったと思うけど、研究指定がD高校にきて。「習熟度別学習」についての研究がテーマだった。各教科で、まあ主に受験に頻用の教科で、生徒の能力に合わせてどのような習熟度別学習を仕組むかっていう研究で…。当時の国語科は、一般に言われるそのような習熟度別学習は必要がない、という考えで常に全員を対象に授業をしていたんだけど。一般の進学校に見られるような、成績上位と下位を分ける必要はない、って。全員同じように対象として全員伸ばすのが授業力だ、と思っていて、それで成績も相応に出ていたんだよ。ところが、上から習熟度の研究をしなさいということになってしまって。

習熟度別学習というのは、便宜上クラスを上位と下位の二つとか、中位を入れて三つとかに分けて、それが前提で行われるよね。国語科では、それらは意味がないと判断していたんだよ。仮にそう分けたとしても、そのどのクラスにおいてもその中での習熟度は、高低差は、少なくなったとはいえ厳然として存在するよね。何事もグラデーションなわけだから。しかも中位や下位の烙印を押された生徒たちのモチベーションは、また境界生徒のモチベーションは、確実に下がるから。そこがなかなか教師目線だと見えてこないんだけど。でも、生徒たちは、さっきの話じゃないけど、人間関係の中で生きてるんだよ。事はそんなに単純じゃないんだよね。

そこで国語科としては、全ての生徒の習熟度に対応するために、古典教材を自分たちで編集することにしたんだ。古典の授業に即していうとね、教科書には、一通りの古典作品の一部ずつが細切れに何編かわずかずつ掲載されているよね。教科書の性質上、編集上仕方のないことだけど。でも、それでは、その古典作品の内容やテーマ、問題性を全体的に学ぶ事はできないんですよ。一つの作品を作品として学ぶ事は難しくて。たとえば枕草子にしても徒然草にしても、物語にしても、それらを1冊丸ごと読ませる事はできないだろうか、と。そして作者の思想や想いを全体として把握する方法はないだろうか、と。これらは、心ある高校国語教師たちが常に抱いてきた問いでもあるんだけど。しかも今回は、生徒の習熟の度合いも視野に入れて、なんだよね。

だから、国語科としては何度も熟議を重ねた上でさ、「古典の自主教材をつくろう」ということになったんですよ。これは、たとえば、「A：生徒にぜひ古文そのままで読ませたい箇所」、「B：長かったり難しすぎたりするところを現代語訳に置き換えて読ませたい箇所」、それから「C：ダイジェスト版に置き換えて、大まかに内容を把握させたい箇所」といった感じで、この三つに、一つの古典作品を編み変えて、副教材として学ぶようにして。だから、教科書に出てくる主な古典作品は、たとえば『土佐日記』や『更級日記』、『伊勢物語』に始まって、『枕草子』『徒然草』『方丈記』に『大鏡』や『和歌集』とかその他も作品別に教材を作って、それを1冊ずつ生徒に配布して授業を仕組んでいったね。習熟度の高い子は、自分の力に合わせてどんどん先を学んでいくことができるし、習熟のまだ弱い子は現代語訳をたよりに、自分に合わせて学んで、内容を把握していくことができて。ダイジェスト版の箇所で、全体の作者の思いは、どの子も把握していくことができる、という、ある意味画期的な古典作品集をつくったんですよ。

当時の国語科の先生たちは、本当にがんばって、しかも本当の古典教育ができるかもしれないと喜んで取り組んでいったと思いますね。よく時間があったなあ、と今振り返ったら思うね。担当の作品の全体を勉強し直して、かならず古文の原文で読ませたい箇所を把握して、現代語訳で読ませるところ、ダイジェスト版に書きかえるところを判断して、編集して、当然みんなで検討し合うんだから。でもそのことによって、国語科の先生たちはまとまっていったし、教科の力はさらにアップしていくよね。全部で十人くらいのチームだったね、当時は。一方では先の「生徒作品集」もやってるんだからね（笑）。でも楽しかったんだと思う。キツかったけれども。僕はこのD高の国語科で学ばせてもらったことを本当に誇りに思っていますよ。

　この自主教材は、何年かかけて少しずつ完成していったんです。何度も改定されながらね。1度に全部はできない。当時の国語科の生き残り、というかまだ転勤ではなく残っている先生、新しい先生方が入れ替わってくる中で、1先生という、今は、純心大学の教授をしている方が、専門の『源氏物語』の自主教材を完成させたね、大著ですよ。最初の構想から、足掛け10年近くかかっているかもしれない（笑）。

―教科指導にもかなり力を入れていたんですね。

　いやいや、教科こそが教師の本分ですよ。誰がなんと言おうと。自分の教科力がどれだけあるかと問われれば、まだまだだったと思うけれど…。でもあくまで教科を軽視すれば、その教師の質としては、ダメだと言えるんじゃないでしょうかね。あくまで高校の教師は、○○科の教員免許を背負ってるんだよね。サッカーの免許ではない。その本分の教科力の向上こそ、第一義に置かれなければならない、と強く思っていましたね。当時も今も。でも総じて、そうではない教育現場の現状と傾向があって、これだけは由々しき問題だね。

―サッカーの話があんまりでてこなかったですね。

　サッカーは、サッカーで話せばまたいろいろあるなぁ。

―D高校でも県のベスト4に入ったって、昔おっしゃってましたね。

　2回ね。ベスト4が2回、ベスト8はけっこうあったよ。でも、決勝には1回も行ききらんやったね。でもサッカーは一生懸命してた、自分の可能な限りは。しないわけがない。

―でも、国見は倒せてないんですか、まだ（笑）。

　倒せてない。まだ全然（笑）。サッカーはまた、まとめてね（笑）。

④ 文化祭が学校を変える

（聞き取り日時　2014年8月30日10：00〜16：00　於ファミリーレストラン）

1学期間はまだ状況を見てたけど。そろそろかなって思って。学校改革プロジェクトチームを作って、今やりはじめてる。それは言ったっけ？

―まだ、さわりだけ。

本当いえば、1年ぐらいゆっくり見て、2年目に動き出して、3年目、4年目に完成させるぐらいの。あと1年あれば、うまく動くところはあるかもしれないけど、いかんせん1年足らないしなあって思って。だから、難しいよね。

じゃあ、D高校の最後からいこうか。D高校の10年目に校長が変わって、次の年にE高校に異動になった。

―なぜE高校に？

そのいきさつはよく分からないんだけど、ここ（D高校）は、転勤して来たい人はたくさんいるわけだ。

―当時のE高校というのは、どういう学校なんですか？

Cc（地名）にはK高校があって、M高校があって。で、Ccで優秀な生徒は長崎に出てくる。長崎5校とか。第二グループが、K高校。就職希望者の多くはM高校。そして、そのどこにも行かない、行けない子どもたちが、N高校とE高校に来ていた。だから、進学はここ（K高校）がする、就職はここ（M高校）がするって一応なってて。成績や経済面、その他諸々の理由で、他に行くところがないという生徒は、ここ（E高校）とここ（N高校）に分かれる。もちろん地元ですぐ近くだからこの学校を選んだ、という子もいるよね。だから、その時も定員割れしてたけど、3クラス募集で3クラス分集まらない。そのうち2クラスになるんだけどね。だから、当時は困難校というか。一言でいえば、生徒がすごく荒れてる学校だったね。当時はね。

―どんな思いで、E高校に赴任したんですか？

うーん、もちろん一言では言えないよね。難しいね。というか複雑な思いですよね。

D高校の体育館での離任式のときに、全校生徒を前にお別れの挨拶をしたんだけど。で、秋の10周年記念式典で、「銀杏の木（D高校のシンボルツリー）はまだ十分に育ってない」という話があったんだけど、「D高校にとって、銀杏の木は〝銀杏の木〟であって、銀杏の木ではないんだ」と。「〝銀杏の木〟は、あなたたち一人ひとりなんだ」って伝えて…。10年もいたから、後ろには卒業生もいっぱい聞きに来ているわけだ。「〝銀杏の木〟は立派に育っている」って。みんな泣きながら、そうしながら…が、D高校の最後だったね。別れがたかった。去りがたかったよね。

で、いよいよCcに行かなければっていうときに。車を運ばないといけないから、最初はフェリーで行くんだよね。高速船じゃなくてフェリーでね。で、この頃ね、北星余市高校の、どんな生徒たちも受け入れて、再生していったっていう、「北星余市の挑戦」（『学校の挑戦―高校中退・不登校生を全国から受け入れたこの10年』）という本があって、それをフェリーの中で読みながら。そういう、どっかにあるんでしょうね。なんとかしないといけないだろうなぁっていうのが。それを読みながら、春の嵐で荒れたフェリーの中で。船は揺れるし、吐きそうになるし。で、まあ、そんな感じで行ったかな。行って、ここからの挑戦が始まる（笑）。僕の頭の中で、寺山修司の「一粒の向日葵の種まきしのみに荒野をわれの処女地と呼びき」という歌が鳴っていましたね。

ここ（A学園）があるので。ここ（B学園）も、6年コースだけじゃなくて3年コースにも行ってたから生徒指導困難校の経験はある。まだ体も動くし、荒れた生徒たちが怖いとか、やりたくないよなとかいう思いはなかったけれど。おこがましいと言われるところもあるんだけど、これだけ進学（指導）と、クラス（指導）と部活動とでボロボロになりながらやってきたのに、その経験を活かせないかもしれないわけだから、次の学校（E高校）はね、今までやったことを。今までやったことはなんだったんだ、とかいう気持ちはあった。正直ね。

人が一番悔しいのは、今までやってきたことを認められないっていうことではないかな、と思ったり。で、また、根が横着だからさ、僕は。一生懸命やってきたし、成果も出してきたし、（D高校を）支えてきたっていう思いがあるから。10年いてね。まあ勝手な思い込みと言われればそうなんだけどね。いま思えば。でもその時は若かったので、E高校で、国語で、D高校のような授業をしようとしても、全然、無理なわけですよね。進学校的な授業をすることは無理。授業中生徒ははほとんど寝てる。じゃあサッカーするか、とか思ったけど、人数も何人かしかいなくて。すぐ練習休んで出てこなくなる。とてもじゃないけどサッカーなんてできない。

—サッカーはやってないんですか？

部活にきてはさぼり、座り、喋り。で、試合のときだけ11人集まるとかね。何もないわけよ。「えー、八方ふさがりやん」って。制服もだらーっと着てるしさ。グレーの学ランとグレーの服。けどね、昨日、話したのかな？演劇の話は昨日したかな？市民劇場で「翼をください」を（見た）。それがね、その劇は、グレーの制服だったんだよね。ブレザーだけどね。女子の赤いネクタイも同じで。

—（E高校と）一緒じゃないですか！

何年か前に、D高校のときに、その劇を見たのを思い出したね。その劇に出てくるのに匹敵するような生徒たちなわけだ、格好が。「翼をください」か、ってチラッと思ったね、最初に。

—最初からですか。

「翼をください」のような荒れた学校だよなっていうのは、チラッと。北星余市の本を読んで行ってるとか。心の中のどこかに、なんかせんばかなって思ってたんでしょうね。

いつもそうだけど、「せんばかな」っていうのと、「やらないかな」っていうのが両方あって。すれば大変になる。しないならしないでもいいやって。そういうような選択をするときに、しない方は選べないね、性格的にね。なんでかしらんけど（笑）。格好つけて言えば、目の前に生徒がいるからね。

D高校はできたばっかりだったから校舎もきれいだったけど、ここ（E高校）はかなり古くなってた。床のタイルがはげてたり、壁に穴があったりとか。授業に行っても聞いてないし。最初から寝てるし。対教師暴力をするような生徒たちもいた。赴任した最初に、前からそこにいる知り合いの先生に、ネクタイはあまりしてこない方がいいと言われたね。生徒から掴まれるからって。もともと僕はあまりネクタイをする方ではなかったけどね、当時は（笑）。「何でこんだけやってきたのに」とか、「何だったんだ」とか思いながら。きつかったよね。4月、5月。まあカルチャーショックだね。

でね。そこにD高校時代の教え子が一人いたんだ。英語の教員で。教育実習にはD高校に来たりしてたね。英語の実習に来てるんだけど、僕の国語の授業について回ってた（笑）。高校の時の国語の授業が面白かったと（笑）。

―初任校ですか？

そう、初任校で6年目かな。その学校での最後の年度なんだよね。彼女にとっては。ちょうど3年生を担当していて。

―その英語の先生が。

そうそう。だから、あんまり変な教員と見られるわけにもいかないしね。そうしたら、8月の終わりに、もう一人、期限付きでまた別の教え子がやって来た。家庭科の。なんか小さな学校なのに、D高校時代の教え子が二人になったんだよね。回生（年齢）は違うんだけど、どちらも僕が持ち上がった学年の生徒でよく知ってた。授業したり、よく話したりとね。「んー」とか思ってさ。教え子の前で、こんな腐ってるわけにもいかんなぁとかいう思いもあったね。すぐ近くの別の高校にも教え子が何人か居るしさ（笑）。「進学校だったらがんばって教師やってるのに、そうじゃない学校にきたら、全然輝いてないじゃん」とか、「全然つまらん教師やん」とか教え子に思われたくないし（笑）。同世代の教員からも、「進学校では通用しても、この学校では通用しない」みたいなことを言われたくないし。学校があまりにも違うからね。でも、教え子が二人もいて、そういうわけにもいかんなぁと思いながら。それから、傷心にくれてるのもさ、もうなんか、いい加減疲れてきたっていうか、飽きてきたっていうか（笑）。よし、「やるか」って、膝をたたいた。

ちょうど配属されたのが、生徒会主任のような位置で。

―主任は初めてですね。

うん、主任はしたことないし。生徒会もC高で1年しかしてない。学校も全然違う感じだし。文化祭で、自分のクラスのことはしてたけどね。この前話したように。たとえば高総体の派遣とか、部活動の予算配分だとか、生徒会の選挙だとか、それから、文化祭や体育祭のことだとか、学校全体に関わる生徒会行事の運営について、これまで担任側からのそれらはかなり把握しているけれど、その運営側からははじめての体験で。

ともかくそんな感じで。教え子も二人来てるしさ。何とかせんばいかんと本気で思い始めて。でも職員は、「うちの生徒たちじゃ合唱コンクールも全然できん」とか諦めてるし。生徒指導部は、問題行動が出ればガンガン対応している。僕は「何やってるんだよ」って思い始めるんだけどさ。そんな、力で抑えるような生徒指導を繰り返したって、と心の中では思ってる。でも何をやるかっていうのは見えて来ないわけだ。このままではだめだよな、とは思うけれどね。

それで、文化祭が、11月上旬ぐらい。進学校じゃないからね。

—（赴任）初年度ですか？

うん、文化の日前後にあるんだ。「よっしゃ、やるか！」って。やっとこさ腰を上げて、動き始めた。そのときに、もちろんそれまでもだけどさ、いろんな職員と色々話したりしながら。「今まではこうだったんです」「ああだったんです」って、みんな話してくれる。「あぁ、そうなんだ」とか言いながら。兄貴分的な年齢だから。それだけじゃなくて、生徒指導のあり方とか、この学校のあり方だとか。要するに、追っかけ回して、イタチごっこみたいに繰り返して、最初は、「生徒指導部が頑張ってくれるからなんとかよかったけど」って言うんだけど。そう言うんだけど、年間100件以上くらい煙草が。五～六人つるんで煙草を吸ったりするわけだから、それで5～6件ということになるんだけどね。それで学校は落ち着いてるとは言えんやろうって。まぁ、時代的に煙草案件など、当時はあちこちの学校で苦労してたことだけどね。また中には、「国公立への進学のための授業をここでもするべきだ」と主張している教員も一方にはいるわけだ。少数ではあったけどね。

で、本当に感動をさせれば変わるんじゃないかって思ったわけね、僕は。もう、なんか事件を起こして、指導をするとか。謹慎にしたり、反省文を書かせるとか。実際さ、反省文とかなんか適当に書くわけよ、みんな。で反省が深まってる、深まってないって、また繰り返しだからさ。「3回目だから辞めさせる」なんて言ったりしていくわけだけども。僕の場合は、どうしてもそういうのが嫌いなわけだ。で、金八先生みたいに、そういう子ほど抱きしめないといけないっていうのがあって（笑）。無理なきれいごとというか理想がある。現実を見よ、という声は聞こえるんだけどさ。でもその現実自体を変えていかなければ教育ではないのではないかと思う自分がいるんだよね。ここで現実派になれれば楽なんだろうけど、それは、自分自身の教師観を終わらせることになるから。だからなんとかしなければ、ということになって。

僕は、ある詩を読んだとき、この子たちは、本当に感動したことがないんじゃないかって。感動させて、涙を流す経験がもしあれば、この子たちは変わるんじゃないかって。確信はないけどそう思ったし、思うしかない。確信はないけど、そうするしかないから。他には手はないわけだから。じゃあ何するかって。

その頃は、3年生は、3クラス体制なんだ。で、それでも定員割れをしてた。進学クラス、上の就職クラス、下の就職クラスみたいな感じで分けてた。行ったばかりの年だからね。クラス分けには関与していない。進学クラスだけど、専門学校とか、公務員とかね。大学はまずない。せいぜい短大ぐらいまで。で、ここ（進学クラス）の担任がさっきの英語の教え子。行ったすぐの処遇はどこでも悪くてさ（笑）、僕はここ（下の就職クラス）の担任。これはまた思い悩むわけで、大変なわけ。で、僕は生徒会の担当。何かしないとってだんだん躍起になってくる。

そんな日々の中で、僕は、彼らを感動させ、それを共有させるためには何があるかっていうことをずっと考え始めるわけだ。そして、あぁ、もう劇しかないよなぁって思うわけだね。

そこで、3年生3クラスを大きく二つの展示班と劇班に分けてやってみようかって思って。この三つ（のクラス）を二つに。展示班と劇班に分けます、とか言って分けてさ。三つのどのクラスにも、劇班に引っぱって来たいやんちゃ者がいるから、こうするしかない。僕は、教え子の先生の方と一緒に劇班を見るから、あとの担任二人には展示班をお願いしますって言って。普通、この子たちに演劇の指導をするというのが大変だというのは最初からわかるからね。そしたらその教え子の先生の方が、去年も自分たちのクラスは劇をしたんだけど、自分たちでシナリオも作って自主的にやったんだけど、それを、講評の時に「ドタバタでつまらない」「品がない」って酷評されたって。だからもう劇なんかしたくないって言ってきて。

ああ、これは困った。僕としては、何とかその彼女が初任の学校としていい思いというか、教師のよさを、きついけど醍醐味を少しでも味わって転勤していってほしいと思っていたから。だから「去年、そうだったかもしれないけど、自主的に子どもにやらせるのと、自主的にやるっていうのは違うんだ」と。「子どもの自主性を育てるっていうけど、自主性っていうのは好き勝手にさせる放任とは違うんだ」と。「『自主的に動いたね』って彼らが思うような仕掛けを作ってやることが本当の自主性を育てることになるんだ」というようなことを話したと思うね。「もう1回やってみようよ」って言って。「僕がこの子たちの面倒を見るから」って言って、ついに劇をやるようになった。やるのはもう「翼をください」しかないよなって思ってた。寝た子を起こすことにならないか、という不安はあったよ。でも、もうそれをやるしかないと僕は思ったね。脚本はない。文庫本はあるんだけど。それを30分から40分ものに書き換えて、脚本にしてやり始めた。それがまた、ドラマ、ドラマ。

—（現任校のH高の）クラスを二クラスに分けてるのは、就職と進学で分けてるんですか？

1年からそのように分けてるからさ。それはおかしいって言ってる。入学前に、就職希望か進学希望かの調査をして、それでクラスを分けてる。自分の進路を真剣に考えるのが高校なんだから。それを入学前の調査で振り分けて、あと卒業まで、授業にしてもカリキュラムにしても入学前の志望で決まってしまう。だから就職クラスは最初から雰囲気が悪くなるよね、どうしてもさ。担任も大変。だからもう、1年は平均クラスにすると。1年を平均クラスにして、2年を就職と進学にわけて、3年は三つにわけてやる。教員の定数は増えないんだけど。進学の大学、進学の専門学校、そして就職。

—どうするんですか？定数つかないクラスは。

担任・副担、担任・副担、担任と要るわけだから、副担は二人で3クラスの副担をすればいい。それはE高校でもしてたよ。2年目からは僕は進路主任になったから。そんなきついことの方をちゃんと考えて「するよ」っていう教員がいたら楽だよね、校長は。福田の言うようにしとけばいいかってさ（笑）。僕は校長のためにやってるんじゃないけど。生徒たちのためには、この状況下ではこうするのがベターだと判断してやっている。多少の教員の負担は増えてもね。でも、その負担が行き過ぎるようならば、ベターを修正するしかなくて。おそらくあなたの研究しているミドルリーダーの立ち位置にも通ずる話かもしれないね。

—そうですね、参考になります。2年目から進路に移ったんですね。

うん。2年目から進路主任。進路主任だけど、文化祭は続けてやった。教頭にも、「こうした方がいいんじゃないか」って言って。教頭が校長に、「福田先生がこんな言ってるけど、どうですかね」って伝えて。だいたい思うようになっていった。歳取ってる方だからね、離島の学校では（笑）。

—「翼をください」は、9月に始めて、11月に間に合ったんですか？

間に合う。そんな劇団がやるような本格的なものではないからね。体育祭が10月。それが終わってから懸命にやる。ところが、普通間に合わないですよ。それでもね。体育祭の前には、午後から体育祭の準備をするわけよね。1週間か10日ぐらいかけて。体育の授業でもやりながらさ。でも文化祭って、ほんの数時間しか準備の時間をとらない。だから、「体育祭がそれだけとって、文化祭に時間を取らないのはおかしい」と言ってね。「体育祭と同じだけの準備期間を設けないのはおかしい」と。だいぶ準備期間を増やしてもらったね。それでも十分取れなかったけど、今までよりも3日から4日は増やして。そしたら、準備時間が増えればそれだけそれなりにさ、いい準備もできるし、いいものができていくんですよ。それ以前にさ、文化活動そのものに対する意識が本当に低いんだよね。どこもさ。

それでやり始めて。一週間前ぐらいからかな、「今度なんか成功するんじゃない？」みたいな感じが出てきた。前からいる先生たちも、「今度の文化祭は何か違うと思うんですよね」とか言ってたね。今までがあまり良くなかったっていうのもあるし、生徒が思ったよりも動いてるから。先生たちも、ここで何か変わるんじゃないかみたいな雰囲気が出てきたのを覚えてるよ。何か結構、乗り気になっていったんだよね、みんな。だからおもしろかった。

―前の年までと何が違うんですか。今年は成功するかもしれないっていうのは。

まあ、担当が違うからね（笑）。いや冗談。先生方が変われば生徒たちに与える空気は変わってくる。そうしたらやはり生徒たちは感じるんだと思う。今度は何か去年までとは違うぞってね。

―先生が違うって言うのはもちろんですが、どう説得していったんですか。やる気がない、諦めてる先生たちを。

とりたててどう説得したって、個人的に説得して回ったってことはないけど。今までの状況にみんな飽き飽きしてるっていうか、苦しんでるというか。本当に、生徒と追いかけっこしてるような状況で。さっきも言ったように、謹慎の指導をするのは、怪我したときに血を止めたり、頭が痛いときに薬を飲んだり、対症療法のようなものだよね。対症療法は、それはそれで必要だと思うけど、体質改善をしないと繰り返すだけだって。病気にならない、怪我をしないような体質を作っていくことを考えないといけないって。それは、本当に感動させる事だって。そのためには文化祭しかないと。文化祭をやらせましょうって。勉強も大事だけど、目的意識を持ってない中に、やみくもに勉強に取り組ませようとしても、それじゃあダメだから、って。

―職員会議とかそういう場で。

そうそう。さっきも言ったけど、文化祭の準備期間をふやしましょう、という提案は、同時に、なぜうちの学校で文化祭が大切なのかという話をせざるを得ないわけで、それは当然教育観や教師観を問われることになるよね。

（学校が）小さいからそういう話もどんどん出来る。20数人ぐらいしかいないわけだから、職員がね。で、文化祭のテーマが"I'm proud"ってなった。副題が「私たちの誇れるものを求めて」っていうんだよね。「おぉ、いいじゃん」って。

巨大絵を描くのが得意な生徒がいるっていうのを聞いて。書いてみないかって誘って。「誇れるもの」だから、その年に、マザーテレサが亡くなったんだよね。で、ダイアナ妃も亡くなった。ダイアナ妃はさ、貧しい国や地域、そういうところにたくさん支援をしてたじゃない、さまざまな形でさ。マザーテレサは言うに及ばず、で。喫茶店でコーヒー飲みながら、雑誌をみながら、「これだ！」って閃いた。マザーテレサと、ダイアナが向かい合ってる絵を。その生徒には、これは本番まで他の人に見せたらいけないって。びっくりさせるんだからって言って。ステージバックみたいな発想がなんとなくあった。2日間やるんだけど、文化祭。2日間中それがステージの後ろにかかってるイメージがね。なんとなくどこかで知ってたのかもしれないけど。空き教室があるから、目張りをして、「入るべからず」って張り紙をして書いてもらった。

声楽をしてる生徒がいてね。音楽の先生に聞いて、「アメイジング・グレイスだ！」って、なった。アメイジング・グレイスを歌ってもらおうってなってね。真っ暗なステージで、まずアカペラでアメイジング・グレイスの一番を歌う。アカペラでまずやって、一番が終わってピアノが静かに始まったらゆっくり幕が開いて、後ろに巨大絵があらわれる。マザーテレサとダイアナ妃の向かい合った絵が現れてくる。そこで、「私たちの誇れるものを求めて」っていう詩を[7]、生徒会の生徒に読ませて。「私たちが求めているものは何だろう」みたいなことを。その詩は僕が書いたんだけど、それを朗読するわけだ。ちょっと感動的なオープンニングだと思わない？二番は伴奏つきでその子が歌って、それで、生徒会長の挨拶。それで、弁論とか合唱コンクールとかが始まる。最後は、3年生の劇「翼をください」。それがエンディングなわけだ。今までとは違うわけ、雰囲気が。生徒会誌に感想が載ってるけど。「最初から鳥肌が立った」とかいう感想があるわけ[8]。「この学校の生徒たちには出来ないでしょう」とか言ってたり思ってたりしているところで、予想以上にすばらしい活動ができるんだよね。できるんですよ。実は教員の方が、生徒たちの力を低く値踏みしてるんだなぁ。

佐藤学も言ってるけど、学力を上げるときは、ずっと積み重ねていって上がるわけじゃないんだって。難しい問いを出して、そこに引っ張り上げることが伸びる方法なんだってさ。

―難しい問題を。

そうそうそう。引っ張りあげることなんだって。そういうことなんだよね。ある高いハードルを設定すれば、それを結果的に越えたかどうかではなくて、それを目指して行くよね、ある程度までは。生徒も、自分たちで自分たちに驚いてるわけだ。「こんなことあいつにできるのか？」とか。「友達があんなことしてる！」とか。

「翼をください」の劇の話はしたっけ？

―詳しくは聞いてないです。

まだしてないか。原作の話は、私立と県立の高校が隣り合っていて、小さな川で、橋を渡って分かれてる。私立はいわゆる偏差値が低い問題校で。一方県立の方は地域の盟主を何人も輩出してるような名門校。で、優秀な生徒は県立に行くし、それ以外の子は、よその地域の学校に出て行くわけだ。近隣の別の学校に。どこにも行けない生徒がこ（私立）にくる。何かにつけ比較されて…。で、この学校を中心にした物語なんだけど。文化祭の季節がやってきて、来たばっかりの熱血教師が「何をするんだ？」って聞くわけ。すると、俺たち何をやってもどうせ誰も見に来ないし、意味ねえよ、みたいなことを生徒たちが言う。そんな中、あるときその教師が、生徒たちの「万引きもしてないのに、私が入ると店員がついてくるもんね」とか。「なぜ私たちは差別されないといけないの」とかいう語りを聞くわけだ。そのとき、熱血教師の頭に閃いて、「それを言えばいいじゃないか！」と言って。「一人ひとりが3年間どんな苦しみを味わってきたかを、どんな差別を受けてきたかを叫ぶパフォーマンスをやればいいじゃないか」って。原作はそんな話。

それは物語の話だけど、でも、K高校があって、自分たちの高校（E高校）がある。生徒の中には、私の弟はK高校に行ってて、親は弟の三者面談にはよく行くけど、私の面談には来ないんだ、っていう生徒がいる。俺なんかどうなってもいいとか思われてるんだよね、とかいう思いが生徒たちには実際にあって…。まさに現状なわけですよ。それで、劇の練習をやり始めると、誰も真面目に乗ってこない。それでも何とかやってるうちに、「これってもしかして、K高校とE高校のこと？」って気づき始める。僕は、その時の、ハッと見開いたその子の目を忘れないね。僕はその生徒に黙って、唇に1本指を立てて。その子は黙ってうなずいて。そのあたりから、劇をやりだす生徒たちの気持ちが変わってくるんですよ。目が変わってくる。きっとその子も他の子に、唇に1本指を立てながらそのことを伝えたんでしょうね。次の子がまた次に…。あれはすごかったね。「何でせんばとや」って。「台詞覚えきるもんや」って言っていた生徒たちが変わり始める。台本の中身がそのまま今の自分たちなわけで、そこが分かり始めると、なんかこう、もう入り込んでいくわけね。どんどん変わっていくんですよ。

そして、本番はすごかった。最初のうちは、1年生も2年生もちゃかしたりとかさ、何を真面目な劇をしてるんだぁ、みたいな感じで。でもそのうちさ、本気で彼ら3年生はそれを演じようとしてるんだと気づき始める。雰囲気が変わってくるとさ。そのうち劇の内容が、「あれ？」って。「何の話してるわけ？」とか。「俺たちのこと言ってるの？」とか思いはじめるわけだ。だんだんだんだん分かってくるわけ。で、だんだんだんだん引き込まれていくわけだ。下手くそだけど一生懸命しようとしてるから。それを演じる生徒たちも涙流しながら演じるわけよ、そのうち。聞いてる生徒もさ、身を乗り出して聞き始めるわけ。それで、最後のフィナーレでは、劇班のみんながステージに上がって「翼をください」の歌をみんなで肩組みながら歌うんだ。会場の1・2年生もみんな手拍子をしながら口ずさんでいて。保護者も観客も目に涙を溜めながら口ずさんでいるんだよね。そこに3年の教員も加わって、最後は…。そしたら、見てる1年生も2年生も感動してさ。もうなんか手拍子しながら歌いよるとさ。ドラマ。それ自体がドラマでさ。先生たちも泣きながら…。例の教え子の英語教師も一緒にステージで生徒たちと肩を組んで涙を流しながら歌ってる。みんな泣いてるわけだ。先生たちも、1・2年生も。保護者たちも。「3年生ってすごいよなぁ」ってなるわけ。初めて自分たちで、自分たちに感動している。つまり初めて自分に感動してるわけだ。

そしたらさ、それから1年間、ゼロ、煙草事案。たくさんあったのが、ゼロ。なぜかっていうと、「俺たちもああやって卒業したい」って。「ああいう劇をやりたい」って思うわけだね。「3年生いいなぁ」って。「俺たちも来年あんなことできるかな」って。だから3年生の言うことを聞くっていうか。3年生も、「この学校を卒業していくことを誇りに思う」と。「最初は嫌だったけど、誇りに思う」と。「だから、この学校を絶対に汚すな」と。学校での喫煙はなくなるは、突き破ってるところがなくなるは。そういうドラマが起きるわけですよ、実際に。

でね、先生たちの打ち上げ。その文化祭の夜に行われる職員たちの打ち上げのときに、「今年の文化祭の感想を一言ずつ言おうぜ」って幹事が言いだしたんだけど。そして先生たちが一人ひとり泣きながら文化祭の感想を語り始めて。みんな、全員が一人ひとり泣きながら語るわけ。先生たちがだよ。男性職員も女性職員もみんなだよ、誰一人涙ぐまない人はいないんだよね。たぶんいろいろな思いがあったんだろうと、これまでにね。でも、今日の文化祭の感動が先生たちの心の琴線にも触れているんだよね。本当にこの打ち上げまでドラマだったよ（笑）。

―やり始めるときから、出来るかなぁって思いはあったんですか？

だんだんやってるうちに、先生たちが持ち場を一生懸命やり始めて。生徒と笑いながら、今まで追っかけまわしてたのが、一緒に楽しそうにしてるわけだ。教頭も言ってたけど、「先生たち、一生懸命やってますね」って。「今度の文化祭成功しそうですね」って。二人で感想を述べ合うみたいな（笑）。「本当はあんなことをやりたかったんでしょうね。いつも怒ってばっかりじゃなくて」「そうですよねー」とか言いながらね。

まあ、予想外ではなかった。想定の範囲内だった。でも、みんなは一部分しか見てないから、全体の文化祭の一部を自分たちは全うしたんだって。それぞれが自分のところをよくしたので、最後の盛り上がりがあったみたいな思いがあって、感動していて。このパートをやるのはきつかったけど、よかったって。それぞれのパートはきつかったけど、まあ、一生懸命やってるよねってね。みんながやってるから、自分も一生懸命やらんばいかんってなるわけだ。そういうもので、最後、全体が見えたときに、自分たちのやったことの価値とか誇りとかっていうのを実感したんだと思う。でも、僕からしたらそれは想定の範囲内で。

—想定っていうのは、やる前からもってたんですか、確信みたいなのは。

うん。だいたい、いろんなことを振り返ったときに、「こういう風になればいいのになぁ」とか、「こういう風にあるべきだ」とか、「こういう風にならないかな」っていうイメージが先にあって、現状がある。プロセスはない。というかプロセスは逆算だね。プロセスはわからないけど、やりたいこととか創りたいものっていうのはこんな感じだって。もちろん、もやっとしてるよ。実際近づいたときに、そのイメージが変わることはなんぼでもある。少しずつずれていくとか、逆に修正していくとか。だけど、いつも思うのは、きちんとした人は、きちんと目的なり目標なりとプロセス、道程がないと、そんなのできないよねって言うことになる。それはそれで正しいんだね。でも、山に登っていくときに、山の向こうの風景は見えないよね。上ってしまわないと見えないじゃないか、と。そしたら、もちろん上った先の風景は、つまんないかもしれないし、どういうのかわかんないから、そこの確実性がないままに、きつい思いをしてそこを上るっていうのは大変なわけだ。もちろん、僕だって神様じゃないからその風景は見えないんだけど、「あれを上ると、ほぼ必ず、向こうに素晴らしい風景が見えるはずだ」って。「それってどんな風景なんだよ」って聞かれたら、「多分、こんな風景だろう」というしかないんだけど。でも、「こんな風景は、僕らに意味がある大切な素晴らしい風景なんだ」と言うと思う。想像力の世界なんだね。イメージなんだ。でもそれは勝手なイメージではなくて、さまざまなことが撚り合わさってできてるイメージだと思う。予感というものに近いものかもしれないね。

—イメージを持つっていうのは昔からなんですか？

イメージと言えるか、予感といえるかわからないけど、それが先にある。そのための道程なんかは、まずはほとんど考えないね。

—でも、後でしてるんでしょうね。

それはもちろん。道程が本当に不可能だとなれば、それはできないからね。「この問題については、こうあるべきではないか」と、思うというか考える。そのために、現状はどうなのかを問うしかない。近いかな、遠いかなっていうのもあるし。ここからそこには行けんやろって考えたりもする。実現不可能なことはやっぱり、ただの憧憬でしかないからね。ただ、道程は現状の道程に過ぎないということには注意しなきゃいけないとも思ってて。その風景にたどり着くために、道程自体を変えていくことは、案外できるかもしれないと思う。先に見たい風景があるから、その道程自体を考え直す。

—（現任校である）H高校の、ぼんやりとしたのでもいいんですけど、「こうあるべきだ」っていうのは、どう考えているんですか？

うん。まず中心に授業がある。授業の周りに、生徒指導だとか学校行事だとか進路保障だとかがある、と。地域連携も。これらが繋がってると。でも今の学校には、人間形成とか、人権とか、いくつか重要な問題点があって。それは全部繋がってて、全部授業から影響されてるんだと。授業が一番大きいと。だから、授業を変えないと、その周りを変えても、ちょっとは変わるけど、すぐ元に、すぐ元の木阿弥になると。学校で、生徒はほとんど授業に居るんだから、授業で子どもたちを育てないとダメだっていうことを僕は言ってる。当然、こういうのは全体に関係することだから、学校改革プロジェクトチームを作って、関連性をつかみながら学校改革をしていきましょうと。H高校は、地元のAａ市から来る生徒が少ないので、これは学校に魅力がないからだということでやろうとしてるわけね。

というところまでは、みなさんには言ってるんだけど。僕が目指してるのは、四人グループの、常に授業は四人グループでやる。なかには三人グループになるかもしれないけど、4人グループを基本にすると。で、コの字型にする。先生はファシリテーター。課題を出して、それぞれが課題を解く。そのグループにリーダーがいて、そのリーダーに聞きながらやるということではなくてね。そして、自分でやってわからなければそばの人に聞いてもいい。わからなければ聞く。そういう聞き合う関係を作る。できるやつがいて、その子が教えるという関係じゃなくて。四人とも分からないときには先生が動く。そうなるまではしばらくかかるだろうけど。そして、〈ジャンプの課題〉[9]を投げかける。それをそれぞれが考えるけど、話し合って、答えを出してもいいって。こうだあだと言いながら、それぞれが授業に参加する、っていうような授業を、全ての教室でやりましょうっていうことを構想してる。国語だけじゃなくてね。そしたら、誰の授業がうまくいった、とかうまくいかなかった、とかいう話になるので、それを、先生たちで、どうやればうまくいくのかとか、何がポイントだったのかとか、子どもが結局、学んだのか学ばなかったのかっていうことについて、研究協議をやる。高校の場合は、そういう研究協議の時間を持つことがほとんどないから、必ず持たなければならないということにする。週に1回か2回かその授業研究の時間を共有する。「じゃあ、次の時間はこういう問題を投げてみよう」というようなね。

そうしていくと、「それじゃあ受験に間に合いません」とか、「教科書の進度が進みません」とかなる。それがダメだっていうのじゃなくて、その中で、これをどうやれば、どういう問題を出すかとか、ここまでを家でさせればいいんじゃないかとかを考える。家で勉強してないわけだからね。家で勉強し始めれば変わるわけですよね。そんな授業を、全部の教科でやれたら。今まで寝て、授業の時間我慢してた生徒が、「今日はちょっとわかった」ってね。「今日、一日が早かったぞ」とか。「できんけど、このときは俺ヒーローやったやろ」って。「このとき俺よかったやろ」って。「うん、あの時あんたよかった」とかね（笑）。まあ、そういうことが言えるような関係になる、生徒同士が。そこで子どもたち同士の関係もできるし。もちろん、グループの中で競争させたらダメだよ。そんなことを意識しながら、問いのレベルを高めていく。その授業のねらいをきちんと定めて、生徒が学んだかどうかっていうのを、評価の対象にしながら研究協議をしていって、っていうようなことができればすごいよねって思ってる。

―H高校ならできる？

わからん。今のことが、山の上まで登り切ったら見えるだろうとイメージしている風景。道程は今からだね（笑）。

（休憩）

えーっと何やったっけ。話ができるときにできるだけ話しておかないとね。H高校でできるかどうかはわからないけど、現状はちょっと無理でも、あまりにもかけはなれてたら無理だけど、H高校だったら、そのイメージはできる。

―大規模進学校ではできないけど。

いまはまだ、全ての学校ではできない。

―H高校ならできる。

うん。小さいからね。小回りも利く。

―規模の問題ですか？

うん、確かに規模はある。大規模校で、一挙にやろうということになっても、同じ目標やイメージの共有は容易ではないからね。教員が同じイメージを共有できなければ、道程が定まらない。

それと、小規模校ならできる、というのにもう一つあって、小規模校でもできる、という証明も裏側にはある。つまり小規模校でもこれだけのハイレベルの教育ができる、ということが言えれば、大規模校の学びにつながっていく。

―教員の意識をどう変えていくんですか？教員の、色んなところから来てるんですよね。進学校で長く勤めた先生もいる中で、その意識を変えるのが難しいですよね。

それが一番のネックかもね。でも、教育ですから。教師だからね。理解してもらう可能性は、たくさんありますよ。ともかくも会議というか、対話の機会を増やしていくしかない。

―教員側から、リードできそうなキーパーソンみたいな人はいるんですか？

だから、「学校改革プロジェクト」っていうのを作ったんだ。

―その中には、先生と同じ思いを持ってるような人がいますか？

一人いるんだ。どれだけ力を持っているかはまだわからないよ。でも、同じようなことをやりたいと思ってて。今年来たばっかりで、40代で、今から何年かここにいる。「ここに来たのは運命かもしれません」とか、「現状を変えたい」って言ってくれてる。

教頭も、今年僕が言い出して、変えようとしていることの結果を見定めてみたいと。だからあと1年はここにいたいので、異動の希望は出しませんって言ってる。それと、論理コミュニケーション(10)も導入することになってる。論理コミュニケーションが一つの核だから。メンバー作りはしてる。

—スタッフは磐石じゃないですか。

磐石ではないよ、軟弱だよ（笑）。授業以外ならちょっとは変えられると思うけど…。でも、結局は、校長が変われば変わるわけだからさ。だからここにいる間に、「H高校ってこんな授業をやる学校ですよ」って根付かせたいね。

—全体で職員数は20人ぐらいですか？

全部いれたら27～28人かな。事務の人とかもね。教員だけで20人ぐらいだろうね。でもこの学校改革については事務の人たちにも入ってもらって進めようとしてる。

（昼食休憩）

D高校も、話すことはもっといっぱいあるんだけどなぁ。

—いったんD高校に戻りましょうか。1回戻って進みましょう。

昨日はどんなことを話したっけ？

—昨日聞いたのは、劇のことと、生徒のエピソードを。クラス単位の話が多かったですね。先生の学級の。

やっぱり、学級時代だからね、まだね。サッカーは、1年目に行ったら、サッカー部なかったんだよね。

—先生が作ったんですか？

うん。要するに学校経営的な問題。今だったらわかるけど、うーん、わかるというのは認めるということではないんだけど、生徒を分散させたら強い部ができないから、部活動数を多くするのをやめて強くする。まずは優勝旗を取ってくるみたいなことを目指してて。進学で実績を残すのと、部活動で優勝旗何本あるかと、それが実績の基準なわけだ。文化活動って言ったって、いい文化祭やってますっていっても外からの目には見えにくいわけだ。だけど本当は、子どもたちにとっては大事なんだけどね。だけど、世間的には評価されてない。だから、見えると評価されるから、手厚くする。D高校にはラグビー部があって、サッカーとラグビーだとかぶる。

後から思えばさ、いいじゃん、サッカー部をあえて作らんでもって思う部分もあるけど。自分で自分の首を絞めるようなものだからね。忙しさだとか、キツさだとかを思えばね（笑）。

—でも、作らないっていう選択肢はなかったんですね。

そのときはね。後で思うと、サッカーしかやってきてないけど。そのときは、学校側からしても予想外なわけだよね、体育科でもないのに、サッカー作るとか言い出して。そこが分かれ道だったかなぁ。今話しながら思うけど。そこで、学校の分掌の仕事を一生懸命やるとか。国語教育に燃えて論文書くとか。演劇とかをやって文化を極めるとか。あぁ、そっちの道もよかったかもしれないなぁ（笑）。

―そこで研究の道に進むっていうのはなかったんですか？

ちょうどいいころだよな。うーん、間違ったかもしれない（笑）。でも、ここでやってなかったら、あなた（畑中）と出会うことはなかった（笑）。

とにかくサッカー部を作るかどうかって言うことになって。陸上とラグビーの顧問と揉めることになった。二人とも体育。サッカーやりたい生徒が作ってくれって直訴してくるわけだ、僕のところに。J高校と総合選抜だから、J高校に行ったらサッカーができるのに、こっちにきたらサッカーができないっていうのはおかしいじゃないかって。総合選抜だから、条件は一緒にしないといけない、サッカー部を作るべきだって。Jリーグが始まるころで人気もあったし。もう、100人ぐらいいたもんね、三学年合わせればね。（畑中が高校生時の）F高の時でも100人くらいいたよね。

―いました、3学年あわせたらですね。

もう作らんわけにはいかんやった。時代の流れ的にもね。その学校の生徒募集にも関わる大問題なわけだよ。サッカー部があるか、ないかはね。総合選抜制だから、その辺りは直接は問題にならないけれどね。もしあのときサッカー部ができてなかったら、学校間格差はもっとはげしく広がったことでしょうね。でも、僕がしないでもよかったんじゃないかってのはあったけどさ。苦労が始まるわけですよ。心筋梗塞の苦労が。

―そのときからですか？

発病したのはG高校だけどね。で作って、1年目はほとんど2ヶ月ぐらいで、ボロ負けする。その年は。新人戦の時にはベスト8ぐらいまでいった。で、O高校とか、そのころ強かった学校を破ったりとかね。大体ベスト16以上は行ってたね。県でも二つは勝てるんだけど。そのうち三つまで何回か行けた。三つ勝ってベスト8だからね。四つ勝ってベスト4は2回くらいだったかな。でも強いシードに当たると厳しいんだよね。サッカー部を作った以上は面倒見ないといけないから、きつかったね。きつかったけど、表に表れないところでプラスに働くこともある。

―あるでしょうね、それは。

例えば、たくさんの生徒と関わるから、50人、60人。教室整備、例えば新学期、新たなクラスが出来るときに、各教室の机と椅子の数を揃えないといけないとかね。先生たちでやると大変なんだけど。サッカー部がお手伝い。そういうときは数で勝負。僕の分掌は教務だったから。「集合！」って。「いまから机整備にかかって、15分後に集合！その代わり、縦横並んでなかったら走らせるけんね」って。

みんな「うわーっ」て言いながらやるわけだ。楽しんでね(笑)。そして「もうできたと?」って。「できますよ、それぐらい」とか。「上半身も鍛えんば!」とか言ってね(笑)。みんな楽しんでやってる。サッカーをやってて人の役に立つことは嬉しいんですよ。

いや、プラスにはたらくってのは、こんな意味じゃないよ。これは冗談。とにかくたくさんの生徒と知り合ってるわけだよね、サッカー部の生徒と顧問・監督という関係でさ。1年から3年生までで、100人以上いるんだから、部員がね。でも彼らは、ほぼみんな大学進学を志望してる生徒たちだよ。だから、サッカー以外の話もたくさんするし、学年を越えて交流がある。そういう中で、僕は自ずと学校全体を視野に入れて考えなければならない立場に追い込まれていく。でも、それが僕の学校というものの視座を新たにしていったようにも思うね。

ともかくも、体育科の教員じゃないけど、そうやって、優勝とかはないけど、たまにベスト8になったり、ベスト4に入ったり。ベスト4に入れば新聞に出たりするからね。だから、部活をピシッとさせてるということで、だから周囲も自然に認めてくれるようになってくる。そういうので、結構、認めてくれたよね。ラグビー部の顧問とはそのあと仲良くなって。E高校で一緒になったり。「あの時はさ…」とかお互い言いながら。「先生、体育科の教員より体育科らしかったですよね」ってさ(笑)。そういう縁で、E高校では一緒に島の子どもたちのために二人は頑張ったんだよ(笑)。そうやって作って。少なくとも、どこの学校もうちとするのは嫌がるようなくらいのチームだったね、当時のD高校のサッカー部はね、自分で言うのも何だけど(笑)。そこでサッカーしてなかったらどんなになってたかな。演劇とかしてたらさ。全国で1番とか2番とかさ(笑)。それはないか。

―なってたかもしれないですね。

国語教育をやるとか。分掌で頑張るとかね。

―30代全部がD高校ですもんね。

全部全部。まだバリバリやん、体も。生徒と一緒にやってるしさ。

―もうちょっと聞きたいなって思ったのが、OBASについて。

もうちょっと聞きたいって言うのは?

―D高校最後の、40歳の年に始めたと。始めて、中身としては、成城学園をイメージして、参考にしながらカリキュラムを変えていったっていうのは聞いたんですけど。具体的に、どういう形で進めていったのかっていうのを。

それ(=『日本語学』)にも書いてるけど、文系コースだから。レベルの高い授業をしたかったんだよね。それは、成城のイメージもあるし。大きく言って、アカデミックな、文化力が足りないって思った、教養だね。リベラルアーツ的な教養の部分がないと、受験とか小論文とかが書けない。

書く形式を作ったたって、中身がないと書けない。都会の子どもたちと比べたら圧倒的に文化資本が足りないから。そして、その中身を育てるためには、もっと高度な内容の、普通の教科書の授業じゃなくて、っていうことで。大学レベルの授業を出来るんじゃないかって。先生たちの、国語だったり社会だったりの中にも専門がある。大学で研究した、自分の専門を、卒論的な専門を話してもらったら、普通の授業にはない話を聞いて、それをレポートにまとめる。質問をして、っていうそういうシンポジウムというか、そういうものをさせるべきだと思ったんだよね。学びの質を高める、中身の、教養的な部分を広げる。そのためには100分は必要で。週に1回。それだけで楽しいわけですよ、生徒たちはね。それで、昨日言ったように生徒が発表したりとか、それをみんなで聞くとか。90分ぐらいの講義をして、質問、レポート。レポート書いたのを集めて、コピーして配って、誰々さんはこんなことを、今回の演習で考えたっていうようなことが組織できないかって。

風呂に入っててさ、家で風呂に入ってて、ヒューって出てきたんだよ、構想が。そんなことしたら面白いんじゃないかって。それは、いろんなことが要素として入ってる。それがバンバンバンって繋がって。本気でやってみようと思って形になっていった。たぶん、それは、常々長崎の子どもたちの一般教養の脆弱さが気になっていたんだと思うね。小論文なんかで如実に問われるわけだ。そこに地方の教育の脆弱さを何とかしていかなければ、という思いがあったんだと思う。

先生たちにも事前に聞いたら、あぁ、面白そうだねって。ぜひやってみなさいって、応援してくれたよ。

—あ、周りの先生たちは乗り気だったんですね。

うん。面白いって。もちろん、面白そうだねって言う人にしか声かけないんだけど（笑）。わりと、力を持ってる人たちはそういう人たち。自分の関心があることを話したい、説明したいわけだ。

—科挙について話をしてもらった先生とか。

そうそう。「中国とは何か」とかさ。世界史を取り扱った「世界の黎明（ほののめ）」。現代詩関係は僕がやるし。絵本とか。映画「いまを生きる」ね。「数学という文化」は若い数学の先生で、数学ってこんなに美しいんだとか。自分がなぜ数学に進んだのかを切々と語ってくれた。心理学が好きな人がいて、「教育学と心理学」。英語の先生が「身振りと言語」。ボディランゲージは意味があるんだみたいな。「芸術討論：音楽・美術・文学の段階」。三人でああだこうだとシンポジウム。それについて生徒たちが、質問する。トルコに留学してた生徒がいたから、「世界は今～イギリストルコの旅～」とか。「哲学への誘い～生きるということ　いま生きているということ～」。谷川俊太郎の生きるとは何かっていう。レベル高いじゃん。こんな授業、高校1年生が学ぶんだよね。

ババって繋がって、「あぁ、分かった」っていう感覚ですよね。

——15回。まるで大学ですね。

（休憩）

さっきは何を話してたっけ？ＯＢＡＳは風呂でふっとわいたっていうことなんだけど、何もないところでは湧かない。ものが分かるようになるとか、勉強の力がつくとかいうのは、時間で右肩あがりになるんじゃなくて、あるとき突然ね。それって、点で存在していたのが、あるときババって繋がって、「あぁ、分かった」っていう感覚ですよね。

例えば、細切れの授業おもしろくないなとか、100分ぐらいで本当にやりたい授業をもっとやりたいなとか。そんなことやってる学校あるだろうなとか。外側の枠は決まってる、先生たちも決まってる。フィールドも決まってる中で、組み換えしかない。そこに何か違いを生み出すには、システムしかない。それはサッカーと同じなんだけど。選手も決まってる中で、システムを組み替えて、どれくらい強くなるか弱くなるか。そういう組み換え、限られた条件の中で、成果をあげる、何かをやろうとしたら、ここはこう、ポジション入れ替えるとか、組み換えしかないわけですよね。ボランチが1枚のところを2枚のチームにするとか。そういうのを色々考えているのが、あるとき突然一つに繋がる。それが天啓のようにふっと湧いてきたって、そういうことなんだろうと思う。何にもないところにはやって来ない。

だから、さっき話したE高校でも、演劇に触れた経験がなければ、やろうかっては思わなかったかもしれないし。経験があるからって、みんなそうかというとそうではなくて。だからそういうものっていうのは、一つあるね。あの人アイデアあるもんねとか、それって、もともとあるんじゃなくて、色々入ってきたものが、あるとき繋がっていく。あの山の向こうの景色は見てないんだけど、今までやってきた、ちょっと似た景色とか風景とかが一つになるときがあるのかな。

それってなんででしょうね。こういう山だから、こういうような山の向こうには、こんな景色が最高だな、いいんだなっていうことになるんだろうね。そういうことかもしれないね。だから、そのイメージっていうのは、合成されてるんだけど、今まで触れた経験とか知識とか、一つの山の向こう側に、イメージできる。そのイメージ、点と点をつなぐ力が何なのかっていうのはわかんないけど。そこに何らかの要素が働いて。それは多分、現状不満だったり、このままじゃ子どもはダメになるんじゃないかという真面目な危機感というか、そういうのが一つの契機になってこの線をつなげるっていうのはあるかもしれないね。イメージをね。

だから、僕の場合は、先にここ（イメージ）がある。ただ、客観的に言えば、そこはあっても、「じゃあやるか」っていう推進力がいる。このままじゃ我慢できない、現状に我慢できないっちゅうのは、一つのモチベーションであるわけだ。それが、常に何かがあって。それがあるとき何かのきっかけで、その現状を変えるためには、こういうふうなものがあると。こういう景色に変えなければいけないと。この景色だったら、この不満が解消されると。現状が嫌だって言ってる人はいっぱいいる。だからって、これやったらどうかなるんじゃないかって、そこ（イメージ）を描くのはあんまりいない。描いても、それを推進するためには、周りを巻き込まないといけない。そのまえに自分がある。大変な労力が要る。

その道筋を、ぶつかりながらやるのは一体何なんでしょうね。こういうものを実現するために、道があるんでしょうね。そして道がなければ切り開くしかないんだと。

―そこを描くことじゃないんですか。点と点を繋ぐ力っていうのは。理想とするものを描く時点で、「こうありたい」という思いが生まれるんでしょうね。自然と考えてるんでしょうね。無意識のうちに。それが風呂の中でぱっと繋がったり。

そうだね。だから、さっき言おうと思ったのは、D高校でそれ（OBAS）をやったということは、それ自体はここ（＝『日本語学』）の中で書いてあるようなことなんだけど、でも、そのことが、だからクラスがどうのとかいうことは、クラスを超えて、組織を変えていくことにつながる。そこにひとつ転換できたから生まれたのかもしれない。おもしろかったんですよね。生徒の反応はかなり良かったし。

―クラスの枠を超えるっていうのはどういうことですか？

クラスの枠は超えてないんだけど、でも、クラスの子どもたちのためにってやったんだけど、ここでは超えてないことなんだけど、他の先生たちに入ってきてもらって、僕が見せてやるとか。一つの、クラスの枠を超えるっていうよりも、

―クラスのために組織を変える。

そうそうそう。だから、カリキュラムを変えるっていうこと、構造を変えるということを、初めてしたわけだ、言ってみればね。自分のクラスの生徒のためだけど。だからクラスは超えてないんだけど、でも、構造、もともとあった構造を変えるっていう。ここで色々経験をしてはいるんだけど、実際にやってみる中で、既成のカリキュラム概念であったものを、周辺についてはあれこれと変成してきた。だけど、本丸をちょっと動かしたって言うかな。本丸の一部だけど。なんとなくね、このときから、E高校もそうだった、学校全部を変えなきゃいけないっていうのは。でも変えられるんだよな、みたいなことはイメージできるようになったんじゃないかな。色々な先生を巻き込んで、やることのおもしろさだとか。それから、誰もやってない、やれてない、気付いていないことをそこでやるって意味がある、というか価値が生まれる。だからか、次の年に、D高校の

文系コースは定員割れしなかった。

—発信もしてたんですか？外部に、こういうことをしてますって。

まあ、口コミもあるし。何かあったかもしれないね。こういう、このクラスだけの生徒が面白いって言ってるわけじゃない。他のクラスも、「いいね、あそこの授業」みたいなことを言ってくれる。妹や弟に、「入れば？」みたいな話になってくるわけだ。

—結局、地域から来るわけだからですね。総合選抜だから。

そうそう。授業を付け足してしなきゃ、みたいなことを言ってた教員たちも、何かいいですね、楽しそうで、勉強になって、って言うようになったよ（笑）。学校変えなければいけないとか、文化祭作んなきゃいけないんだとか、そういうのも、あのときこうやって、それなりに成功したよなって、形は違うけど。ここで大失敗してたら、もうやめようって思ったかもしれないけどね。それはちょっとあったかもしれない。

—色々な転機はあったかもしれないですけど、OBASは大きな転機でもあったんですね。

そうだと思う。だから、生徒たちが「先生大好き」ってなるわけ（笑）。自分たちのために一生懸命してくれるわけだから。だから、転勤を明日に控えた日の長崎新聞に生徒たちの僕に贈る詩が載ってた。[11] 僕には黙って投稿してたね（笑）。次の1年間（E高校に異動した年）はいっぱい手紙が来ましたよ。今の担任の先生には悪いなっていうぐらい。だから僕はわざと、できるだけ返信は控えていましたね。本当は直ぐにでも返事を書いたりはしたかったけどね。いつまでも前の担任に固執してたらだめだからね。本当に深刻なもの以外には。僕自身も冷静に返事できるほど落ち着いてはいなかったな。その余裕もないし。

—でも、9月からスイッチが入ったんですね、また。

うん。そうだね。さっき話した通りだね。スイッチが入ったのも結局、向こうでは何もすることもなかったから。何かしておかないと不安でしょうがない。自分自身がやばくなるんじゃないかっていう思いもあった。あの赴任の時の「一粒の向日葵の種を…」の詩は、いつも鳴っていたからね。でも実は情報収集の時でもあったね。

E高校にいた先生が、異動で学校を出るときに、僕より1年か2年早く出たんだけど、『公私混同』という言葉があるけど、福田先生はずっとそれをしていて、言ってみれば公私混同ではなくて『公私融合』の人でしたよね」とか言ってた（笑）。それぐらい、公私ともに学校みたいな…。E高校もどんどん変わって行って。そこから進路指導を変えることになるわけだ。

—2年目から。

文化祭もするけど、補習をはじめたりとか、夜間学習をはじめたりとか。

—2年目から。進路主任についてから。

すぐじゃないけど、この年に構想しながら、次の年ぐらいから。

（休憩）

―進路指導の話を詳しく聞いてもいいですか。

ここで進路主任になって。就職が主なんだけど、でもちょっとは、短大とかに行きたいっていう生徒もいる。県短の英文科とか、まだ県短だったからね。今の県立大に行くような感じね。私大も少し。あと、公務員を受けるけど、自衛隊が中心。教員の中には進学指導をやりたいっていう者もいて。E高校を変えるためには生徒を大学に進学させないといけないって言ってる。だけど授業を進学校のような内容にしてしまうと、ほとんどの生徒は潰れるわけだから、進学指導をするためには別に時間を設けないとダメだっていうことになった。そういうことで補習を導入するわけだ。そして、3年生の場合は放課後もね。早朝と放課後。

―進学を希望する生徒たちを対象に。それまではなかったんですか？

D高校のころまではずっと補習に反対していたわけだ、僕はね。朝補習に間に合うためには、生徒は家で早く寝ないといけない。調査したことがあるんだけど、朝補習の有無によって、家庭学習の時間は、最低でも1時間は違う。へたすると2時間は違ってくる。大学受験を前提に学んでいる生徒たちにとっては、講義も必要だけど、自分で復習や予習、要するに自分で勉強する力が必要で。それには家庭学習を増やすしかない。その方が実力はつくんだと主張していた。

でも、E高校の場合は違う。補習授業を導入しなければならない。だって、授業だけでは進学に対応できないわけだからね。受験に対応できる授業をするためには、補習しかないと。それで、補習を仕組む。

―クラスは二クラスなんですか？

三クラスにした。

―副担をあてていう。

うん、今度（現任のH高校で）やろうとしていることと同じようなことを。で、朝からやって、部活が終わったら、高総体が終わったら午後もやれるでしょう。それでも足りないよねって。その後、学習会をやった。

―補習ではなく。

そう。自分で勉強して質問に行く。5時過ぎぐらいから、学習会をしようって。家では、勉強できない家も多いんだよね。家族が多かったり。自分の部屋がなかったり。机もなかったりする。でも、学校でなら勉強できる。そしたら、チャリンコ（自転車）でだいたい来てるからね、毎日。で、いっぺん家に帰って、夕飯食べてまた学校に来る。そして7時から10時ぐらいまで学習会。

―先生たちも、もちろん残って。

そう、残って。残ろうよって言って。誰も文句言わない。若い独身の先生も多いし、まあ、家に帰っても何もすることないし。もちろん用事があれば自由に帰る。逆に面白いわけだ、生徒と一緒にいるのがさ。島の学校ってそういうところがある。若い教員が多いし。強制じゃないから。時間割が決まってるわけでもない。残れる時は残って、という感じだから、抵抗はなかった。学校にいて、生徒たちとああだこうだと話しながら、教材研究とかしてるほうがましだよね。生徒が質問に来たら答えて。まあ、そこまでやるのは3年生だけだけどね。1・2年は本当に希望者だけ。家が遠い子は親が迎えに来て、夕飯は家で食べる。またやってくる。国英数の担当はできるだけ一人は残るようにしながらね。それでもみんな、残ってるけどね。ほとんどこの頃からは、夕飯は学校で仕出しの弁当を食べてた。それで10時ぐらいまでして、生徒帰して、遠い子は必要があれば送って行ったりして。それからあれこれ準備して、12時ぐらいに学校閉めてたね。そして次の日、また朝早くきて、開ける。進路主任だから。

学校があってその横に川があって、その向こう側には家があるんだけどさ。最初のうちはよく電話かかってきてたね。「昨日は電気を消し忘れて帰っとる！」ってね。校舎が向こう岸から見えるからね。「電気を消し忘れてもったいない」とか文句の電話がかかってくる。でも、そのうちわかってくる。そしたら、しばらくすれば、地域の人もみんな応援してくれるようになるっていうか、差し入れを持ってきてくれたりね（笑）。家族ぐるみの補習、みたいな感じだった（笑）。それで、最終的には「国立大学に現役で進学させたいね」って。当時は浪人も含めて、国立大学に進学した生徒はまだいなかった。もう創立30周年かそこらになるのにね。「まずは一人進学させよう！」とか言ってね。それで、最後の年は長崎大学に入ったんだよね、現役で。はじめて。ＰＴＡ会長さんなんかもちょうど僕と同じ歳で、応援するからって言ってくれて、あれこれと世話を焼いてくれた。

学習合宿もやり始めた。でも、進学希望者以外を切り捨てたらいかんといって、大学受験者だけでなく、勉強を希望する人は誰でも、何年生でも参加できるということにして、バスターミナルホテルでやったのが最初だった。計画を立ててね。次は、ユースホステルでやったり、安いところでお金を計算しながらやった。

―E高校2年目から、毎年ですか？

3年目から。ここ（＝2年目）は無理やった。

―2年目は補習を始めた。

うん。2年目で考えて。

―3年目から。

いつも夕飯食べに行くところのおじちゃんが、バスターミナルホテルの料理長みたいなことをしてて。「これくらいの費用でできるかな」って相談して。普通は3年生、2年生って学年で分けるけど、生徒数が少ないわけだから、進学クラスは3年・2年・1年全部一緒にやる。そこで、

2年生が1年生に教えたり、3年生が2年生に教えたり。まずは自分たちでさせればって。そういうのも（現任校の）H高校でやろうとしていることにつながってるかな。できるんだみたいなことはあるわけだから。

―もちろん色々な状況は違うし、生徒の質も違うかもしれないですけど、なんか似てますよね、E高校とH高校。

うん、似てる、そっくり。ここ（E高校）の経験がいろいろあるから、抵抗がないっていうか。モデルはここ（E高校）です、今のところね。やろうとしてることがそんなに的外れじゃないっていうのは、ここで見てるから。

そうしながら、一方では就職する生徒もいるし。名古屋とか大阪の紡績や鉄工所で働いてる子に会いに行ったりしてたね。その年の求人もお願いするためにね。

―就職した生徒のところにですね。

そうそう。会いに行くと安心したような顔をするんですよ。ホッとした笑顔が印象的だった。大学に行った生徒たちと会うときとは全然違う雰囲気なんだよね。

―担任はずっと持ってたんですか？

担任は1年目だけ。主任だから持たないんだけど、43歳で副担をしてたら、担任が妊娠して産休に入った。その時は急遽担任した。いつも朝早く来て遅く帰る毎日。

―じゃあ、担任をしたのは43歳が最後ですか？

いや、F高の1年目も担任。これが最後だな。まあ、副担でも担任みたいなもんだけどさ。

それで、二人担任制をしようって言って。担任と副担任じゃなくて、担任・担任。

―E高校のときに。

うん。3年目だったかな。一人ひとりを大切にするっていうんだから、もうちょっと丁寧に一人ひとりに対応していかなきゃいけないって。そこらへんは管理職的な発想よね。それを一教諭が言うんだから、そうしようってなる。40人いれば、1番から20番までがA先生担当で、21番から40番までがB先生担当で、調査書書くのも半分でいいし、家庭訪問もそれでいいし。でも、まあ、うまくいかんやった。最後の年にやめたかな。

そういうこととか、卒業生を送る会だとか、毎年違う、いろいろなことを毎年やってた。なんでそんなアイデアが湧いてくるの？とか言われながら（笑）。

―卒業生を送る会。1年目からですか？

卒業生を送る会は1年目から。

―そのときに、さっきの話ですか？3年生が下級生に語りかけるみたいな。

そうそう。それは話してないのかな。予餞会は止まってたみたいで。というのも、ちょっと前まであってたけど、予餞会も荒れるっちゅうか、馬鹿騒ぎして終わりで。だから、「卒業生を送る会」にしようってことにして。「卒業生を送る会」にして、さっき言ったように…昨日話したっけ？

―聞いてないです。

教え子の教員は家庭科なんだけど、クッキーを卒業生分作って。それを袋に一人分ずつ入れて、二つか三つ入ったクッキーと。そして、体育館のステージ端に放送部がいて。卒業生が一人ずつステージに上がって行く。彼ら卒業生の中には1回も表彰されたことない生徒もたくさんいるから、卒業前に、1度はステージにあげてあげたい、っていうことになったんだ。それで、「なになに先輩は野球部で頑張ってましたね」とか、「なになに先輩は、文化祭はヒーローでしたね」とかね、放送部が一人ひとりに何か一つことばを贈ってあげて。70人ぐらいだから。それを用意してて。そして一人ひとりに、後輩から折鶴とクッキーを渡す。二学年で鶴を折るわけだから簡単に折れるわけだ。それをあげて、3年生は、一人ずつそれをもらって、ステージの壇上で一言を言うわけですよ。壇上は初めてだし、喋りきれなかったりするんだけど。「何か一言しゃべらないと降りたらダメだ」とか言ってね（笑）。そしたら、何か言いたいんだけど言えなくて「ありがとうございました」とだけ言って降りたりね。「僕はこうこうで…」と語ったりさ。中にはちゃんと話す生徒もいたね。こんな劇もしてるわけだからね、何ヶ月か前に。「僕は最初は、K高校に行きたくて、でも行けなくて。ここに来て辞めようかと思いました」って。「でも、最後に文化祭とかいろいろあって、この学校を卒業してよかったと思います」とかね。さっき言ったように、「この学校を誇りに思うから、ここで煙草は絶対に吸わないようにしてください」とか、後輩や同輩や先生たちに向かって、それぞれに一言ずつ話して壇上を降りるんだ。話せる生徒もいれば、話せない生徒もいる。でも気持ちはわかるんだよね。1・2年生はそれぞれに温かい拍手を送るし。卒業生はもう壇上に上がるだけで感無量になるわけだ、みんなね。最後だし、何か言いたいけど言えないみたいな。もじもじしながら恥ずかしそうに、でもみんな微笑みながらね。

E高校の横には川が流れてるんだけどね。大きな川が。会が終わったら、そこに3年生みんながさっきの折鶴を流すんだよ。鶴が、きっと、大海に羽ばたきますようにと。そしたらさ、次の日に、漁協から電話かかってきて、「折鶴を魚が食って死による」って。「誰やそがんとば大量に流したとは！」って。あたーって（笑）。だから、次の年からは水に溶ける紙で鶴を折るようになった（笑）。その次の年は、3年生に送る劇を1・2年生の有志がやり出したね。

―それは主体的に？1・2年生が？

そうそうそう、まあ、完全な主体的ではないかもしれないけどね。

―あぁ、ある程度。

でも、秋の文化祭で見てるから、生徒たちもやりたくてしょうがない。有志で誘ってやったりとかしてたよ。楽しいよね、そういうのが。先生たちも若いしさ。ロマンチックですよ。そんなのをしながらさ。面白かったよ、色々。

　そんなことを一方でしながら、進学指導も頑張ろうかって言って。センター試験を受けさせないといけないって言って。受けたことないわけだから。4年目にはセンター試験に本土に何人か連れて行ったりしてね、はじめて。学校始まって以来はじめてね。センター試験受けること自体が初めてだからさ。そしたら、進学校を少し経験してきている若い教員がいて、そういう進学指導をやりたくて仕方がないわけです。彼は、E高校の後は進学校に行きたいという、大きな学校に。そしたら、ここでも進学の実績をあげておかなきゃいけないと。だから、できたばっかりの大学の説明会に鹿児島に行くとか。まあ、今思えば楽しかったけど、このときは大変だったよね。

　それで、『あゆみ』っていう生徒会誌があって。それは話したかな？

―してないです。

　1年目から。E高校に行ったら、生徒会誌がボールペン原紙で書いた藁半紙4～5枚だったのさ。予算が500円ぐらいしかとってなくて。どうせ誰も書かないし、こんな風になってるって。嘘だろうって思った。中学校のときは同じ中学で生徒会誌があって、K高校に行ったら、しっかりした生徒会誌が1年に1度出版される。M高校でもそう。それに対して、E高校は藁半紙5枚の、手書きのボールペン原紙。これはあんまりだろうって言って。作りかえるって言ってさ、これも先生方みんなで頑張ったね。

　でも500円しか予算がなくて。ほんとの話。ワープロはまだみんなが打てるような時代でもないんだけど、体育科の同僚がワープロ頑張って打ってくれて。そうすれば印刷が安く上がるからね、データでね。もうちょっとちゃんとしたのを作ろうっていうことになった。さっきの文化祭のアンケートなんかも全部載せてるんだけど。

　ところが表紙の写真がないと。美術部はないわけだ、小さい学校だから。表紙どうするって悩んだ。その時に思いついたのが、おおた慶文っていう有名なイラストレーターがいるんだけど。お正月なんかにカレンダーになる、少女絵。「詩とメルヘンのイラスト賞」で入選した人。その人の絵を表紙にしたいと。ぜひ、卒業していく生徒たちに誇りを持たせたい。ただ全国的に有名な人の絵を表紙にするのだから著作権も必要だろうということになって。それで、そのイラストレーターの事務所に電話を入れたんだよね。あなたの絵を生徒会誌の表紙に使いたいんだけど、おいくらですかってね。そしたら30万円って言うわけだ、向こうが。500円しかない予算なのに（笑）。「30万って言われたばい」って。「黙ってすればよかったとにね」とか、「後でばれたら、もっととられるやろう」とかいいながら諦めかけていた。だめもとと思って、僕は東京まで行って、事務所に行って、直接。それで、私は日本の一番西の端の小さな学校にいる教員だと。E高校っていうところの教員だと。

うちの学校の生徒たちは、厳しい環境の中で育ってきた子どもたちで、だから大学なんかもほとんど行かないで、東京や名古屋や大阪の都会に出て就職して厳しい環境で暮らしていかないといけない子どもたちなんだと。だけど、子どもたちが、そういう社会の中でも誇りを持って生きていけるような生徒会誌を作りたいと思ってるって。そのためには、誇りを持てるためには、あなたの絵が必要なんだと。だけどお金はないから、どうか譲ってくれって、お願いに行ったよ。そしたらね、その人が、私は北海道の山の中の、小さな学校の出身だと。たまたま自分は、コンクールで入賞したから今こういう生活を送れている。でも僕の友達は、同級生たちは、ほとんど、E高校の子どもたちと同じように厳しい社会環境のなかで暮らしてると。でも、私たちの学校には、あなたのような先生はいなかった。だからその思いはよくわかるし、心を打たれたと。どうぞ、ただで使ってもらっていいです、と言ってくれたんだよね。そうして、その権利をもらってきて、それを生徒会誌に載せたんだよ。

当時有名なイラストレーターの絵が載った生徒会誌だよ。格好いいわけよ、それが。そのころそれがちょっと話題になって、長崎新聞に取り上げられたんだよね。生徒たちには、何かの折に話したね。この学校の生徒会誌は、日本で一番の画家の絵が表紙になっている、日本で一つしかない生徒会誌だと。こんな生徒会誌をもってる者たちは君たち以外にはいない。自信をもって、誇りを持って卒業していってほしい、というような思いを語ったね。

その生徒会誌の中には、今度見せるけど、3年生が、「卒業に際して」みたいな文章を書いてるわけだ。そこにある生徒が、それはわりと学校に反発してた生徒だったんだけど。3年で「翼をください」をやったと。その劇をK高校の先生が見に来てて。そしたらその先生が、次の日学校で、昨日E高校の文化祭を見に行って、「翼をください」の演劇に本当に感動したと。E高校の生徒達はものすごく感動しながらやっていると。ああいう文化祭をあなたたちは1回も経験してないのではないかと。そういう話をしてるわけだ。そしたらそれを聞いてた生徒が、E高校の生徒の中学校の同級生なんだね。で、「あなたのところの文化祭って素晴らしいんだってね」って話になる。「え、なんで」って言ったら、「うちの学校の先生が褒めてた」って。その生徒の作文が、「自分はこの学校に決まってから、嫌でやめたかった」と。「でも3年生になって、自分の学校を初めて褒められたのがとても嬉しかった」というんだよね。「自分の学校が褒められるって、こんなに気持ちがいいもんだっていうのを始めて知った」って。「私はこの学校の生徒で良かったと思う」って、終わってるわけ[8]。感動的な文章なんだよ。そういうのを載せてるんだけどさ。

—それ、今度見せてください。

うん。何とか探してみる。そういうのが載ってるわけですよ。まさに「翼をください」の世界。これが教育だよね、って実感してた。自己満足かもしれないけどね。先の、このE高に赴任する時に頭の中でなってた寺山修司の歌に対する返歌ではないけど、それに対して僕は、このE高の最後に「寒風の荒ぶ河口の岸辺にも小さなひな菊然と咲きたり」という歌を口ずさんでいたよ。⑿

——E高に赴任してきた時の思いに、一つの答えを出したということですね。

今回は国語の授業については特に話がなかったですけど、これといった実践はなかったんですか？

いや、国語の授業をほっぽらかしてたわけじゃないですよ。おとなしく授業を聞かない生徒たちだったけど、あれこれ悪戦苦闘していましたね。何とか国語に興味をもってくれないか、と思ってね。

そう言えば、さっきの文化祭の後日談だけどね。その後、「卒業生を送る会」のようないろいろな催しをしながら学校がどんどん良くなっていった、という話をしたけどさ。それほどに文化祭は、インパクトのあるものだったんですよね。後々の評価もさ。だから翌年から、文化祭の準備の期間に入ったら、自然と「翼をください」の音楽が流れるようになっていったんだよ。誰かが仕組んだんだろうけどね。校内放送でさ。「翼をください」が流れてくると、「あぁ文化祭だ」みたいな感じで、みんな作業をしていくみたいな。ほら、「掃除の時間です」っていう時に音楽が流れる学校があるでしょ。それと同じように、「文化祭の準備の時間です」というときにテーマソング風に流れてたんだよね、翌年から。「また、感動しようぜ」みたいな感じでね。そのしきたりは数年続いたようだね。なんか、文化祭が近づいてきて、その音楽が流れてくると、「よーし、今年も感動しよう」みたいなさ、みんなワクワクしてくるというか。とってもいい雰囲気になってきていましたね。

だから、授業も徐々に落ち着いてきていたのは事実だけど、そんなに急に変わっていけるもんじゃないよね。ただね、先にも話したけど、ここは離島ではあるけれど、大きな島だからね、当時は高校が四つもあって。うち以外にもK高、M高、N高ね。もちろんそれぞれで校風もちがうし、教育目標も異なるんだけれど、「本当の国語教育はどうあるべきか」というテーマは共通で、その四つの高校の国語の仲間たちと、月に1回くらいの割合で勉強会をしてたんだよ。たしか「ばらもん国語の会」という名称だったね。N高の先生が命名したんじゃなかったかな、たしか。各学校から何人かが有志で集まって。基本は、一つは共通の著作の読書会で。みんなで少しずつ読み合いながら、問題点を指摘しあいながら進めていきましたね。もう一つは、お互いの実践発表を報告し合って。その二本立てで進めていってたね。そのうち、中学校、小学校の先生方も入るようになってきて、小中高を一貫して国語教育を考える会になっていったんだよね。もちろん、私的な勉強会に過ぎないし、会がはけたら、毎回懇談会。要するに飲み会だけれど、そこで交わされる会話もまた実に有意義だったね（笑）。

―それは楽しそうですね。勉強になるし、孤独ではなくなる。忙しくはなるでしょうけど。

そうそう。それは大きかったですよね。最近では、どこも学校規模が小さくなってきているじゃないですか。各学校にも、同じ教科の先生が少なくなってしまっていて。それこそ学校を越えての私的な勉強会ももっと開かれていっていいと思うんだよね。自分の教育実践が劈(ひら)かれていくということは大切なことだと思いますね。勇気をもらえるし、元気ももらえるし。

―大学でよくやる読書会に似てますね。そういえば以前の話で、成城の時に同じような読書会をしていたって言ってませんでしたっけ？

そうそう。当時も、大学時代のゼミのような学びの必要性を強く感じていたのだと思うね。なかなか日常の現場の中で、お互いが学び合うということが困難な状況が現実で。もちろんやってはいるけれど、目先のことにどうしても追われてしまうから。だから、無理をしてでも、現状を対象化できる勉強会を設定できたのは、さまざまな意味で有意義でしたね。色々なことに触発されて、自分も頑張らなきゃと思わせてもらったし。勇気も元気ももらったし。そのうち、みんな転勤していってしまうから、自然消滅していくわけだけど、でもその時の仲間の先生たちとは、その後もずっと交流が続くわけですよ。本土の方でまた新たな勉強会を発足させたりしてね。その仲間たちのおかげで、曲がりなりにもずっと「教育とは何か」っていうことから目を背けないでいられた、というのはあるね。

―そのような自主的な勉強会の刺激を受けながら、E高でも授業実践に取り組まれた？

そうそう。主なものとしては、一つは、2年生での実践なんだけど。2年生全員、といっても70数名しかいないんだけど、全員で1冊の詩集を創りましたね。『十七歳の地図～海と空の間(あわい)に～』という詩集。きちんと製本して、紺色の表紙に銀色で文字を書いた、ちょっと格好いい詩集で。「海と空の間(あわい)に僕らの生(ヴィ)は存在している。十七歳のいまの心を詩に書こう。」という趣旨で作った。生徒は、けっこう本気で取り組んでくれましたよ。「どうしても書けない人は、何か好きな歌の詞を持ってきてもいいから、それを持ってきた人は、それが好きな理由をちゃんと書いてください」といいながらね。そしたらさ、最初のうちは他人の言葉を引用しようとしていたんだけれど、その理由を書き進めているうちに、その理由の内から、自分なりのことばが出てくるんだね。だんだん自分のことばを描くても書き始める者がふえてきて。

感動的だったのは、ある女子生徒の詩なんだけど。母親のことを書いているんだけど、そのお母さんが、10年前に、余命宣告を、「あと10年です」と言われてるんだね。そこでお母さんは、自分の子どもたちに手紙を残していて。自分の死後のことをね。それから10年が経っている。症状がだんだんと進行していってるんだろうし、その子は、母の手紙をもうすでに読んでるんだけど、その思いをこの詩に書いているんだよ。母親が、「自分が死んでも、たんぽぽのように明るく元気に生きていきなさい」と思いを託した手紙をね。それを読んで彼女は、「そのことばを忘れずに、たんぽぽのように明るく強く生きていきます、心配しないで」とその詩に結んである。その思いをこの詩集の詩に彼女は綴った。すばらしい詩でしたよ。僕も涙せずにはいられなかったです。

その詩集の出来上がりが待ち遠しくてしかたなくて。そしてやっと出来上がって、朝のSHRで、みんなにこの詩集を配って、彼女の詩についてみんなにことばの尊さについて話をしようと思って、彼女を元気付けようと思って、勇んで教室に行ったんだけど…その彼女の席は空白だったんです。近くの生徒に、彼女はどうしたの?って聞いたら、「お母さんが今朝なくなったので、来ていません」と教えてくれた。「間に合わなかったか」と僕はそのとき痛切に思ったことを覚えています。それから、その彼女がいない教室で、できたばかりでまだインクのにおいのする詩集を配って、その子のページを開いて、みんなで読んだんだよね。生徒たちも涙を流しながら。いつもニコニコと明るく、弟や妹の話もよくする彼女はみんなからも好かれていた。その笑顔の向こう側に、こんな苦しみを背負っていたのだということを知って、級友たちは、涙を流しながらその子のお母さんの死を悼んだ。普段は分かり合えない心のつながりが、詩を書くことで、ことばにすることでつながっていく。つながり合えていく。僕はあらためて、ことばの力を、学校で国語を学ぶということの意味を教えられた気がしましたね。

—詩集を創ろうとしなければ、その生徒の心の機微というか内面は、表象化されることはなかったわけですよね。

そうだね。そして彼女自身が、お母さんが、だんだん死に向かって衰弱していく様を毎日看取りながら、どんな思いで学校に来ていたのか。その思い自体を、自分の中で整理することが難しかったかもしれないね、もしかしたら。いやぁ、立派な生徒でしたね。頭が下がる思いです。今は二児の母親となっていて。きっといいお母さんになってるでしょう。

—生徒たちは落ち着いてきてるんですね。

そうそう。小さな学校だし、この頃になると、もうずいぶん落ち着いていた。まだいきがってる生徒も入学してくるんだけど、そのうちおとなしくなっていく。というか、生徒と先生たちが仲がいいなぁ、というのが見えてくる。それも大きかったかもしれないね。

しかし、授業はどうしてもうまくいかなかったね。先生たちは、一生懸命教えようとするんだけれど、真面目な生徒もいるんだけれど、どうしても黙って授業を聞いていることができない生徒もいたね。

そこで、その次の年（平成12年）かな。全校で「朝の10分間読書」を導入しようと言い出した。僕がね。当時、全国的にも「朝の10分間読書」が流行し始めていて。文科省も図書館活動や読書教育を推進していたしね、その頃。長崎県でもいくつか先行事例があるくらいで、まだ、そんなに普及していなかったころだけれど。朝から10分間時間をとって、「①みんなでやる、②毎日やる、③好きな本でよい、④ただ読むだけ」だったかな。その4箇条を守るだけ。それで学校が変わっていく、という事例が報告されていて。そして、いわゆる教育困難校でも、効果を発揮している、って。僕は、手に入るその関係著作や論文を集めてみて。そして、「この学校でやってみよう」と思って、みんなに投げかけたんだよね。もちろん、最初は多くの反対がありましたよ。一番多い反対は、「教科書さえまともに読めない子どもたちが、自分で読書をするはずがない」、「寝ているのが関の山だ」というもので。もちろん僕だって、やったことがないんだから、「成功します」という断言はできなくて。内心かなり不安だったのが正直なところで。もちろん調べられた成功事例の説明はするし、日課も、方法も立案したけど。でも、日頃の生徒の状況から、実践への厳しい状況は否めなくて。

でも僕は、この学校の、この現状だからこそ、挑戦してみるべきだと主張して。一つは、目の前の子どもたちが、本を読む習慣を身につけるか否かは、当たり前だけれど、今後彼らの将来に大きな意味をもつということ。生涯学習的観点からも読書の習慣は非常に大切だと主張して。二つ目は、教科書が読めないことと、読書ができないこととは同じではないって。好きな本を読む上で、少々読めない字があったり、意味のわからない語句があったとしても大した問題ではないよね。わかる言葉を中心に読んでいけば、大方の内容は把握できるわけだし。むしろわからない部分を類推してつなげていく力こそが読書の力で、国語の力だというようなことを説明したね。少々わからないところがあっても、少しでも他者のいうことを受け容れる機会をもつことは、大きな学びにつながるはずだって。むしろ教科書を読めるようになるために、実施に踏み切る必要があると主張して。三つ目には、何より、みんなで、全生徒と全教員とが一緒になって、このような文化的というか知的、教養的なものに一つになって取り組んでいくということ自体が、この学校を成長させることになるんだって。そのためには教師も生徒と一緒になって読書する姿勢を示すべきだ、というようなことをね。要するに、学校の全員が、同じことをする、共有する時間を持ちましょうって。事務室の職員も、管理職も、みんなで一緒にやりましょう、と主張したんだよね。そしたら、大きな反対はでなかったですね。渋々の人もいたかもしれないけど、ともかくもやってみましょう、ということになって。

そしたらね、案ずるより産むが易し、とはこのことかというほど、何の問題もなかったですね。というより、生徒たちはむしろ喜んで読むんだよね。図書館から本を借りてきたり、自分の好きな本を家から持ってきたりして。教科書は渋って読まないというか読めないことも多いけれど、好きな本は読める。しかも、結構真面目な本を読んでるんだよ。その頃は、乙武洋匡の『五体不満足』とか、春山茂雄の『脳内革命』とかが確か流行ったと思うんだけど、そういうものも、そしてもちろん芥川や武者小路やその他の定番小説とか、様々な本を持ってきて読んでいましたね。どの子もほとんど文句を言わずに読むようになっていって。あの騒がしいE高が、朝シーンとして、物音ひとつないわけですよ。そんな中から一日が始まって。そのこと自体に本当に僕は感動したのを覚えていますね。違う学校に来たんじゃないかって思うぐらい。情緒的な言い方になるけどさ、朝教室に差し込む日の光自体が、柔らかく、優しく感じられましたね。当初反対してた人も何にも言わなかった、というよりもむしろ賛成派になっていた（笑）。

その朝読をはじめてから、しばらくしてからのことだったと思うけど、「具合が悪いから早退します」という生徒がいてね。学校の門を出たところにあるバス停まで歩いて行ってた。たまたま僕は遠巻きに見てたんだけど。その路線バスは、昼間はなかなか来ない、1時間に一本かそこらしか来ない。その生徒は、当然バスが来るまで具合が悪いのだけれど待つしかない。するとね、彼女はバス停のベンチに座って文庫本を開いて読み始めたんだよね。普通にはよくあることかもしれないけど、その頃は、E高には、そのような生徒文化はなくて。休み時間とか、昼休みに文庫本開いて読書するなんてことはまずなかった。おそらく他の学校も、当時は孤独な読書に関しては同じような状況だったと思いますね。バイアスがかかっていたというか。休み時間や空いてる時に、一人で自分の本を読むような雰囲気ではなかったですね。何か特別感があるんだよね。ガリ勉っぽいとかいい子ぶって、的な、なんか変な雰囲気。でも、今はないよね。これが朝読が流行っていって、一番の効果だと僕は思ってるんですよ。朝読があるおかげで、授業の合間の休み時間や昼休み、放課後やちょっとした空き時間に、堂々と自分の本が読める。そんな風に学校の日常が変化してきましたね。これは、「朝の読書」の推進がもたらした最大の功徳だと僕は思っていますよ。

こういう中から、生徒たちは、自分が読んで面白かった本を互いに交換し合いながら、共有していく本があれこれと出てきて。やっとというか、少しずつ、勉強することの意味を知り始めていって。それからは、ほとんど荒れはなくなっていったような気がするね。普通の、落ち着いた学校になっていきましたよ。もちろん「朝の読書」の効用だけではないとは思いますけどね。でも何というか、僕だけではないと思うんだけれど、先生たちも生徒たちも自分の学校を、まんざらでもないと、好きになっていったような気がしますね。そんな雰囲気が漂い始めたというか。２０００年度の四月から始めたんだけれど、半年経って、「朝読をきっかけに何冊くらい読みましたか」という全校生徒へのアンケートを実施したんだけど…（持参した資料を開いて）３～5冊が全体で26％。5～10冊が全体の20％。少ないと思われるかもしれないけど、今までの生徒たちの現状からすれば、驚異的な変化だと思うんだよね。ついでに言うと、このまま続けてほしい、または続けてもよいと答えた生徒数は、80％。実は生徒たちも望んでいたことだったのかもしれないね。「本当は学びたいんだ」と僕は思った記憶があるね。

―効果があったんですね、E高では。

僕も内心不安でしょうがなかった。でも本当に朝が変わって。朝が変われば、一日の雰囲気が変わるんだよね。

最後にもう一つ、国語の実践の話をしてもいい？

―もちろんです。お願いします。結構いろいろやってるじゃないですか。「翼をください」だけじゃないんですね（笑）。

いやいや、必死の試みですよ、どれも（笑）。うまくいかなかったこともたくさんありましたよ。でも、朝読は面白かった、というか僕も勉強させられましたね。

これは、僕のE高での最後の年なんだけれど。3年生を担当してて。何とか彼らに誇りを持たせたいという思いは、先ほどから話している通りだけどさ。ここに転勤してきた時から思ってて。何とか、日頃から抱えている様々な劣等感をのり越えて、自分に誇りを持って卒業していってほしい、社会に出ていってほしいという思いを込めた実践でね。『島に生きる』と題して取り組んでいったんだよね。3年生は3クラス全部で75名を対象に行った取り組みだったよ。全クラスの授業に行ってるからね。その頃は、スマホや携帯は普及していない。まだポケベルの時代で。

僕は、本土にいる友達に頼んで、量販店から使い捨てカメラを大量に購入して送ってもらって。そして、生徒たちを確か五～六人のグループにしたんだよね、すべてのクラスでさ。その使い捨てカメラは、30枚ちょっと入っていて。だから一グループに一個ずつ配布して、その中で一人5枚を使っていいと。その5枚の中から、一番自分の好きな写真を一枚選んで、A４の色紙、これも僕が用意するんだけれど、その用紙の上半分の中央にその写真を貼って、その下半分に俳句か短歌のようなことばを寄せて、「これまで島で生きてきた、その素晴らしいところを、自分の誇りを表現しよう」という授業を仕組んだんだよね。もうこの3年生は、来年の今頃は、ほとんどこの島に残っていない。だから、島をみつめることも最後になるかもしれなくて。島の学校の卒業って、そういうことなんだよね。

僕は生徒たちに、「島は美しいんだけど、観光パンフレットのような写真はいらない」と言って。そうではなくて、君たちが、18年間この島で生きてきた、そのことを誇れるものを、島に生きて誇れるものを写真に撮って、その写真に、それに歌や句のことばを創って自分の想いを添えてみよう、と。これは教え子のj先生の実践から触発されたものだったんだけど。j先生は、言葉を五行歌で書かせる試みを実践していて。それは素晴らしい実践で。僕は俳句や短歌のように五・七調にこだわりたかったので、五七調で俳句や短歌のような感じで、歌を創って写真の下につけよう、といって取り組んだんだよね。

それまでの授業で、短歌や俳句を作る勉強をまず一応はしていて。でもなかなか難しいよね。僕は、彼らがどんな写真を撮ってくるのか、内心不安でたまらなくて。そうしたら、グループごとで動かなきゃならないことがよかったのか、あるいは、やはり卒業の思いが心の中を大きく占めていたのかわからないけれど、みんな真面目に、観光パンフレット的ではない、自分の両親や、おばあちゃんや、見慣れた風景や、それからもちろん海の写真もあるけれど、不思議に思ったのは、空を写した写真が多かったことだね。島の子だから、海に囲まれているから、海の写真が多いだろうと思ったのは、僕のあさはかな先入観でしたね。思い込みだった。海は、船出は、彼らにとって大海に出ることではなくて、生活の一部なんだよね。海を知らない人間が、大海に出るなんてことばを発想するんだろうけど、現実はそうではなくて。彼らは、空に羽ばたきたかったんでしょうね。もう卒業が半年後くらいに迫ってきてさ、彼らは新しいステージで生きていく。だから、いろいろな形で、空や、大木や、まっすぐに続く道や、それからもちろん家族や、夜に堂々と花開いている真っ白いゆりの花や。もちろん海の写真もあるけどね。

たとえば、ある晴れた日の海辺の陽だまりで、お父さんとお母さんが、仲良く網を繕ってるんだよね。漁網の綻びを治してる。それをパチリと写真に撮って、その下に「潮騒に　優しく強く　抱かれて」という句をつけている。感動したね。それからまた、お母さんが味噌を仕込んでいる写真をパチリと撮って、「万能の　味噌を作るや　母の味」とかね。味噌はけっこう我が家で作っているところも多いんだね、まだ。俳句調だよ。この際季語は無視ね。それから一本道を写真に撮って、「真っ直ぐに　つづけこの道どこまでも」とかさ。空を写して、「離れ離れになってもこの広い空でつながっている」とか、腰の曲がったおばあちゃんの後ろ姿を写して「あたたかさ　人生語る　丸い背よ」とかさ、大きな枝の広がった木を写して、「大空に両手を広げ　夢つかむ」とかね。お父さんのしわくちゃな手だけを写して、「いつだって　優しさ溢れる　あなたの手」とかね。もう全部感動しちゃうんだよね。その子たちの様子を思い浮かべると。全部あなた（畑中）に紹介したいくらい（笑）。

中でも僕が一番感動したのはさ、不登校の女の子がいたんだけど。どうしても学校に来れなくて。友だちは少なからずいて、みんな待ってるんだけど、なかなか来れない。学校のそばに大きな川が流れているのは、さっき話した通りなんだけどね。その子の家は、川を挟んで学校の向かい側くらいにあるんだよね。川幅はね、結構ある。40から50メートルぐらい。広いところではもっとあるかもしれない。その向こう側にその子の家があって。二階の自分の部屋の窓を開けると、ちょっと遠くに学校が見える。その窓の桟に腰掛けてぬいぐるみと一緒に、学校の方を見ている。それをきっと誰かに撮ってもらったんだろうね。彼女とぬいぐるみの背中越しに学校が小さく見える、という構図で。そして「大きな空の下で　小さな夢を　ぼんやりと描こう」ということばをつけてきて。本当は行きたいんだよね、学校に。みんなのところにさ。そして自分なりの夢を、懸命に描こうとしている。でも行けない不安がある。だから小さな夢といい、ぼんやりと、としか言えない。その生徒の気持ちがよくわかる。全員提出してください、と言ってたので、彼女も何とか出してくれて。全員分が揃ったんだよね。

本当に素晴らしい作品ばかりでしたよ。僕の思い入れも十二分過ぎるくらいあるだろうけれど、文学的に優れているとか、表現が巧みだとか、そんなことではなくて。写真で、日常の世界の一コマをパチリと切り取るんだよね。そしてそこに、自分の素の心を表現するためのことばを、彼らなりに必死で考えて創っているんだね。その意味で本物なんですよ。本物の心が表現されていることばなんです。確かに、中にはことばを一緒に考えていった生徒もいましたよ、そのことばを僕と面談みたいにしながらね。その時にも、「何とかこんな気持ちを表現したい」と一生懸命話しながら創っていって。有意義な時間でしたね。そこで、全員分の作品を、3年生の文化祭発表作品として展示したんだけど、大評判で、下級生も保護者や外部の人たちも感動しながら鑑賞してくれて。その後には、町の町民文化祭に作品を貸してください、という要望が来て、生徒の了承を得て、その町民文化祭にも展示してもらって。個人情報というのも、まだそんなに言われてなかった時代だね。

すごい評判になってね。僕は、この75人分の作品を何とか卒業アルバムに載せられないかと思って。アルバムを作ってくれる写真屋さんと交渉したんだけれど、ページが増えれば、値段が高くなる。それも半端な額ではなくて。さすがに僕も諦めて。ところが、ふっと思いついて、その写真屋さんに、「そのアルバムの表紙はどうなっているのか」って尋ねたら、表裏ともまだ決まってはいない、ということで。「それなら、そこに小さく縮小したものを載せられるか」と尋ねたら、「それはできる」と。よし、って思って、その全員分の作品を、もちろん名前も入っているんだけど、A4版の写真とことばと名前が入ったその作品を全員分一枚ずつ僕が写真に撮り直して、それを縮小して、表と裏の表紙に入れ込んでもらったんだよね。そして、アルバムの題名も『島に生きる』にしてもらった。一枚ずつはかなり小さくなったけれど、でも全員分、本人たちが撮った写真と、ことばと、名前がきれいに読み取れる。それが評判になって、長崎新聞が取材してくれて、新聞にも載ったんだよ。それがこれですよ。（資料を取り出して）「島で生まれた誇り永遠に…」という表題で載せてくれて。ついでに、僕はその取材で何と答えたかというと、「企画展に携わった福田鉄雄教諭は『卒業後、就職や進学で島を離れる生徒も多い。作品を思い出に、この島に生まれ育ったことをいつまでも誇りにしてほしい』と話している。」とあるね（笑）。そんな思いだったし、生徒たちにも通じたと思う実践でしたよ。

その後、西先生にもお知らせしたんだけれど、「まるでタイムマシンを作ったようなものだね。」と言ってもらったのを覚えているよ。嬉しかった。ちなみに、75人分を表裏の表紙に組み込むという面倒な仕事をしてくれた写真屋さんには本当に感謝なんだけれど、でもちょっとは面倒臭そうだった（笑）。でも、なんか卒業アルバムのコンクールみたいなのがその業界であるらしく、今回は賞をもらったと喜んで連絡してきてくれて（笑）。僕も嬉しかった。とまあ、こんな感じ。長くなってごめん。

—生徒の心に届く、素敵な実践ですね。

国語って結構、色々時間かかるんだよね。試験問題作る時も長いしさ。難しい。まぁ難しいのは他教科も同じか。昔の先生方からは、一つの教材・文章を扱うのに、関連する著作は最低で三冊は読んでから教室に行きなさい、と言われたもんですよ。そして多分、そんなしている国語教師もいたと思う。本当に立派だと思うね。僕はちょっと目指したことはあったけど無理でしたね。だから自分勝手にシラバスを描いててさ、それに関係してくるものを、事前の空いてる時に読み溜めみたいにしてた。しようとしてたけれどなかなか…。

時間さえあれば、もっともっといろんなことができるのに、と悔やんだことも何度もあるけど、器用にできないというか、力がないというか、それはずっと悔やんでるし、今もだね。

5 組織をつくる

（聞き取り日時　２０１４年10月25日12：00～18：00　於ファミリーレストラン）

―E高校で、夜の学習会と補習と勉強合宿と。そういう取組みをやっていたという話は前回伺いました。

「卒業生を送る会」は話したよね。

―ステージに生徒をあげて、折鶴流して、魚が食べて（笑）

感動的でドラマチックだけどなぁ。とりあえずE高校の話は終わったね。じゃあF高だね。とりあえずF高に一通りいって。

―それで戻ったり。色々な人にも話を聞いたり。先生以外にもですね

裏づけばせんばいかんもんね（笑）

―それで、（色々な人から）話を聞いてたら、また色々な話題が出てくると思うので、また先生に聞いていってという流れで。

「はったりばっかり言ってる」っていうことになるかもね（笑）。

えっと、F高ですか。F高は何がありますかねぇ…。F高でやったことは、四つかなぁ。箇条書きにしていきましょうか。一つは高文連の活動だね。それについては、この前も（F高50周年記念誌に）ざっとまとめてはいるけど、また改めてそれはそれで話をしましょうかね。もう一つは、サッカーの指導だね。

―国見倒しましたもんね。

うん、ついにね。

それから、『極星』の創刊ね。それから、カリキュラムの改革。

―やっぱり、F高に異動が決まったのは、ミッションの一つとして、それ（高文連）があったんですか。だからF高だった。

そうだねえ。たぶんあったんだろうけど、それは表向きには誰も言ってくれないので。ただ、異動になったら、「次、お世話になります」って引継ぎをしにいくわけだね、次の校長のところに。そしたら「あぁ、先生には高文連をしてもらおうと思ってるとさね」って向こうが言うから、「あぁ、そういうミッションで行くんだ」っていうのは分かるわけだね。それで、一番大きいのは、県の高校総合文化祭を立ち上げたっていう。

―あ、書いてありました、50周年誌に。

県の高総文祭を立ち上げるとき、すさまじいドラマがあるわけよ。ここで初めて全県的な仕事をするようになるわけじゃん、言ってみれば。こっちとしてはね。今まで、学校レベルの話だったのが、県レベルを視野に入れた話になるわけだ。

そうすると、そういうのが分かってくると、文化部活動が非常に弱いと。各学校の校長たちの認識とか、高文連自体の名前も知らない。「高等学校文化連盟って、何それ？」っ

て。略して高文連って言うんだけど、それを知らないと。そしたら当然、文化部活動のレベルも、目をあまり向けてないわけだ。各学校の校長としては、高総体で「どの競技はどうだこうだ」とばっかり言ってる。野球があれば全校応援に行ったりするけど、文化部にはそういうのがないから。音楽が連合音楽祭というのが5月ぐらいにあって、美術が高校美術展っていうのを秋ぐらいに開催してるんだけど。美術と音楽は教科があるので、それなりに認識はしてるわけだね、各学校でも。しかし、それ以外は認識が弱い。文化部自体も少ないわけだから。そして、組織化されてない、結局ね。各学校で、小さな活動はしてるけど組織化がされてない。一応、その組織化を高文連がしようとしてるわけだけど、あれ（50周年誌）にも書いたように、専門部として少ない。それを認知してもらわなきゃと言ってるんだけど、じゃあ何をやってるかというと、そういうことに関しては、まだあまり意識されていない。じゃあそれは無理だろうと。だから、夏に高総体があるなら、秋に高校総合文化祭、高総文祭を作ろうよということで、県の高総文祭を立ち上げないといけない。高総体の向こうを張るわけだから、当然毎年開催で、時期も決まってて、高総体には県知事とか来るわけだから、県知事、教育長が来て開会式をやるわけだからね、当然それを目指さなきゃいけない。

しかし、校長たちも「高文連って何？」っていうぐらいの認知しかないわけだから、そこに県知事や教育長が来るわけがない。だけど、それをやらなきゃいけないということで、作ったわけですよ。これ、九州各県では、どこでも毎年やってるんだよね、規模はともかくとして。長崎だけやっていない。なぜ長崎やってないかというと、長崎は3年に1回、統合大会っていうのをやってたんですよ。文化部を統合してみたいな、統合大会をそれまでやってて。平成8年ぐらいに始めて。で、3年に1度、三地区、県南、県央、県北の三地区を回って、やってたわけ。言ってみれば、何も組織してない文化部発表会なわけだ。だから、同じ地区に戻ってくるのは9年後で、誰も知らない。（F高に）行った年が平成14年、統合大会の年。

―まだ3回目とかそのぐらいで。

そう、3回目。だから、もう誰も知らないし。で、文化部発表会だよね。僕に言わせると。14年度は島原でやることになってると言われて。文化会館を借りて、近くの高校に「出てもらわないといけないから」って、「生徒たちを出してください」ってお願いに行く。「何ね、これは」って、むこうの校長は知らないから言ってくる。色々説明しながら、あちこちと連絡をとるんだけれど。僕自身は膝の靭帯の手術もあって、その後あまり、手伝えなかった。当時の理事長とか高文連のメンバーが頑張ってくれた。

―1年目に手術だったんですか？

うん。で、もう手術に入った。まあそれはいいんだけど。それで、この1年間はもう、サッカーからも遠のいてたし、サッカー部には別の顧問がいたから、もういいかって。けど、そういう状態で、認知されてなかった、全然、高文連がね。その3年後は17年たい。14年に統合大会があって、3年後。で、その14年が終わって、15年ぐらいになって、サッカー部の顧問も始めるわけだけど。高文連がこのままじゃダメだっていうことで、専門部を少しずつ増やし始めたんだよね。その頃に全国高総文祭の話も来たわけだ。14年度の終わり頃、平成15年の2月ぐらいに、「10年後長崎でやりますか?」みたいな問い合わせも来て。まだ決まったわけではない。問い合わせの段階だったたね。

みんなはそれ(全国高総文祭の話)が来たから動き出したんだろうって思ってるんだけど、その前からもう、こんなんじゃダメだっていうのと、文化部の価値を上げないとダメだって思っていて。長崎県の高校教育は、進学と体育は重視しているけど、文化活動への注目度は非常に低かったんだよね。文化が高校教育の中で低く見られていること自体が、教育の質の問題につながることで。文化を重視する長崎県の高校教育をつくるべきだって思った。

もう一つは、これ(総文祭)を使って長崎県の生徒会を集めようと思ったわけです。結局、各学校の文化祭を作る中核になるのは生徒会だからね。生徒たちが、自分の学校に誇りを持てるようになる、自分の学校がよかったと思うには、自分たちの学校の中で、高校生らしい活動を自分たちでしていって、そして自己実現していく。そういうことを生徒会が中心になってやらないといけないと思って。自分たちの学校で文化祭を作り上げて、そこで自分たちはどうあるべきなのかとか、自分たちの学校の良さって何なのかとか、そういうのを先生たちが関わりながら、子どもたちが自分たちで見出していく。それは全部、E高校の経験なわけですよ。だからそのためには、文化部だけを集めてやってもただの文化部発表会に終わると。そうじゃなくて、総文祭を一つの大会に、きちんとした、一つの大きな文化祭なんだから、生徒が主体的に、高校生の今の思いをアピールしていく拠り所にするべきで、だから総文祭の中に「生徒会アピール」っていうのを入れているんだ。それは今も続いていて。そのために、生徒会を活性化させるっていうことと、各文化部だから、生徒会を活性化させるっていうことと、各文化部を統合して、文化部もすごいんだよって、文化部も力を出してアピールするっていうことと、その二本立てなわけ。

僕の関心はこっち(生徒会を集めること)にあるわけだ。県下の生徒会を活性化させると、各学校は活性化するはずだと。そうすると、偏差値によるヒエラルキーだけじゃなくて、すべての学校の生徒たちが、自分もこの学校に来てよかったと思うはずだと。E高校の生徒たちのように、みんな思うはずだと。このような構想があって、だからこの二本立てでいった。

そうするとね。やっぱり、文化部の関係者が反発するわけ。文化部の専門委員長とかがさ。「文化部は生徒会のものではないだろう」と。生徒会っていうのは、体育クラブも持ってるし、文化クラブも持ってるわけ。学校の部活動というのは、生徒会の所管だから、一応ね。だから、生徒会は別に、文化部に入ってるわけではないんだから、両方やってるんだから、なんで高文連で集めるんだということになる。文化部の関係者は、自分たち文化部が中心となる高文連なんだから、なんでここに生徒会が入ってくるんだって言うわけだ。だけど、生徒会を活性化することが、各学校における文化部を活性化することになるんですよ、って言い続けて。子どもたちが文化の価値を知って、この子どもたちが学校を動かすんだから。この子たちが「文化ってすごいんだ」って価値を認識しない限り、学校の中での文化部の地位は上がらないんだから。学校の中での地位が上がらなければ、活動は盛んにならないわけだからね。だから、学校の生徒たちに、文化活動を認知してもらうためには、生徒会を動かさないといけないということを言い続けるわけだ。なるほどと納得してくれる専門部の委員長もいれば、そうでない委員長もいて。でも、自分たちの発展のために組織しようとしてるんだけど、目先しか見えない専門部長[13]もいたね。

学校には、どうしても偏差値によるヒエラルキーができてしまって、「勝ち組」の学校と「負け組」の学校があって、「負け組」にされてしまった子どもたちがとても厳しい状況になっている。そういうのを解消して、全体的に底上げするためには、子どもたちが自分たちの学校を誇る意識を持たなくてはいけないと思っていた。E高校だって、そういう学校だったけど、だんだんと自分たちの学校への誇りを取り戻していったわけですよ。この学校を卒業してよかったと。それは、実は自分自身への誇りにつながるものだよね。それを、この県総文祭を興すことで、全県下で実現させようと思ったわけだ。それが、高文連の組織を使えばできると。高文連の会長名（F高校長名）で文書を出せば、生徒たちや先生たちを呼べるわけだ。すべての学校の、担当の先生たちも。そういう手がないと、そんな、いくら発想したってできない。でも、そういう立場にいるわけだから、集められる。県高文連とは、そもそも県全体の高校の文化活動の活性化と取りまとめをする組織なのだからね。

まず、第1回目の県総文祭は、長崎地区で開催した。それは高総体も県南・県北・県央って回ってるから、同じように総文祭も回すぞ、と。それで、第1回目は長崎で開催する。この第1回目が貧弱でつまらないものだったら後に続かないで立ち消えてしまうから、絶対に失敗できないって思ってた。

それで、各文化部の専門委員長っていう人たちがいるわけだ。演劇の専門委員長とか吹奏楽部の専門委員長っていう具合にね。それで、この専門委員長さんたちを、まず集める。つまり各文化部の代表者を集めて。それと、研究大会っていうのがあって、高文連の研究大会。県下全部の先生たちが集まって、文化活動の指導の仕方や生徒会活動について、研究発表会をやるのがあって。それまでは誰が来てもよかったんだけど、生徒会主任が来てくれって言ってね。一応、各学校には、高体連担当の先生と、高文連担当の先生っていうのがいるんだよね。高体連担当は体育の先生が多いのと、高文連担当は文化部の、吹奏楽とかその他文化部の顧問の教員が一応なっているんだけど。それまでは、この担当者が研究大会には来てたんだけど、今回からは、それだけでなく、必ず生徒会の担当者も、たとえば生徒会主任を参加させてください、とアピールして。「今年の大会（県高総文祭）は例年とは違うから」って。「これから変わるから」みたいな文書を出して。で、専門委員長は高文連の理事会で集められるから集める。そして、研究大会とかでは、生徒会主任が来てくれと。で、各学校の生徒会主任を呼ぶ。そして、こんなことを構想してるから、さっき言った、文化部と生徒会が合同で、大きな県高総文祭を実現してみたい、と。そこで、さっき言ったように「なんで生徒会がやんなきゃいけないんだ」みたいな話が出てくるんだけど、これは想定内。さっきのようなことをみなさんに説明して、県高総文祭の一歩が動き出す。それがちょうど、今から10年ぐらい前かな。ちょうどこのころに、あの痛ましい二つの事件が起きているわけだ。長崎と佐世保の事件…。

——14年、15年ですね。

人の命を大切にする教育。人の心や人権を大切にする教育をめざさなければならないって。人が人を思いやる、人の心や存在を第一に大切にする教育を回復させていかなければならない。それこそ文化の力なんですよね。教育の中に、もう1回そういうものをしっかりと取り戻さないといけない。そして文化の価値をそこで示していかなきゃいけないって。そのためには、県高校総合文化祭をつくらなきゃいけないいんだって主張したよ。本当に文化の力が試される時だと思った。誰も反対しない。でも、本当にそんなのが始まるのかみたいな話だからさ。いや本当にやるって宣言して。高文連の事務局が中心となって、創っていくことになるわけなんです。

「長崎地区でやるから、こういうふうにする」と。吹奏楽なら吹奏楽の専門委員長がいて、その係が県北・県南・県央に分かれているわけだ。専門委員長が県南にいなければ、県南の係が担当すると。専門委員長の名前は出てくるけど、直接の担当は地元の係がやると。それと、地元の学校がこれだけやるんだから、生徒会の生徒も何人か出してくれと。その生徒たちは、各校に戻っていくんだからと。それで集めて、今度やりたい高総文祭をどんなものにしたいのかっていうのを説明した。今までは単なる文化部発表会だったと。そうじゃなくて、全ての学校が加盟しているんだから、すべての学校の学校紹介を入れるとか。文化部の高いレベルを示す大会なんだから、各学校の文化部の部長と生徒会の生徒は必ず出てきて見るべきだって。そして、自分たちの学校でもそのレベルを目指してほしいと言って。合わせて、総文祭を作るってなったら、文化部の人たちだけでは作れないでしょって。自分たちの練習が精一杯で運営には手が回らないんだから。だから生徒会の力が必要だって。

そして、単なる文化部発表会にしないためには、一つのテーマを設定して訴えていく必要があって。なにが大事かっていったら、そういう事件もあったわけだから、「生きる意味」っていうのをもう1回問い直そうっていうことで、やり始めたわけですよ。だから、ここで、県の高総文祭の原型はできている。ただ、出来ているけど、どうなるかわからないわけですけど。

そしたら、そういうことなんて誰も経験が無いので、「いったいどうなるんだ」みたいなことになって。言い出した手前、やるしかないっていうか。そのころの生徒会の主任の先生たちっていうのは、やっぱり話せばわかる、意識が高い先生が多くて。生徒会担当の先生たちの多くは生徒思いだし、その先生たちが割と協力してくれたね。こういう意図があるんだって。本当に子どもたちが自分たちの学校を活性化していくためには、こういうことが必要だって。そうして生徒会を集めていくわけだ。

その頃、具体的に言うと、学校によっては変なきまりがあって。「三つの学校が一緒に集まって交流してはいけない」とかさ、そういうのがあるわけよ。「集会の禁止」なわけね。そういうのを知らない人が多いけど。そんな決まりがあって。なんでダメなのかも誰も知らないわけだけど。でも、「これは三つじゃないんだ」と。「みんな集まるんだからいいんだ」って言いながら、何も言えない。さらに高文連会長名で文書を出すわけだから、先生たちは気付き始めるから。そうやっていくと、理解のある先生たちは気付き始めるから。話をすれば、「こういうことを考えてるんだ」って言えば、「それはやるべきだ」っていうことになって、どんどんまとまっていくわけだ。だからなんていうの、どういうんでしょうかね、「変革を起こそうで」、「うん、起こそう、起こそう」みたいなことで。教育的意図は間違っていないと思うし、そこで文化部を育てていくんだって、生徒会を育てていくんだって、それが高校教育の中で今まで足らなかった、「知・徳・体」の「徳」の部分を育てることになるんだって。そのためには文化が育たないとダメだっていうことで、言っていったわけですよ。それは要するに、格好つけてアジテートしたいわけじゃないけど、立場的にはそうだっていうのと、年齢的にもそうだっていうのもあるけど、県全体を変えないといけないって。高文連っていうのは小さいけど、高体連とか、進研協、進学をやるところとかがあるわけだけど、まだ細くて小さいけど、一本の紐を持っていることは確かなわけよね。だから、発言権はあるわけです、とりあえず。さっき言ったように、文書を出せるっていうのはそういうことだからね。もちろん、僕の名前じゃなくて、校長の名前だけど。もちろんうちの校長、高文連の会長ね、は理解してくれている。校長の名前つけば、動かざるを得ないわけ。もちろん、「何やそれ」、「行かんでよか」っていう学校もあったけど、徐々に徐々に。そういった学校の教頭には、「あなたの学校、生徒を出してないから、出してください」って、「今度やること大きいですからね」とか言いながらさ。一応高文連の理事長だから少しはお願いできる。それを少しずつやっていった。

それぞれの部はそれぞれの活動をしなければいけない。その活動の発表をすることに集中して一生懸命やってほしいって。全体の準備は生徒会が仕切るからと言って。運営や企画はね。それっていうのは、どこにもないわけですよ、そういう方式っていうのはね。

―全国でも？

うん。一方を生徒会が作り、一方は文化部がやってっていう、県の高総文祭っていうのはないわけです。生徒会の生徒は企画から運営をやるわけね。各専門部は活動をそれぞれやるわけだ。結局、学校の文化祭をつくるときに、おそらくだいたい先生がやってるんだけど、本当はそうではなくて、生徒会がそれをしなきゃいけない。そうするように先生方は背後で動かなければならないって言って。

文化祭にはテーマがあるはずで。だから、生徒会の集まりの中に、第2回目からは、各専門部の代表を入れたりはしたんだけどね。こっち（専門部）は自分たちのことを一生懸命やって。だから全体を、要するにマネジメントするのはこっち（生徒会の生徒）がすると。中でプレーするのはこの人たち（専門部）がプレーするんだということで（**図表2―2**）。

図表2－2
「第1回県高総文祭」（県南地区）運営形態(14)

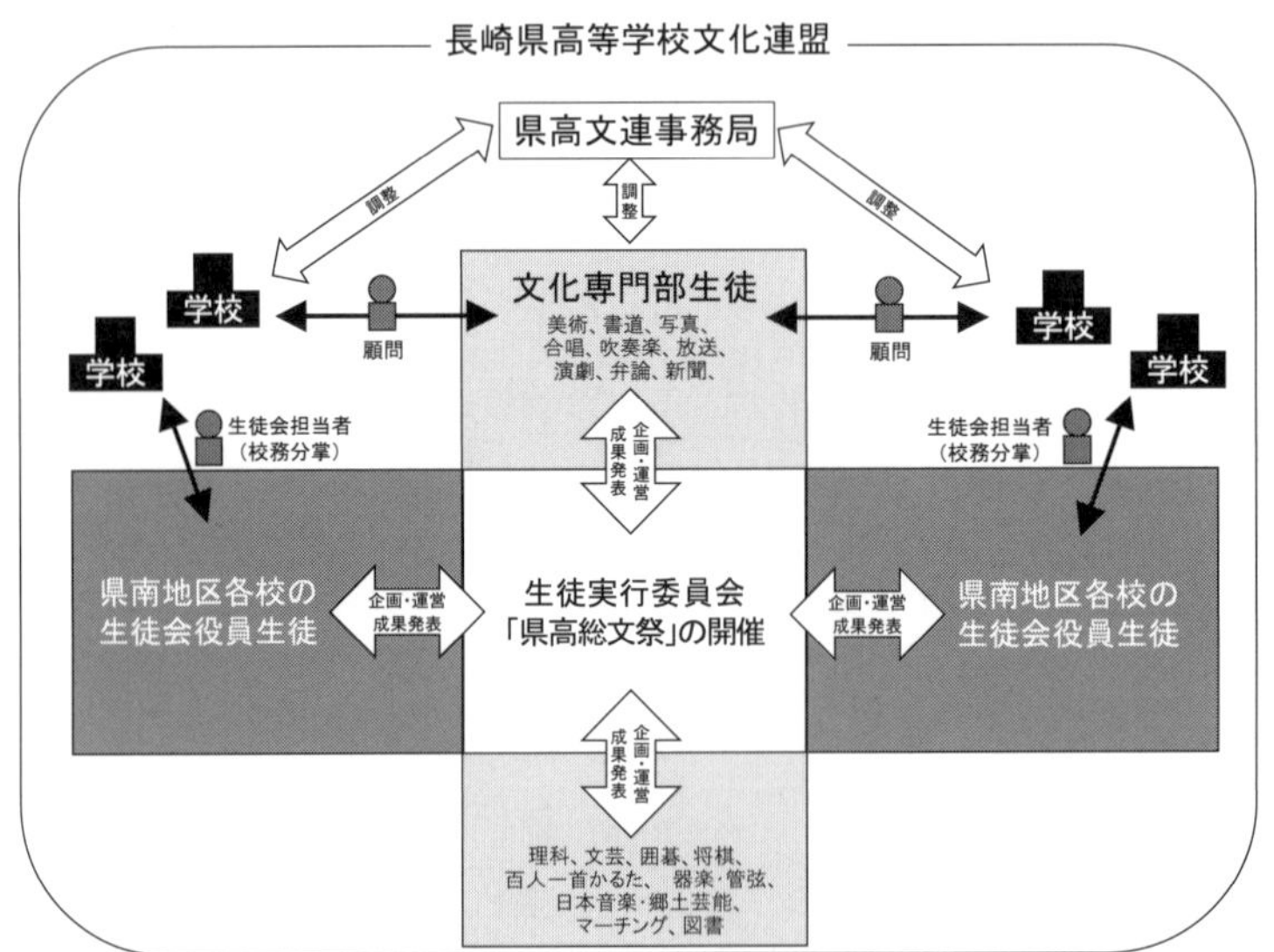

第1回目のテーマは、さっき言ったような理由から、「生きる」というテーマを据えて、そのことに集約していくわけだ。第1回は長崎だね。第2回目は佐世保になる。最初から、もともと構想の中に、生徒会を統一した組織を作るぞというのがあって。だから、この頃はおもしろいよね。何かを創り上げるんだから。もちろん大変だけどさ。

(休憩)

だからね、あのときは忙しかった。本当に忙しかった。授業とか補習とかは当たり前にやるけど、高文連はまだまだ組織化されていないわけだから、そこからはじめていかなければならなくて。でも、だんだん、少しずつ組織も変えていくわけだからね。14年に、「なんだこれは」と思って、ここで統合大会があって。15年ぐらいから少しずつ組織を変えて、整えていって…。で、平成16年だよね、一番は。みんなを集めて動いて、また集めて動いていって。16年で趣旨と方向性を説得しながらね。どういう順番で話をしたほうがいいかな…。

そしたらまた、ドラマチックなんだけど。とにかく大変だった。集めて会議をやるためには資料を作るわけでしょ。会議をやったらすぐ次の会議の準備。終わって帰って、また学校でやるんだけど、帰ってきたらすぐに、次集めるための公文書や資料を作らないと間に合わない。それで、16年に研究大会っていうのが秋にあって。高文連の研究大会ね。これにかなりの気合を入れて、県下全部の学校の生徒会の主任を全部呼んで集まってもらった。

――先ほどの話。

そうそう。でね、そのちょっと前、15年度の終わりのころに、高文連室に行ったらさ、僕の前任の理事長だった先生がいて。そこにね、東京大学大学院の情報学環っていうところから、林直哉っていう人が調査に来てて。長野県の教員なんだけど、長期研修とかで東大の大学院に行ってるわけだ、その時は。メディアリテラシーの関係で本出したりしてるんだけどさ。この林直哉がコミュニティの研究をしてたわけだ。放送が専門なんだけど、放送部関係で、その世界では色々な成果をあげている人なんだけどね。長崎は、全国大会に行く前に、県全部の放送の先生が集まって、あちこちの生徒たちを合同で指導するような体制をつくってるんだよ。だからかなりの成果をあげているわけだけど。昨日の新聞にも載ってたけどね。まあ要するに、全国のアナウンスで優勝したりするわけだ。それはどこかの先生が教えるのじゃなくて、みんなで合宿して、そのときに、一番指導力ある教員が指導できるような状況にある。そういうコミュニティを調査するんだといって、たまたま高文連に来てたわけね、彼が。

それで、「あんたなんでいるの」とかなって。実は大学のときの僕の同級生なんだ、林直哉は。いつも麻雀してた仲間。大学の卒業以来の再会で。まさかの出会いがここで実現した瞬間だったね。「えー、こんなところで会うのか」

と言いながら。まあ、でも実は、映像ではみたことがあったんだけどね。E高校のときに筑波の中央研修に行かせてもらったんだけど、その研修のメディアリテラシーか何かの内容の時に、林はNHKの番組に出たことがあって。彼の実践、彼が作っている映像が写るわけだ。「あいつあんなことやってるんだ」って思ったので、E高校の当時に20年ぶりぐらいに認識はしてたわけ。こういうことをやってるんだって。それでまさかの再会!、彼と。「林、なんでここにいるんだよ!?」って。「福田なんでここにいるんだ!?」って。「俺は長崎の教員だ。長崎にいるのは当たり前だ（笑）」とかいいながらね。話をしてて。それで、じゃあ飲もうかとなって。飲みながら、「実は俺はこういうことを考えているんだ」と。「こんな構想を考えているんだ」と。行動に移そうとしているんだけど、長野なんかは進んでいるので、「長野は進んでるって聞いてるけど、なんかやってるか」とか言ったらさ、「それって、まさに俺がいまやろうとしていることなんだよ」と言いながら。「わかった、じゃあさ」と言いながら、「今度の長崎の研究大会で発表してくれ」って。「それまでに、長野に行くからさ」って。「長野に行って事情を調査するから」とかいって。

そして、3月か4月に長野に行くわけだ。彼は色々なところですごい文化祭をやってきてた教員なんです。県の高総文祭じゃないけど。各学校のすごい文化祭をやってる。林は技術もあるし、なんでもできるし。放送だって機材は使えるし、すごいんだけど。まあ、すごい理論家で実践家。俺はとにかく県全体で生徒会と文化部をまとめたいんだ、と。そのために高総文祭をやらないといけない。そうすることで彼らを変えて、学校を変えていくんだ、と。そういうふうなことなら、林も「じゃあ手伝うよ」ということになって。

長野の文化祭って1週間ぐらいぶっ続けでやるんだけど、こんなすごいんだっていう話を、16年度の秋の研究大会でやるわけですよ。そこに、生徒会関係の先生たちは全員集めてるから、みんな度肝を抜かれるわけ。ベテランの教員の中には、「あぁ、本当はそういうことをやりたかったんだ」とか気付く人もいて。若い生徒会の人たちも、「それっていったい何なんだ」とか。「何でそんなことができるんだ」とか。長崎と長野じゃ違う。本当に違う。信濃教育会がある長野とは違うわけですよ。違うんだけど、しかし、全部真似することはできないけど、少しずつでもさ、長野みたいな文化祭を創っていけるんじゃないかと。

その研究大会はすごくショッキングだったみたいで、とても好評だった。それで、それをもとに「やるぞ」っていうようなことで、生徒会の先生たちをけしかけて、「これを長崎でやるから」とか言いながら。そして、僕の教え子にjさんっていう先生がいるんだけど。D高校のときのね。今高文連の事務局長をやってるんだけどさ。

——あぁ、前回の（聞き取りの）五行歌の。

彼は教え子で、生徒のことを思って一生懸命やるんだけど。当時はQ高校にいて、それで、「やるぞ」とか言って。それで、「君に任せる」って言って。

―生徒会の。

うん。僕は表には出ないけどマネジメントはやってる。教え子を中心にやるんだけど。それで、水面下でずっと準備はしていくわけだ。で、jさんはそのとき、Q高校の生徒会をやってるんだけど。県の高総文祭もだけど、自分の学校の文化祭も、どうやって作っていくか、要するに、オープニングとかをどう作るかっていう話なわけですよね。こういう高総文祭の時には。どういうテーマでどういう風に作っていくかっていう。それで、16年度の終わりの春休みに、16年の秋の研究大会にそういうことをやっていたから、jさんから「林先生を紹介してください」って言われて。16年度の春休みに、Q高校の生徒会の生徒たちを集めて合宿をしたいと。文化祭について学ばせたいと。それで、林君を長野からまた呼んで、1泊2日ぐらいで、Q高校の生徒たちと、F高の生徒会の生徒を集めて、それで、文化祭のつくり方みたいなことをやるわけですよ。

―林先生を呼んで。Q高校に。

それに参加した子どもたちを軸に、県の高総文祭を作ろうという構成にして。で、どんどん作っていくわけ。だから、林君との出会いがないと、できなかったというか、全然違うものになってたよね。

―本当に偶然だったんですか?調査の一貫で来てたんですか?

そうそう。まったくの偶然。それが何というのかな。不思議だよね。でも、この偶然が必然になっていく。それから10年間、林との再びの付き合いが始まるわけ。今でも付き合ってるけどね。林も、「(長崎の)全国高総文祭まで関わる」とか言ってくれて。

最終的には、林から色々と学びながら、生徒会交流専門部っていう組織を、高文連の中に一つ作ったわけだね。これは公に作ってるので、校長たちも生徒を出すのにダメだって言えないわけですよ。そんな組織を作った。これは全国の高文連の中で唯一長崎県だけの専門部組織なんだよ。

ある意味、学校組織に大きな変革が起きているわけですよ。これは面白かったですね。でも、当時はきつかった。僕自身はね。朝補習して、授業はもちろんちゃんとやって、部活では国見に勝たないといけないし(笑)。土日は全部、サッカー部の遠征で、九州中をバスの運転やろ?心筋梗塞ぐらいなるさね(笑)。

だけど、そうしながら高文連も進めるんだけど、お金が無い。動かすための資金が無い。それじゃあっていうことで、長崎の会社とか事業所とかその辺のお店を全部回って。佐世保も諫早も大村もかなりの会社や事業所を回ったね。こんな大きな高校生の文化祭をやるから、協賛してくださいって。「それなぁに?」って言われるけど、「10軒行って1軒協賛してくれればいいじゃん」って言いながら、一生懸命説明をして頭下げて回ってさ。福岡あたりの大学や専門学校も何度も回ったな。最終的には300万くらい協賛金集めたよ。

—第1回の高総文祭に向けてですか?

そうそう。もともと自前の予算は200万ぐらいしかなくてさ。でも200万では足りないんだよね。ブリックホール[15]借りて、練習するのに楽器の運搬代とか色々目に見えないものもたくさんあってね。200万と協賛300万で500万だけど。直接の担当、高文連の直接の担当は学芸文化課なんだけど、「予算が決まってるから」とか言ってそれ以上は出してくれない。今ならわかるけど、そのころはまだ分からないからね。「こんな学校文化に大切な催しにお金を出さないとは、何のための学芸文化課だ」とか言いながら、怒ったり、お願いしたりしながらね。「そんなに300万も400万もかけてやるほどのものなのか」と向こうの担当からは言われる。

—言ってたんですか?

そうそう、言われた。「そうだ」というしかない。でも証明はできないわけだ。初めてだからね。だから、理想を説明するしかない。「そんな急に言われても金は出せない」、「それはそうなんだけど。これはやらなきゃいけないことなんだ。学校現場の文化を育てるのがあなたたちの仕事でしょ」って。「それをやろうとしないとはどういうことだ」とか言ってね(笑)。抵抗勢力、最初は学芸文化課が。やったことないし見たこともないんだから、無理もないよね。そんなに価値があるの?500万も使って、という話だ。こっちも正直いくらかかるか分からないので説得力に欠ける(笑)。教育的価値があるんだから、それは金がかかってもやるべきだという論理しかない。抵抗勢力だったね(笑)。だから、自ら協賛金をお願いして回るしかない。もちろん高文連の事務局のみんなと手分けして回った。みんな一生懸命だったね。

で、そんなことしながら、組織して、実現したわけですよ。もう、学校から文句も言われるし、「なんか最近、生徒会しょっちゅう出て行ってるな」、「何なんだ、いったい」ってね(笑)。当然、文句が来るよね、高文連に。「僕が説得しますから」って言いながら、あちこちの校長のところに説明にも回ったよ。誠心誠意話すしかない。もちろん、わかってくれる校長もいるし。まあ、「文化も体育と両輪でしょ」って、正論をいうしかない。教育文化の意義を懸命に校長たちに説いて回った。体育会系の僕がね(笑)。

いろいろありながらも、何とか文化部もまとめて、生徒会もまとめて。もう、大盛況で、大感動で終わった。こんなのやったことないわけだから。しかも単に文化部発表会じゃなくて、そういう悲惨な事件もあった後に、「生きる」ということをテーマにして、たとえば谷川俊太郎の「生きる」という詩を群読したり、原爆の後の「生ましめんかな」っていう栗原貞子の詩を読んだりとか、感動するようなことを次から次に企画に組み入れたわけだ。最後に生徒会アピールっていうのを絶対に入れなきゃダメだ、と言ってね。今のこの子どもたちが、何を考えて、何を感じて高校生活を送っているのか、生徒たちの主張を、弁論の主張じゃなくて、本音の部分を、劇風にしたり、群読的にやったけど、自分たちで作らせた詩を自分たちで読んだりね。感動的なわけですよ。抵抗勢力だった学芸文化課も、途中から、これはただものではないって思い始めたと思う。課長さんなんかが「それって面白いんじゃないか」などと理解を示してくれ始める。「知事とか、教育長とかをぜひ呼びたいんだ」と。「校長たちはもちろん全部呼びたいんだ」と。そうして最終的には知事さんも教育長さんも全部来てくれた。学芸文化課もおおいに応援してくれるようになって。もともと時の教育長は、県美術館を作った文化派の方だったんだけど。そこで、「長崎文化ルネッサンスだ！」という合言葉ができて（笑）。県下中、今度は追い風になるわけだ、いろんなことがさ。

でも初めてだから、周りに任せてただけじゃできなくて、僕がイメージする感動するものは出来ないわけだ。だから、ちょくちょく口を入れたりしながら。でも実際に取り組んでいる生徒や先生方に感動と達成感を持ってもらわなければならない。その点も結構気を使ったね。「第1回で感動させないと終わる」と。二度と無いと。みんなを感動させれば第2回目、第3回目とつながっていくんだから。だから、第1回目を一番感動するようなものに仕上げよう、と各学校の代表生徒や先生方に訴えましたね。「やっと、長崎の高校にも文化の時代が訪れるんだから、絶対に失敗するわけにはいかない」と言いながら。それで、市の中心部を高校生による大パレードを開催したり。県知事さんも出席してくれた。ここは学芸文化課が頑張ってくれた。

それで、間際になってさ、ステージバックが要るってことになって。大きなステージバックがね。その担当だった教員が、「書く場所がない」って言い出したんだ。だって、ブリックホールの大きなステージに、横20メートル縦10メートル。よく考えれば、どこで書くかって問題だよね。「書く場所がないんですけど」って。「えー」ってなってさ。幹部の教員とも、ファミレスに集まったりしながら。「美術部に書いてもらえばいい」と最初は簡単に言ってたんだけど、とんでもない。書けないわけですよ、そんなに大きなのはね。「体育館で書けばいい」とか言うけど、その間、体育館使えないわけですよ。そんなの無理やんってなって。その、ステージバックっていうのは絶対に必要なものなんですって、林君の講義によるとね。みんなの心を一つにするために。だから「どうするよ」と慌てふためいてね（笑）。そういうことは何回もあるんだけどさ。やりながらね、問題がどんどん出てくるからさ。で、そのステージバックはさ、僕の教え子で、イベント会社を経営してる子がいてね。社長をしてるのが。

—D高校のときですか？

いいや、最初のC高、一番最初。電話してさ。「どうにかならないか」って、聞いてみた。みんながいる前で…みんな万策尽きてたからね。そしたら、「先生の頼みならなんとかしますよ」と言ってくれて。「自分のところではできないから、そういうのを作ってる知り合いがいるから、頼んでみる」って。「うん、でも金なかけんね」とか言ってね。「いくらですか予算は」って聞くから「うん、5万だ」って。そしたら、ケッケケッケッって笑われてさ。「そんなのできるわけないじゃないですか」って。「だいたい、いくらぐらいすると？」と、こちらははじめてだから、相場すらわからない。知らないからさ。「それ、0が一つ足りませんけどー」ってさ。「うそー、50万もするとや!?」とか言って。「安い方ですよ、50万で」って。いまなら大体わかるから、ごもっともなんだけど、その当時はわからない。「なかもん、金」って。「まあ、ちょっと聞いて電話しますから」とか言ってね（笑）。

—むちゃくちゃですね（笑）。

むちゃくちゃ、むちゃくちゃ。そんなことばっかり。「金はない。何とかしてくれー」っていつも電話してる。結局、その教え子が交渉してくれて「5万でいいって言ってくれた」ということだった（笑）。きっと裏で大部迷惑かけたんだと思う。その教え子は何にも言わなかったけどさ。それでね、データを渡して。L高の生徒が書いたポスター、いいポスターなんだけど。「ごめん5万でお願い」って言ってやってもらったんだよね。

それでさ、さあ出来てきた。出来てきたんだけども、もともとは短冊みたいなのに印刷されてるのを、それらを全部縫い合わせるときれいな絵になるわけ。普通だったらちゃんと縫製してくれるんだけど、なんせお金ないから、縫ってはくれてない。仕方ないよね。5万しかないんだから（笑）。そこで「よっしゃ、20メートルを10本縫うぞ！」と言ってね。「ミシンでは縫えないんですけど」っていうから、「手で縫うよ！」って。「えー!?」とか言いながらね。何人もかかって何日も、何時間もかけてやっと縫い合わせていった。ギリギリにやっと間に合ったのを覚えてるね（笑）。そんなこんなしながら作っていくわけですよ、文化祭をね。完成したら、やっぱりすごいとさ。そこにみんなの手形を押すっていうのがあって。最後は県知事さんも教育長さんも来てそのステージバックに手形を押してくれた。

ということをしながら作り上げていった。教え子たちの総決算だね。他の卒業生からも寄付してもらったり。何千円かずつでも寄付してもらってありがたかった。同僚の先生方も、結構いろいろな人が手伝ってくれたりして。最後にはF高の先生たちもたくさん手伝ってくれて。高文連とは無関係の先生たちまで。ほんとうにありがたかった。これは、今までE高校でやってきたことの一つの集大成でもあったんだよね。あるいは、初任校からの同僚や教え子たちに随分助けられた。僕個人の中では、ちょっと大袈裟だけれど、いままで出会ってきた人たちが、もちろん全員ではないけれど、多くの人たちに協力して関わってもらったからできたんだと思っている。まあ、いろいろな人がね。2000人入るブリックホールが、高校生はもちろん、保護者も、招待した中学生も含めて満席になったよ。高校生の文化の祭典に、これだけの人々が集まってくれる。壮観だったね。

（休憩）

（総文祭の）第1回目は校長たちも、全部は来ないけど、まあ3分の2ぐらいは来てくれた。途中で帰ったりする方もいたけどね。でも最初だから、みんなそうやって来て、見て、感動するわけだ。それまでは、いやいや仕方なく来た方もいたでしょう。でも、「あぁ、文化でこういう風に子どもたちは輝くんだ」とか、「生徒にはこんな力があるんだ」とか、さまざまなことを、彼らも知っていくわけだ。そういう衝撃を受けながら、高文連っていうものを認知していくわけですよ、校長たちがね。そうすると、おそらく高校生の文化活動についての意識、認識が変わってくる。少しでもね。そういうのがあって、さっき言ったように、僕なりには、自分の集大成だと思いながら、これで終わっても、後の人が引き継げばいいという思いでやってたんだ。

それで、次の年は佐世保での県北大会、再来年は諫早・大村を中心とした県央大会、そしてまた長崎の県南大会というように、毎年、三地区を持ち回りで。そのためには、各学校の生徒会の代表が全部見に来てほしいと、各学校の代表にみんな来てもらうんだと。そしてそれを観た生徒たちは感動するわけでしょ。帰って、それで自分たちの学校の文化祭も変わるわけですよ、少しずつね。僕は、あちこちの校長先生から、その声を聞いたよ。県の高総文祭を経験してうちの学校の文化祭もだいぶ変わりましたって。それこそがねらいだからね。そういう声が嬉しかったね、本当に。

私立のR高校に、今も付き合いのあるkさんって教員がいるんだけど、R高校もすごく充実してきたって、生徒会活動がね。それまでは生徒会の希望者が四〜五人だったのが、「希望者が20何人、突然増えました」ってさ。男子校なんだけど。

―他校と関われるのが刺激になるんですね。

うん。女子校とも一緒になって創っていくからね（笑）。S高の蛇踊りも、T高校の演劇も、より表に出るようになったし。第1回目の実行委員長はQ高校の生徒会長に任せたんだけど。

―まだいらっしゃるときですか。j先生が。

そうそう。彼が生徒会主任。それで、どんどんどんどんその子は伸びていくんだけどね。

―第1回の時ですね。

うん。それに関わった生徒たちは、どんどん成長していくとさ。ものすごくね。大学も希望のところに入って行くようになるし。そのQ高校の生徒会長の子は、推薦で大学に進学して、自信持って、演劇のオーディションに受かったりアメリカに留学したり。今NHKで、プロデューサーとして活躍してるもんね。第2回目でやった生徒たちも、難関大学にもどんどん入っていくわけだ。東大にも九大にも入っていった。AOとか学校推薦なんかで、見事に合格していく。それで2回目にやった生徒たちが、この生徒会の集まりを「このまま終わらせたくない」というふうに言って、「こういう組織を残してほしい」って言ってた。当初の目的の一つである、県下の生徒会の生徒を集める「生徒会交流専門部」っていうのが誕生したんだ。第2回目の先生方がよく頑張ってくれた。これがさっき言った、高文連の中に生徒会の組織を入れ込んだっていうことなんだけど。僕の当初の目的が達成されたことになった。他はほら、吹奏楽専門部とか、演劇専門部とかいう文化部の専門部で。そこに生徒会交流専門部っていうのを作って、これがあるから「生徒会の生徒たちを出してください」って言える。生徒会の組織が、一つの部活動と同じように位置づけられるような全県的なネットワークを作りたかったのが、ここで完成をした。これで各学校の文化祭や生徒会活動が活性化していく。これは、全国各県の高文連の中で、長崎だけの特色だよ。他県からも何度か視察に来てくれた。自分たちの県も、なんとか同じような組織を作りたいとね。

そういう生徒会の組織の話をしたときに、まだこういう全貌が見えないときに、「それ面白いですね」って言ってのってきてくれる人はいっぱいいる。「それをやりたかったんだ」って。「そういうことが大事だと思ってた」っていう人たちが。それっていうのは、現場側の、教員側の視点なわけですよね、発想なわけ。下から上へのものの見方で、現場から組織していくっていう。全県的にね。格好付けて言えば、E高校のときに「川は下から上へ流れるんだ」ってよく言ってたんだよね。E高校の横には大きな川があって、その川は河口に近いから、満潮のときには川が下流から上流の方へ滔々と流れるように見える。その一つなわけですよ。現場側から作り上げたものだから、みんな共感を持ってくれたのであって。これが上から「こんなのやるぞ」ってなれば、「なんだそれ」ってなる。でも、下からそうやって作っていこうって言う。

2回目が終わって、僕は教務主任になったんだよね。

——平成19年。

そうそう。そこまでして、17年が第1回ね。18年が第2回。ここで外れるわけさ、高文連は。だけど、教務主任をするんだけど、時の高文連理事長が病気になってしまって。ここがまた長崎地区の年なんだよね。17年が長崎、18年佐世保、19年大村、そしてまた長崎。11月に開催しないといかん。もう「僕がしますから」と言って、教務主任しながらやった。もちろん、少しずつ作ってたところもあるから、それをかき集めて整理して。これ（平成20年）が終わって、G高校の教頭やろ。佐世保の回なんだけどね。

—あ、次は佐世保大会か。

そうそう。G高校っていうのは、県北の高文連の事務局校なんだよ。そして県高総文祭にまた関わってしまって。それが終わった夕方に心筋梗塞になった（笑）。

で、このあたりから具体的に「しおかぜ総文祭」を意識し始めるわけですよ。全国高等学校総合文化祭ね。5年前だからもう視野に入っている。

—ここ（F高校）のときに生徒会交流専門部を作って。

今度は、県全部が一つになって。県下の高校全部が一つの「学校」のようになって、高総文祭をやるんだ。でっかい生徒の文化祭をやるんだって。それが本当の長崎の高校文化なんだって言ってね。そういう発想で取り組んでいった。県全部が、一つの「学校」だと。その文化祭が、「全国しおかぜ総文祭」なんだと。

結局、高総文祭のようなイベントがあると莫大なお金が必要になるわけで。そうすると、現場の声が届かなくなりがちなんですよね。先催県の高文連の人たちから聞いてた。それって誰のためにあるのって。誰の何のためにあるんだという。本質っていうのはさ、いつも消えていくんだよね。表面だけが残る。たとえば、高校生の文化活動を盛んにしようって言いながら、全部、作るのは大人が業者に委託して作って。高校生の顔をちらっと出して、「はい。これが高校生の文化です」みたいな感じで。それしかできない。基本的には、先催県の資料を見ながら作るわけだから、予算立てとかなんとかもね。よそはこんなことやってないから、そういう予算は付いてないわけだ。だから、「ここ（しおかぜ総文祭）を動かすためにはお金がかかるよ」って、前々から言い続けて、高文連の会計を変えて、会費も上げて、準備してた。

—G高校の、2010年の段階で。

そう。その前のF高時代からね。高文連にね。

そして、本番では「県下全部の生徒を集める方式でやる」と言った。そしたら、教育庁の担当課は、「そんなお金のかかることを、先催県はやってないじゃないか」って、ダメ出しがくる。「なんでそんな方式でやるんだ」って主張してね。普通にやれば半分で済むわけだから、旅費とか何とかもね。やりかたを変更してほしいと。いや、これじゃなきゃダメなんです、長崎ですから、と主張するしかない。

—1年目ですか？（学芸文化課）着任の。

そうだね。2年目のはじめあたりまでね。色々なもう、鬱になるかもなって思うぐらい。担当課のチームが、十人仮にいるとしたら、五人が教員で五人が行政で構成されているんだけれど…まとめるのに苦労したね（笑）。

—戦えないんですね。

最初、平成17年、18年で、県高総文祭をやってしまえばそれで、自分の関わりは終わるだろうと思ってた。でも結局、高文連との縁は切れなかったので。それに、生徒の文化活動がゆがんでしまったら困ると思ったから。そしたら結局、僕が関わらなければならないということになった。

要するに、「すべてを生徒に委ねる」っていう方式だよね。もちろん裏側では、教員が必死に支えながらね。教員が表に出ないというのはね、僕の母校（L高）の体育祭や文化祭で学んだ。D高でもずっと、それを皆で語り合っていた。生徒の主体性を育てるという点において重要なことなんだ、実は。でも放任じゃだめなんだ。

よその県は、例えば、「高総文祭に参加しませんか?」って言って、生徒たちに公募をするんだよね。「実行委員する人いませんか」って。そして希望者が「はい!」っと言って手を挙げるわけだ。都市部の一部の生徒たち対象。その生徒たちを20人から30人ぐらい集めて実行委員会を結成する。で、あとはさっき言ったように、業者が作ったプログラムに乗っかって、ちょっと窓を開けて、ここに高校生の顔を出して、「はい、高校生がやってます」みたいな。だけど、やってるのは実行委員会だけで終わるわけでしょ。しかも、文化とは何か、とかは、その生徒たちが考えないままに、すでに与えられている。そして、ほかの県下の学校は、本番の会場で、各地区で専門部の大会が割り振られているから、何かの手伝いをさせられるぐらいで終わる。一人一役とかで何か作ってさ、「なに?」みたいな感じで終わる。そんな思いをさせてはダメだって思った。全生徒が文化に関わってるんだと思わせないと。それだとその後、何の学校文化の発展にもならないから、「そんなんじゃダメだ」って言って。だから、「よその県はこういうことをするけどダメ」って。「すべての学校から代表生徒を集めるんだ」って言ってね。「離島もあるし、特別支援もあるし、そんなこと考えられない」って言われる。「よその県のどこもそんなことしてないじゃないか」って。「だからそんな予算は立てられない」って言われる。それに対して、「そんなことをやったって、長崎県の教育文化には意味がない。これはイベントではなく教育だ」って主張する。だから、「これ（しおかぜ総文祭）が終わった後、長崎県の教育文化がもっともっと活性化していくために、何をやるのか、どうやるのかっていうのが大切だ」と言い続けるしかなかったね。さっき言った高文連にこのための基金を準備してたので、少し強気に言えた（笑）。

最終的に迷ったのはね、すべての学校から生徒を集めるとするでしょ。そして、県北・県央・県南って三地区に分かれてあるわけだから、その各地区から集まった生徒たちがその地区ごとに業務を割り振っておいて、それを考え、作っていくという方式。たとえばある地区は「開会式」を作る。また、ある地区は「運営」を担当する。またある地区は「おもてなし」を、というふうに地区別に先に業務を割り振っておいて、その地区の学校の代表は、その業務を必然として担う。

もう一つは、全ての生徒たちが一堂に会し、たとえば「開会式」、「運営」、「案内」と、それぞれの業務に、どの地区からも参加者が存在するように割り振るという方式。だから、例えば「開会式」の業務に、県北、県南、県央の生徒がそれぞれ存在する、というような考え方。要するに、地区が先か、業務が先か、という方式の違いということになるんだけれど。

この両方法のどちらを選択すればいいかには迷った。前者の、地区別に生徒を割り振る方式は、各学校が在る地区で集まればいいので、集合する時間も経費も少なくて済むよね。一方、後者の方は、常に一堂に会するわけだから、業務をする場所まで遠くても行かなければならない。お金もかかるし、時間もかかる。さて、どちらの方式を採択すべきか?さて、どっちの方式をとったと思う?

—各学校から業務をするところへ行く方。

なんで?

—福田先生はそうやりそうだなって（笑）。

（笑）そうだね。業務が偏ってしまうと思ったんだよね、地区別にやると。〝文化祭〟の一部しか学ばない。「開会式」のことはわかるけど、「運営」はわからない。「運営」はわかってるけど、「案内」の仕方はわからない。それじゃあ、やっぱりダメだと。だから、例えば「開会式」を考えて創っていく業務の中に、ここのなかに、県央の生徒も県北の生徒も県南の生徒も入らなければならないと思った。ただそうすると、お金は倍以上かかるわけだ。要するに、縦軸を地区と考えて、縦割りで業務を決めていけば、スムーズに業務が決定され、遂行されていく。しかし、一つの地区の学校は、一種類の業務しか知らないことになる。

縦軸を地区と考え、横軸を業務とすれば、それが碁盤の目のように入り混じる。つまり、どの地区の生徒も、種々の業務に携わるわけだから、いろいろな業務を知ることになる。もしも、自分の学校に戻って文化祭を企画するとなったときに、一つの業務しか知らなければ、文化祭は偏ったものになっていくんだよね。それでは、各学校の文化祭の発展は遅れる。この全国高総文祭が、長崎県の高校生の教育文化の発展に寄与するものでなければ意味がないという信念が僕にはあって。だからすごく迷ったね。でも、その信念を通すことが、長崎の高校生にとっては意味があると思ったんだよね、最終的には。周りは「縦横絡ませるのは無理だ」って言うし。お金も時間も労力もかかるから、と。でも、理解してくれる者もいたよ。もちろん。無理でもやらなければならないって言ってね。それからが大変。「こっちだ!」って言い張らないといけないから。迷う気持ちはいつもありつつね。現場を活かすためには、これ（各学校から開催地）だって。現場が単なるお手伝いさんになったって、それは何の意味もないんだって。それが結局は「長崎方式」って呼ばれて**（図表2—3）**、有名になってしまった（笑）。

徐々に、この方式があちこちの県の高文連から注目され始めるわけだ。「こんなことができるんだ」と。視察も来るようになった。特別支援（学校高等部）の子たちもそれぞれのグループに入って、みんなで協同してやっている、

図表2—3
「しおかぜ総文祭」における「長崎方式」(14)
※図表1－5の再掲

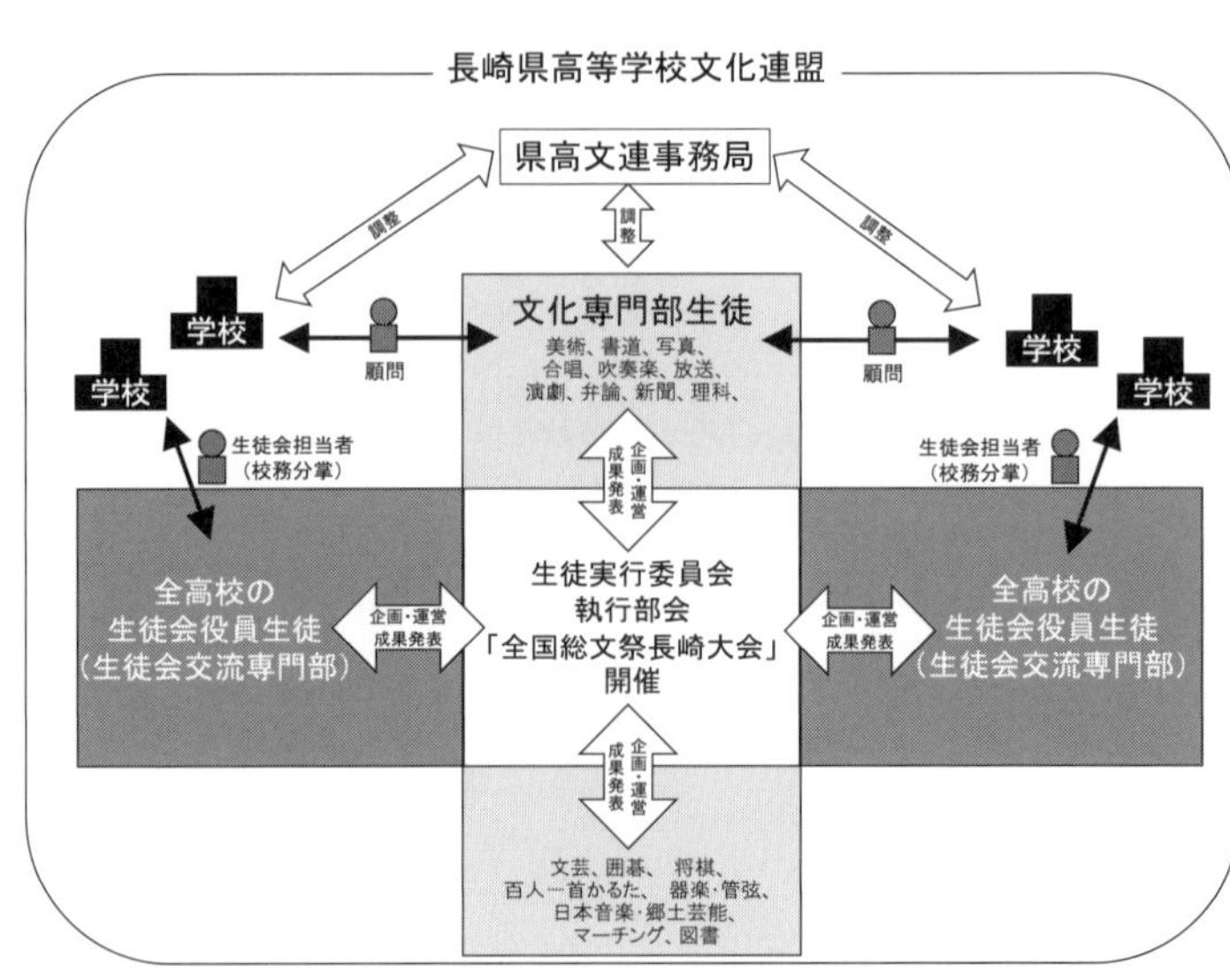

話し合いを。「そんなの無理じゃないんだ！」って、他県の関係者は言う。そこに、とんでもない注目が集まって来て。

もちろん、地元の新聞が記事にしてくれたりもしたんだけどね。裏ではいろいろなことをやってるけどさ。そうしながら。そしたら、最終的には、どの学校も反対しなかったですよね。だって自分たちの学校のためになるんだということがわかってもらえるから。当事者なんだからね。これまでの県では、たとえば「この会場で文芸をやるから、あなたの学校は文芸やってね」とか、押し付けていたわけね。「何でうちがしないといけないんだ」って思うけど、しないといけなくなるわけだ。でも、そうすると嫌々しなきゃいけなくなるよね。最初から消化試合のようになってしまう。そしてたとえば「おもてなし」も、嫌々もてなすわけだ。それでは意味がない。でも、長崎では、生徒会専門部が中心となって、「おもてなし」の仕方を、生徒が生徒に伝えたりするようになった。

でも実際には、大変なわけだ。みんなあっちこっちバタバタして。「それは分かるけど、この方式ではここができない」って言うから。「もう、僕がやる」って言ったりしてね。もちろん一つの方式が、100％優れているわけではなくて。ほとんどの方針というのは、どちらにしても、良い点もあればまずい点もある。しかし、そこからなんだと思うね。理念や思想的によかれと選択した方針の、その困難を引き受けて、どう乗り越えていくのか。それこそが、何

かものを創っていくということじゃないか、と思うんだよね。結局、軌道に乗るまではずっと面倒を見てさ。大事なところでは新聞に出たりしながら。ほかは全部、生徒とか先生たちを前面に出して。先生たちには、生徒が自分たちがやってるという思いをさせないと意味がないと言いながらね。生徒の文化祭なんだから、と言ってね。

そういう、途中からくっ付いて来たこともありはするけど、ある程度ビジョンはあったよね。ビジョンはあって。それを小さくすれば県の高総文祭なんだけど。ビジョンがあって、ビジョンにたどり着くまでに、色々な障害とかはあるけれど。でもそれはやっていけば出てくる障害で、それは乗り越えるしかないわけですよ。色々な手段で。たとえ回り道をしてもいい。障害が大きすぎて、ぶっ潰れることもあるかもしれないけど、でも、そんなことを事前に言ってても実現しないわけだ。ビジョンがイメージされている以上はさ、もう後には引けないわけですよ。失敗したらどうするんだっていうことを、上の方はいつも言う。しかし、失敗したって、こっち（現場）側は、「失敗したら仕方ない」と言うしかないわけですよ。だって、失敗するなんて思っていないから。「仕方ないというのは通用しないんだ」っていうのを、さも正しい大人の論理のように言うけど。でも、最終的に、まあ、生徒がやる以上、何かが生徒に残るわけだから。「失敗」っていうのはないよねっていうのが、こちら側の根幹にはあるわけでさ。ただ上的に言うと、体裁よく成功するかどうかが問題なわけだ。生徒がどう育つかとか、そこで何を学ぶのかなんて、まあ直接関係ないわけですよ。本当はあるけど、二の次になってしまう。どうしてもね。これが外側から見て、成功だって言われればいいと。言われなければならないと。ところが、教育的に考えると、仮にこれが成功だったねって、外から見て言われたって、実際に生徒たちにとって成功じゃないと意味がない。だからこれを業者が作れば、それは成功の形に見えるわけだ。しかし、中で実際に、子どもたちがどれだけ動いているのかって。どれだけこの子たちが自己実現しながら成長したかなんて、関係ない、とまでは言わないけど、二の次、三の次になってしまうわけだ。手を挙げた何人かの生徒たちは成長したとしてもね、20～30人。だから上はどうしても形から入る。で、中身が意味の無いものだったら、いくら外側が立派だってそんなものはいらないっていうのが現場側なんですよ。これがやっぱり、難しいですよね。まとめて言うとそういうこと。お金を何千万も使って失敗っていうのはありえないんだと。実際、その言い分もわからないわけではないんだ。しかし現場側は、生徒が育たなきゃ、やっても意味ないんだから。たとえ何千万か使って立派な外側ができたって、中身がなきゃ、やらないほうがましだっていうことになるわけだよね。これが一つの行政の縮図だと思うね。誰が悪いということではなくてさ。だから、何かをやりましょうって言って、何かを上から、トップダウンで降ろすわけだけど。それやって、見かけを整えたらそれでいいということになってしまいがちだよね。本当に生徒が育ったのか育っていないのかっていうことの診断は、時間もかかることだし、すぐには問えないというか、問わないわけだね。しかし、第1回目の高総文祭から目ざして来たことの集大成だからね。そう簡単に引き下がるわけにはいかない。だからどうしても相容れないことが生じる。

問題はそこからで。だからと言って、批判ばかりじゃ、何も意味あることが実現しない。だからその相剋をどうやって乗り越えていくのか。そこが本当に困難で難しいところで。山登りの最大の急所は、そんなところだと思うよ。大きな教育的課題を実現するためには、どうしてもその間でコントロールをしなければならなくて。その担当者が教育的か行政的かで課題は風向きを変えていくんだよね。

でもさ、何でも対立してたって、物事は進まなくて。その相剋をどう乗り越えるのか、ということに智慧と努力が必要になるんだと思う。それは妥協ではなくて、止揚だと考えてもいいのではないか、と思うね。

だから、結局、教育改革っていうのはいろんなものがあるけどさ、内側から変えるしかないんだっていう。リスクを恐れたら何もできない。内田樹なんかも言ってるけど、結局、理想をぶち上げないとダメなんだっていうか。理想をきちんと持って、ビジョンをもって。もちろん、上側も思ってるわけですよ。だけど、確かな根拠とか、計算できるものじゃないとダメなんだっていう。しかし、理想があって現実があって。理想と現実を織り成すために組織とか国家とか社会があるんだから。現実だけでよければ、どんどんどんどん、ダメな世の中になっていくしかないわけですよね。本来がどうあるべきか、今はこうだって。理想と現実を織り成していくところに、行政だとか、社会だとか、世界だとかがあるんだから。そのために理想は何度でも打ち上げ続けるしかないんだっていう事だと思うけどね。「そんな青臭いこと言わんで、大人なんだから現実を踏まえて」って言うけど、それは大人の論理だから正しいっていう事にはならないわけでさ。そしたら、いま現実の中で不幸になっている人たちは、現実把握能力がなくて、ダメなやつだっていう事になっちゃうわけですよ。

一つの学校をとっても、そうなるわけで。「そんなの理想論でしょ」っていうけど、「いやぁ、理想消したらどうなるの」っていう。ここから始めなきゃダメなんじゃないか、と思うね。現実がこうだからって、それは諦めにしか繋がらないわけだから。現実はこうだから、生徒はこうだからって。今そうなら、今からどうするかっていう、本来はこうあるべきなんだからって。理想通りにはいかないにしても、そこに少しでも近づくように動こうよっていうのはさ。なんかそんなことが大事な気がしますよね。もちろん理想までは行きつけなくても、少しでも動けば、少しは風景が変わるわけだから。

だからさっき言ったように、理想をイメージしながらやると。だけど現実は違うと。理想に近づくためにはいろいろな障害が起こると。障害が起こるけど、その障害をどう乗り越えていくのかって、どう協力していくのかっていうことが大切だと思うんだよね。で、やっていくと、さすがに理想までは行かなくたって、それをやっていく過程がさ、意味を持ってくる。そんなときに、とんでもないことが出てくるんですよね。予想だにしないことが。副産物というか付加価値というか。でも実は予想よりももっともっと大事なものだったというか。心を一つにすることの素晴らしさだとかね。命の大切さを広いレベルで実感していくとか…。そんなのは最初から予想なんてされていないわけだからさ。

ついでに言っておくと、この「しおかぜ総文祭」への参加者数は、見込みを大きく上回って、経済波及効果も試算をだいぶ上回ったんだ。そしてこの総文祭に関わった県内高校生の運営スタッフは、6千人を越えた。だから最終的には、内外ともに「大成功」といえる大会になったんじゃないかなぁ。関係した全ての人たちに感謝してやまない思いですよ。みんなで長崎の高校文化を創造したんです。

だから、(現任校のH高校でも) 劇をつくりましょうって、今盛んに言ってるんだけど、劇をつくるというのはそういうことなんだっていうことだよね。いい劇をつくることはできないかもしれないけど、「劇を作るぞ!」ってやっていく中で、先生たちも生徒も一緒になって、そこで、ああだこうだ怒ったり、ぶつかったり。いろんなぐちゃぐちゃしながら作っていくコミュニケーション、本当の意味のコミュニティというものが生まれてくることが、はるかに価値があることなわけでさ。目標は目的ではないんですよ。いい劇が誕生するか否かではないよね。目標は目的ではないんですよ。目標はあくまでも目標で、目的は、もっと深いところにある。その目標を追求する中に出てくるもの、生まれて来るものこそ、重要な目的に叶うものなんだよね。でも最初からそれは説明できないし、それで説得することも難しい。なかなかね。だからマニュアルのようにさ、こうすればこうなります、生徒たちは仲良くなりますよ、なんていうのはありえないわけですよ。だけど、その近場の理想をめざしてやっていくことが、様々なパワーを産んでいくんじゃないかなと思うんですけどね。そのとき本当の目的に近づいていくわけだよね。

そういうことは、これまで関わった人たちはなんとなくわかってくれている。あなた (畑中) がテーマにしている「暗黙知」じゃないけど。そしたら、関わった人が次のところにいって、「このままじゃダメなんじゃないか」ってなったときに、じゃあ何かやろうよって。そのとき周りが、「こんなことやって何になるんだ」って、「そんな理想論じゃできないんだ」って言ったとしても、「いや、でもやらなきゃならない」とかいってやりはじめれば変わっていくだろうということがわかってる。だからある意味、「生徒を、生徒と」と言いながら、実はこの生徒を連れてくる先生たちへの問題提起だったんですよね。ここでいっぱいの先生たちが育ちましたよ。全国高総文祭をやっていくなかでね。一部の生徒が成長しただけではだめで、全部が育たないと長崎県は変わらないから。視野を長崎県全部に置いている以上は、全部を集めるしかないわけです。そういう戦いだったね。

でもそれは全然表に現れないわけだからさ。何もなく消えていく。だから、こういう記録を残すことには意味があるんですよ、実は。ものすごくね。裏付けも必要だし資料も必要なんだけど。だから、教育行政とか学校経営とかいうのも、結局そういう事なんじゃないか。だから、あなたのあれでいけば、「暗黙知」をどうやれば「暗黙知」でなくすることができるのかっていうか。具体的なものに移し替えていくのか。移し替えられるのか。もちろんいくつか方法はあると思うんだけど。

この前も言ったかもしれないけど、誰が、どういう風に言えばいいのかっていうのもね。どうすればそういう教師を育てることができるのかとか。例えば、教師Xも教師Yも教師Zも生い立ちは違うわけで。でも、その人たちが、ある部分は同じものを持たなきゃできないわけですよね。あるいは、強力なXがいて、Xが言ったり説得したりするのを、YやZが「そうだ」って思って、同志になる。最初は反対するかもしれないけど、「よっしゃやろう」っていうことになる。人間は同じじゃないんだから、生い立ちとかなんとかを揃えることはできない。学校には、企業みたいに、絶対的な基準がない、利益をあげるっていう基準がない。そのなかで最終的な目的とか価値っていうのが、教育の場合は別のところにあるわけで。目に見える形ではないから、この目的っていうのがね。企業だったら、利益が上がったか上がらないかっていうある意味明確な指標があるから、その「暗黙知」自体が正しかったかどうかっていうのは検証ができるけど。いくらPDCAっていっても、そんなPDCAやってる暇ないわけですよね、現実的にはさ。「PDCAやらなきゃ」とか言ってるけどさ、それは、第三者がやることで。まあ管理職はやらなきゃいけないかもしれないけど。やったからって、そこに具体的なものがあがってくるわけではなくて、そこに流れているのは、何となくの方向性ですよね。

その何となくの方向性というのは、何となくは何となくなんだけど、何となくっていうのは、案外、雲を掴むようないい加減なものじゃなくて、ある何らかの「勘」みたいなものがあって。その「勘」みたいなものっていうのは、案外正しいんだろうって思うんですよね。いまここで具体的なことで論証できないけども、何となく正しい。その「何となく」を上は説明しろって言うだろうけれど、説明できないし、それを説明しようと思ったら、何人もの学者がかかって、まとめて、やっとこさ証明できるか、それでもできないものかもしれない。

でも、そうじゃない。そう言っちゃうとさ、身も蓋もなくなるんだけど。でも、そんなのをかぎわける〝感性〟みたいなものがあるんじゃないかなと思う気がするけどね。その〝感性〟みたいなところに、共感、シンクロすると、YもXのように、ZもXのようにっていうのがあるんだろうね。そのシンクロを、何をやってシンクロするのかっていうのは難しいですよね。難しいけど、そういうのって、〝感性〟の問題なんだろうと思うんだよね。だから、理屈じゃ説明できないところがある。

でもね、面白いよ、少しずつ少しずつ。大変だけど、あれもせんばとか、これもせんばとか、あれも忘れとったとかいいながら、なんかこう、ある方向に流れていって、それもちゃんとゴールがあるから、とりあえずのね。これはね、ダイナミックですよ。ダイナミックな潮流というか、流れに乗れれば面白いんだけど。面白いっていうか、変わっていくんだろうけどね。〝感性〟の一言で言ってしまったらおしまいなんだろうけれどね（笑）。でもまあそうなんですよね。それを、「なんとなくの〝感性〟」じゃないものにするのがあなたたち研究者の仕事でさ。僕は感覚的な〝感性〟って言ってしまってるけど、「そうじゃなくて」って。「こうなんじゃないか」っていうのを跡付けていくことが学者の仕事で。それができると、ほぼ完成するのかなって思うね、教育学がね。

その形の一つが「学びの共同体」なんじゃないかと思うんですよ。でもまだ、いくつか違う視点を付け足せるような気がするんだよね。「学びの共同体」をもっと作り変えられるんじゃないかと思うけどね。これが絶対ではなくて。少なくとも、「学びの共同体」で学校運営の全てをやることはできないと思っていて。授業はできても。そこで生徒たちが落ち着いて学んでっていうことはできても、「学びの共同体」で部活動はできない。部活動は問題にできないでしょ。練習の仕方はできてもね。他にも例えば、集会に参加するとかいうことができないわけよね。生徒指導は、まあ、服装は何とかなっていくことはあるかもしれないけど、それをやれば自然と服装も良くなっていくと思うんだけど、なんかね、まだ足りないというか。あれ（「学びの共同体」）が入ってきたからって、じゃあうちの学校は完璧になるかっていうとならない。分からないけどね。たぶん。

4月から、論理コミュニケーション、論コミっていうのを総合学習の中に入れようと思ってるんだけど。

―新しく入れたんですか？

入れた。4月から入れる。「ICT使ってこれをやりますよ」って。これで、話す力を付ける。コミュニケーション能力っていうけど、まあ、話す力をつける。それと、文化祭は一つの軸にしたいと思ってる。ただ、それでね、もう一つここに、イメージ的に、ここに何かがもう一つ必要だと思うとさね。この三つを全部統一するところに「学びの共同体」があるんだと。あともう一つ、なんかイメージできないんだけど何かがあって。もう一つないかなぁって。

—論コミは表現していく手段を身に付ける場なんですよね。

そうそうそう。手段。

—論コミは基礎なんですよね。

これ自体は基礎から応用まで。最後は「ことば」なんだよ。「ことば」を語り合う文化とか、「ことば」を大切にした文化の総合が学校だと思うんですよね。

—論コミに発信も入っていくんですか？自分で研究したことを、外に向かって発信していったりとか。

あー、そうだね。入らないね。現実的に人に見せることはあっても、っていうことは発信か。自分たちでしたものを、外に発信していく何かを。そっか。さすがだね。何やったっけ、経済産業省の。

—「社会人基礎力」とは違いますか？（スマートフォンで調べる）アクション、シンキング、チームワーク。

それそれ。これだ！

—前に踏み出す力、考え抜く力、チームで働く力。

論コミが考える力に当たるんだね。文化祭がチームワークね。もう一つがアクションか。実際に行動に移しましょう！という話だね。例えば何をやる？もちろん文化祭をするってあるけど…もっと何か欲しいね。例えば、ボランティアでもいいわけだ。自分たちの学校から、地域へ。ただ自分たちの中だけで自己完結したらダメなんだと。だから、社会に向けて何をやるのか。大きな意味でキャリア教育か。大きな意味での。そういうことで成長して、また自分を磨いて、またチームワークを磨いて、また進んでいくんだと。この根っこには、そういうのを支える、この三つを支えているのが「学びの共同体」であると。

—授業ですね。

（休憩）

もちろんそれぞれが、別個にはたらくのではなくて、関連しあってはたらく。授業が全部繋げてるっていうことだよね。だから、授業から発信していく。総合的な人間力を付ける。総合的な人間力とは何かというと、主体的に社会に関わっていく力。社会に有用なんだけど。現状肯定派じゃダメなんだ。

—現状を変えていったり。

そう。本当の意味で、民主的な、主体的な人間を育てるっていうことになる。イデオロギーではなくて。コミュニケーション力っていうのは、例えば、英語がしゃべれない人が英語がしゃべれるようになるとか、普通はそういう風に捉えられる、そのレベルなんだけど、本当のコミュニケーション力っていうのは、心を通わせることが出来る力を本当のコミュニケーション力っていうんだろうと思うんだよね。普段から仲のいい人とあれこれ話すことをコミュニケーション力とは言わないよね。そうではなくて、普段あまり話さない人とか、知らない人とどのように理解し合っていくのか。それが本当のコミュニケーション力だと思うんですよ。だからそこまでを視野に捉えないとダメなんだろうと思うんだよね。

　多分、僕もまがりなりにも今までいくつかのことをさせてもらってきたのは、たぶん、チームを作る力が多少はあったからだとは思うね。それをどうやって作り上げていくのかっていうのはうまく説明できないけど。よくリーダー論とか言われているのは、理想を掲げることができる、それをきちんと説明できるのが一つだと。それがないとやっぱり、人はついて行かない。その理想は、1km先の理想でもいいし、10km先でもいいし、10年先の理想でもいいわけだけど。きちんとした理想を提示できて、そこを、その理想を実現する道筋を、全部説明できればいいけど。まあ、その理念は必要なんだろうけど、実際は「何となく」だよ、それって。理想にいく理由を理屈付けていくけど、「何となく」しかできない。証明してるわけじゃないからさ。証明できるものは、理想とは言わないんだよね、逆に言えばね。それを〝感性〟とさっき言ったけど、それっていうのは、そんなに捨てたもんじゃないだろうっていうのはあるよ。そのときに証明はできないけど、いろいろな本を読んで学んだり、色々な経験をして、その中で、今となっては〝勘〟みたいなものなんだけど、その裏づけっていうのはいっぱいあるわけよね。それが知識だったり知恵だったりするんでしょうけどね。そういうもので、だから〝勘〟だとか〝感性〟だとかと言ってるのは、どれぐらい勉強してきて、どれぐらい本読んだり研究したりしてて、どれぐらい体験して実践してきたか。そういうものの収斂されたものが、一つの〝勘〟だとか〝感性〟だとかいうものなんでしょうからね。

　アクションでいいんだ。行動力だもんね。行動力、実践力。…実は文化祭のなかに全部入っていると思うんだけどね。共同作業していくんだから。

—そうですね。最後に発信したり。

　三つあって、その下を、「学びの共同体」が支える。円錐かな**（図表2—4）**。

　そう考えると面白いよね、学校経営って。思い通りにならないから大変なんだけど。「なんでそんなことをしないといけないんだ」みたいなのがさ。授業を急に変えてくれっては言えないよね。まあ、ごまかすところはごまかしていいさ。「今日はきついから」とか。でも、たまにはやらなきゃ。

　これで完成だな。アクション。何をさせるか。あの生徒たちに何をやらせるか。一方では進学も就職もさせなければいけないからね。進路実現もアクションに入るって。そう、社会を変革していく力じゃないとダメ。状況を切り開いていく力じゃないと。

—地域を変えるとか。どんどんどんどん過疎化していって

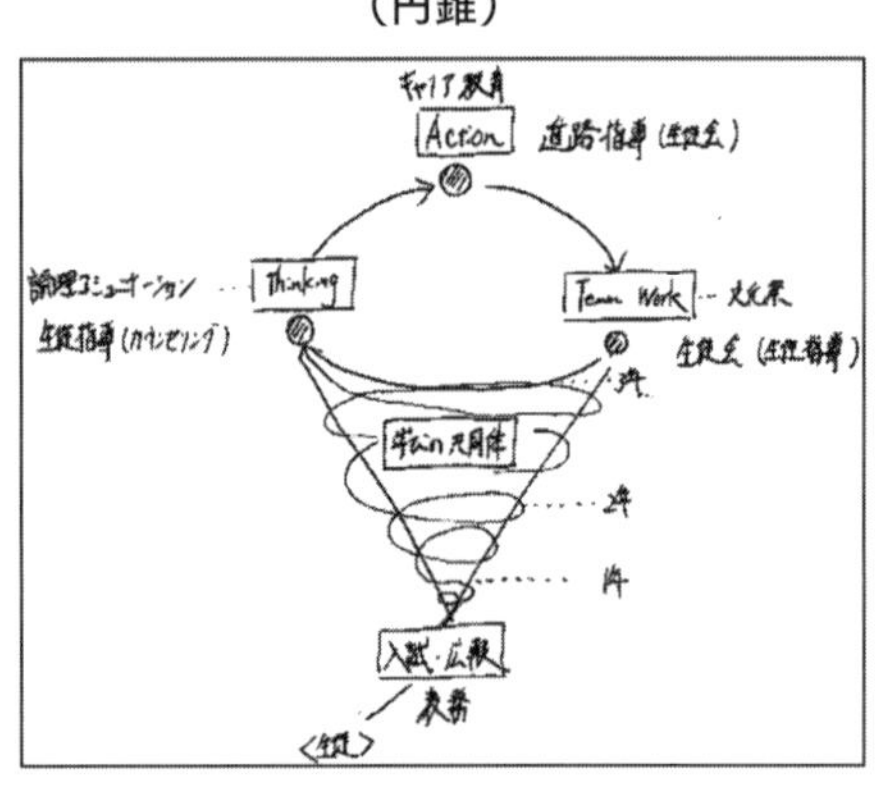

図表２－４　インタビュー中のメモ（円錐）

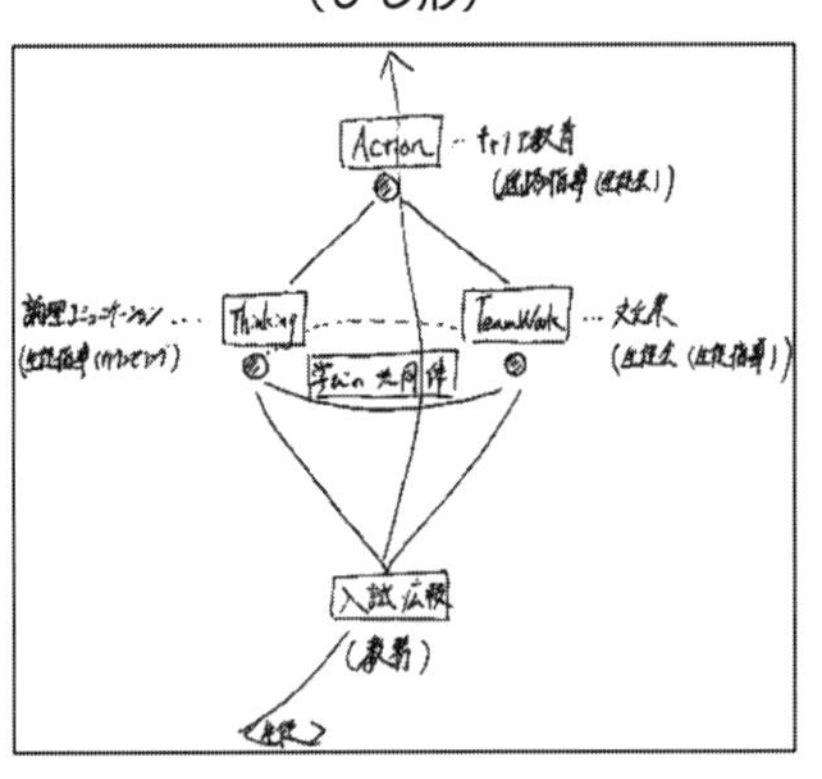

図表２―５　インタビュー中のメモ（ひし形）

いる地域で、ただボランティアするっていう、ごみ拾いして回るとかいうボランティアじゃなくて。

　そうそう。まあ、最初はそれから入るけどね。とりあえずそれはやるけど、じゃあどうやれば、ごみが散らからなくなるのかとか。そういう具体的な動きになっていく力よね。

―生徒が発信したりすれば、影響は大きいですよね。それで動いたら自信に繋がりますしね。自分たちの行動が地域を変えたっていう。

　できれば分掌に投げたいんですよね。校務分掌っていうのは結局、教務、進路、生徒指導っていうのはどこも変わらない。うちの学校の特色として生徒会を残したので、H高校にはその四つ、分掌がね。それがそれぞれにはまり込めばいいなぁと思うんだけど。まあ、ここ（アクション）を進路といってもいいのかなぁ。

　これ（＝「学びの共同体」）は授業と絡むから教務ではあるんだけど。文化祭は簡単に言えば生徒会だよな。あとは進路と生徒指導。昔とは違って、発達障害とか状況を理解できない子とかが多くなってるから、そういう子どもたちには生徒指導のカウンセリングが必要で。論理コミュニケーションを生徒指導部がやるっていうのはちょっとピンとこないよなぁ。この社会化とかアクションとかいうのを、進路でもいいのかなぁとは思うんだよね。単に今までの、就職進学だけじゃなくて、これも含めて、色々な子どもたちをどう社会のなかに送り出していくのかって。最後の出口のところでね。

―進路はアクションですね。

　論コミを生徒指導っていうのは合わないかな。

―本当の生徒指導なんだって捉えれば。

　コミュニケーションとかね。括弧してカウンセリングって入れておいて。

―自己対話みたいな感じですよね。自己内対話。

　自己内対話だね。丸山眞男か。それぞれの担当が決まった。いいじゃん。キャリア教育とかインターンシップとかは進路。

広島の安西高校に今度行くけど、安西高校も、「学びの共同体」を通して、コミュニケーションがとれる子どもたちを育てたいというのが趣旨さね。そこら辺は一緒になるんだろうと思うんだけど。

―一歩先ですよね。コミュニケーションとるので終わるのじゃなくて、社会を変えていくと。

そうそうそう。そこを入れたいわけよね、ちゃんと。アクティブなところだよね、大事なのはね。ボランティア活動って言ったら普通、生徒会なのさ。アクションも、普通は生徒会が担当なわけですよね。でも、文化祭とかは、生徒会を外しては考えられないので。二つずついれたらどうなる？例えばアクションのところに、でも、二つ入れたら生徒会がさせられちゃうよなぁ…括弧で生徒会って入れてみて。

論理コミュニケーションだけちょっと異質だよなぁ。国語科が主になりそうだもんね。でもこれを教科に還元したくないわけですよね。生徒指導と括弧で入れるとしたら、そこに進路も入るのかぁ。チームワークの生徒会のところに、括弧して生徒指導を入れる。

―でも結局そうなりますよね。繋がってるっていうことを本当に意味するなら。

教務はその根幹ということでいいわけだな。まあ、こうすれば少しは、偏りが解消されていくだろうね。論コミも含めた、活動体が。

―その一つの手段ですよね。

そうそうそう。チームワークには、弁論大会だとか、色々もってこれる。文化祭とか、学校行事。アクションが、キャリア教育全般。キャリアに全部入るわけよね。ここに、変革していく力がほしいよね。ここは、授業。学び。これは教務が支える。いいんじゃないですかね。生徒会と生徒指導。生徒指導と進路指導。

―カウンセリング含む。

いいんじゃないでしょうか。（**図表2―4**を見ながら）出口と入口。入試か。ひし形で、「学びの共同体」が真ん中にどんとあって。上に出て行くんだ、活動を通してね。で、出口は進路を保障しなければいけない。どんな子どもを育てるか。全部に学びがいきわたっているんですよって、「学びの共同体」として。どっちがいいかな。円錐（**図表2―4**）とひし形（**図表2―5**）。

―入口は。教務になるんですか？入試？

ここは教務。入試には当然、広報も入るわけだ。逆錐がいいかな。分かりやすい。支えているのは学びで。もちろん入口は教務がやるしかないからやって。だから、ここは丸じゃなくて、この円錐自体が全部「学びの共同体」でっていう捉え方でいいわけだね。これが全部「学びの共同体」であって、その中に具体的な現れ方として、これ（論コミ）だったり、これ（文化祭）だったり、これ（キャリア教育）

だったりするんだけど、これらが密接に連関しているんだと。密接に連関してこれらを支えているのは、ここの「学びの共同体」なんですよっていう。ここにどんどんどんどん学びを注ぎ込まないといけないんですよって。ここで学びを注ぎ込んでいくと、ここが充実していくんですよって。こういうのをトータルしたなかで、こういうのを通して、どういう生徒たちを輩出したいのかって。逆フラスコか。「長崎方式」じゃなくて、「H高校のフラスコ方式」。これでいいんだ。

―いいですね。わかりやすい。

「H高校の3年間」ってね。

(休憩)

キャッチフレーズとしてはどうなるかな。〝ことば〟は入れたいな。〝ことば〟と教育。安西高校はどうしてるのかな。(スマートフォンで調べる)「平成19年からは、「安西の学び」として、コの字型に机を配置し、グループ学習を取り入れた「協同的な学び」に取り組み、「学びを大切にする生徒」の育成を図っています。また、挨拶や言葉遣いなどの対話の基礎を大切にし、お互いを尊重し協力して課題を解決できる「対話を大切にする生徒」の育成にも取り組んでいます。」

―一言じゃないですね。「学び」と「対話」なんですね。

いいじゃん、「学びと対話を大切にする教育」。いいね。「学び」なんだ。そして「対話」というとコミュニケーション。〝ことば〟を出したいけどなぁ。

―「〝ことば〟を通して」とかですか。

「〝ことば〟を通して、〝学び〟と〝対話〟を大切にする」もう少し、「〝ことば〟が全てだ!」みたいなことを言いたい。「〝ことば〟を磨き」だったらどう?

―「〝ことば〟を磨き、〝学び〟と〝対話〟を大切にする教育」。

〝ことば〟を磨くっていうのは、「心」を磨くっていうことにもなるから。もっと大きな意味も含めて、「〝ことば〟を通して「心」を磨くんだ」と。「心」を磨いて、〝ことば〟は「心」だから。〝ことば〟を磨いて、〝学び〟と〝対話〟を大切にする教育を、我々の学校は実践していきます、と。

―そしてこの円錐。

いいね。「具体的にはこんなことをやってるんです」って。そして、どういう人間を輩出するかというと、「平和で民主的な社会の形成に有為な人間の育成」。平和で民主的な社会を作るためには、現状を変革しないといけない。

―アクションですね。

従順じゃなくて、創り上げるために。平和で民主的な社会・地域の形成に有為な人間の育成を目指すんだ、と。そのためには、これだけのこと(Thinking, Teamwork, Action)が必要で、キャッチフレーズとして、「〝ことば〟を磨き」っていうのは人間性を磨くんだと。「〝ことば〟を磨き、〝学び〟と〝対話〟を大切にする教育」。いいじゃん。これでいこう。

「〃ことば〃を磨くとは何なのか」っていうことよね。「心を磨くことだろう」って。「心を磨くとは何なのか」って。「人のことを思いやることだろう」って。

「〃ことば〃を磨き」がシンキングで、ここ（〃対話〃）がチームワークで、〃学び〃がアクションだ。いいじゃん、これでいこう。できた。県教委にこれで持っていく。うちの学校はこういうことをしたいんだ、と。目的はこういうことだ、と。だから、論コミと「学びの共同体」を入れる必要がある、と。

そしたら言いたいことが入る。〃ことば〃をとにかく大切にしたい。だから、勉強じゃなくて〃ことば〃なんだ、と。〃対話〃というコミュニケーション能力は、心のコミュニケーション能力。いい心を磨いておかないと、コミュニケーション能力やチームワークはできない。そしてアクションする力を付けていく。大切にするところがアクションということで。安西高校をちょっともじってるけど、まあいいだろう。

―先行事例を踏まえていくことは大切ですよ。ビジョンができましたね。これからいかにして共有していくか。

面白いね、この図で言えば、当然、輪切りにすれば、1年生のときはまだ成長が少ない。2年生ではもうちょっと円が大きくなると。3年間でこんなに大きくなるんですと。あるいはこれを螺旋にしてもいいね。螺旋状に3年間進んでいく。そして社会に出て行く。子どもたちは大きく成長しますって。いいじゃん。やるね。やっぱり畑中師匠がいると。

―ほとんど先生のアイデアですよ（笑）。

いやいや、一緒じゃないとできない。命や人権も、〃ことば〃を磨くに入るね。人間性を磨くっていうので。「〃ことば〃を磨き、〃学び〃と〃対話〃を大切にする教育」と。

―これ（〃ことば〃）が、人権だったり、命だったりする。

そうそうそうそう。心、命、人権。学ぶんですよって。授業は勉強じゃなくて学びなんですよって。そして、コミュニケーションでチームワークをつくっていくんだって。人と人との関わりを育んでいくんだと。だから、対話をしましょうって。「〃ことば〃を磨き」っていうところに全てが入ってくる。僕は国語科だからね、これは入れざるをえない。

―根幹ですよね。「〃ことば〃を磨き」っていうのが。国語科でなくとも。教育の。

根幹、根幹。人間尊重の精神に則っているから。「人間尊重に則り、〃ことば〃を磨き、〃学び〃と〃対話〃を大切にする教育実践」。これが本校の目標ですと。どんな子どもであっても、一人ひとりの子どもたちを大切に育てていきますと。

僕は、結局は性善説に立つ大江健三郎を支持するんだけど。結局、根っからの悪人もいるかもしれないけど、教育の場合はさ、性悪説には立てない。立ったら成り立たない。現実的にいるかもしれないけど、そういう根っからの悪人が。でも、やっぱり、立たなきゃいけない、性善説の側に。育てばよくなるんだって。

―「変われる」っていうこと。

そう。そこに、その立場に立つしかない。

―そうじゃないと。**教育の意味がない**。

だから、今どんなダメな人間だって、育てるんだって、うちの学校にくれば育つんだって。どんな子どもも大切にするって。少なくとも高校だから、社会に出していかなければいけない。社会に出て、社会を形成する人間として育てていかなければいけない。それが使命だって。

　きれいごとだけど、きれいごとを教育が捨てたらどこがそれを背負うんだってことだよね。よく上に怒られていた。「お前が言うのは理想論だ」って。「教育の場で理想を言えなくて、どこで理想を言うんだ」って、そんな時は応えていたね、若いときには。「正論ばっかりでは、世の中成り立たないんだ」ってよく言われたけど。まあ、わからんこともないけど、しかし、正論ができるかできないかを、まずやってみて、出来なければグレーを認めるけれども、やろうともしないで、最初から黒を肯定するような教育は間違っているだろうと思うね。

　グレーゾーンの大切さっていうのはあると思うんだよ。それは言い訳じゃなくて。黒か白かにしてしまうと、黒が白の世界を侵食していく危険性が出てくる。白の世界に黒がどんどん侵食して、白の世界が狭くなっていったらまずい。そのためには、本当は白の世界で黒のところまでいくのがいいけど、それは最初からは難しいから、その間には、「まあ、その程度だったら認めなきゃね」っていうのがあるんだっていうことを受けていかないと、人間社会もうまくいかない。そこはグレーとして。でも、白でもないし黒でもない。そういう積極的第三局があるんだっていうことを、みんな持っておかないと。それは一つの人間の知恵だから。それをあまりにも何か、しゃきしゃきしゃきしゃき減らして、白黒つけようぜとかいって、そこで、生きられなくなった人間がいっぱい出てきているんじゃないかと思うんだよね。そういう、にっちもさっちもいかなくなって。じゃあ、確かに、どこまでグレーを認めるかっていうのは難しいところだけどね。でも、すべてを黒か白かでは多分ないんじゃないかな。積極的にグレーゾーンを、ぎりぎりのところで、特例を認めていく。でもそれは、表上はもちろん「やっぱりグレーじゃダメだ」とかはしていかないといけないけどね。白は白だと。社会形成っていうのはそういうことなんじゃないかと思うんですよ。

　海岸で、海と陸としかなければ、侵食は進んで、豊かな生命は生み出されない。砂浜の緩衝のありがたさや生命を育む豊かさはもっと理解されなければならないよね。矛盾する要素が混ざり合うからこそ、世界の川の中洲が、どれだけ豊かな文明を育ててきたか。その中間体というか、グレーゾーンをもっと積極的に評価していかなければならないと思うね。

この前の続きはF高からだったよね。サッカーの指導、極星の創刊、カリキュラム改革。どれにいく?

―カリキュラムを聞きたいです。

カリキュラムでいってみましょうか。

(休憩)

いつか資料で、具体的に何が何時間でっていうのは後でいうけど。まず一つは総合選抜がなくなったと。総合選抜制度がなくなったことで、朝補習がなくならざるをえなくなった。それは遠方から生徒が集まってくるようになったから。遠方から集まるっていうか、いろんな生徒がいろんなところから来出すので、そうなったときに、朝補習ができない。だから、朝補習プラス6時間授業だったのが、7時間授業になる。7時間授業になると、補習の時には、英数国で基本的に毎朝回したりするんだけど。授業時間が要するに多くなるんだから、補習じゃなくてね。今までの単位数でいくと、余剰時間が増えるわけですよね。簡単に言えば、5時間増えるわけだ。月火水木金があって、火曜がロングホームルームで、木曜が総合学習だったわけだ。それは今までの、総合選抜をやっていた時代でもそうなんだよね。総合選抜のときもそう。これ(早朝補習)がなくなったということで、ロングホームルームと総合が7校時に入ったとしても、3コマ増えるんだね。

増える前から、多すぎるところがあったんだけど。文系では、英語を7時間ぐらいしていた。理系で数学を7時間ぐらいしてる。だから、1日2時間の日があるんだよね。補習も使ってるからね。そんなに要らないということがあったりして。だから、この増えた三つの枠の二つを、自由選択の時間にしましょうと(**図表2―6**)。

今までは、英・数・国がプラスで、補習がなくなったからということで加えてたわけだ、プラスで。加えてたけど、要らないと。理系は科目数が多くて必要なんだけど、文系はいらないと。そういうときに、じゃあどうするんだって。いらないっていっても、普通の学校では「それでもやれ」っていって、「多くやればそれだけできるようになるんだから」っていうことだったけど。子どもたちの中には、基礎ができてない子とか、もっと上の方をしなきゃいけない子とか、様々な子がいる。簡単に言えば、その実力に応じた勉強を、基礎が必要なら基礎を、応用が必要なら応用をと分けなければいけないって。分けて、生徒たちの指導をするべきではないかと。

その時僕は教務主任だし。そこで、クラスの中には、この子は数学が苦手、この子は国語ができない、この子は英語ができないっていうような子がいると。だから、そんな子どもたちを集めて追加で授業をしたからといって、ここ(苦手領域)は埋まりませんよって、校長に言って。だから、この子は国語を、この子は数学を、この子は英語をっていうようなことをしないと、その子の全体的なレベルは上が

図表2－6　選択講座制の導入[16]

（現行）

	月	火	水	木	金
1					
2					
3					
4					
5					
6					
7		LHR		総学	

（選択講座制実施）

	月	火	水	木	金
1					
2					
3					
4					
5					
6					
7		LHR	講座	総学	講座

（1）通常の授業を全33単位で設定　→　7校時2時間「講座」の時間を設置

（2）7限の2時間を講座制として設定　→　各科目で2講座を設定して、生徒が自己の目標や現時点の実力に応じて講座を選択する。
＊選択には担任（副担任）が十分に指導に当たる。

らないのではないか、って言って。そのためには、この子たちが自分で選んだ科目をこの7時間目にやるべきだと。

「もう1回中学校の基礎からやり直しなさい」とか言ったって、いつそれをさせるのかって。学び直しをいつさせるのって。朝から晩まで授業をやって、部活をやって、帰って。夏休みは補習があってそこにはいつも新たな課題を解くということで、いつ復習しろっていうのって。口では言うけど、できないでしょう、実際。じゃあ、組織していかなきゃいけないだろうって。だから、余っている3コマの中で、国語の高・中・低、数学も英語も。で、生徒自身が、今自分が伸ばしたいものを選択する。これはもちろん担任が関わりながら促していかなきゃいけない。

それが一つと、1週間に二つやれば、ちょっとは力が付くだろうと。普通だったら、1時間は国語、1時間は数学みたいなことをするけど、そうじゃなくて、半年間は国語をずっとやらせると。基礎なり応用なりを。数学をずっとやらせるというようなことで、2時間をセットで選択をさせる。それを半年で変えようって。半年間経ったら、今度はもう1回練り直して、まだ伸びなかったら同じ教科を取ってもいいし、違う教科とか違うレベルを取ってもいいし。あるいは、得意科目をもっと伸ばしてもいいしってやっていく。半年間の枠で、自ら選択をさせる。自ら選択をすることで、主体的な意識が高まるだろうと。それを2年生からやろうと。1年のときは時間が足りないけど、2年3年は計算上可能だと**（図表2—7）**。

空いてくるんだよね、時間がね。そのときに、どの科目を自分は選ぶのか、自分の得手・不得手はどこにあるのか。将来どういうところに行きたいのか。だから、自分の科目的に何をどう構成すればよいのか。それを2年のときに担任と話し合いをしながら決めていく。もうすでにここに、自己分析しながら自分自身へのメタ認知が始まるんだよね。進路を考えるということは、本来そういうことのはずなんですよ。

そうすれば、進路指導が2年生から始まるんだっていう意識を、2年の担任にも持たせることができる。2年生で

図表2－7　実施の時期・内容（例）(16)

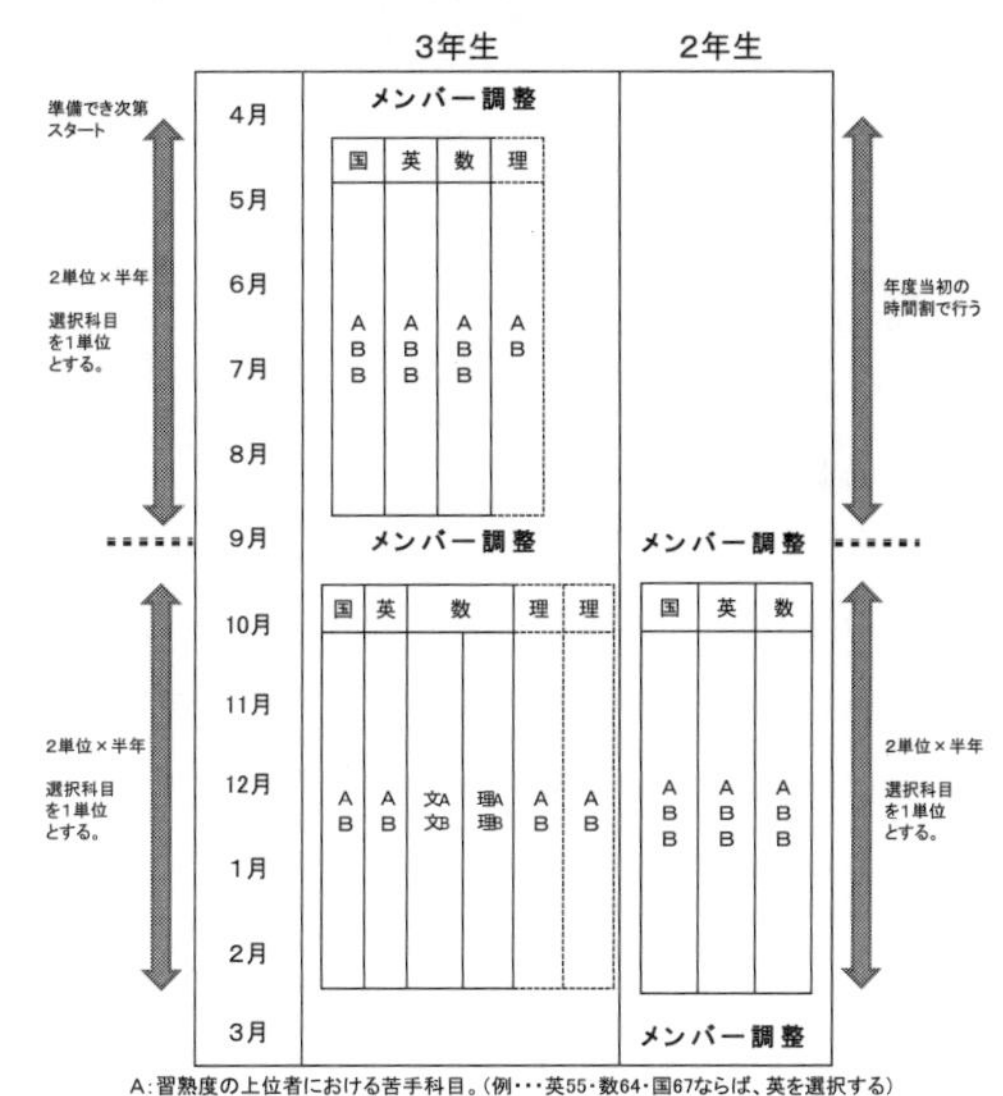

は、「もっと頑張りなさい」とか言うだけだったりする。「英語は弱いから英語を頑張ってね」とか。そうではなくて、きちんと子どものことを見ながら、将来のことを、志望を考えた場合に、「あなたは英語が必要だね」とか、「君はもっと数学だね」とかのサジェスチョンが必要なわけで、そこからすでに、進路指導は始まっているんだよね。なんのためにこの子は数学で、なぜこの子は英語なのか。もっと他に今やるべきことはないのか。そういうことを必然として考えていかなければならなくて。

こういうことを、2年生の後半からやったね。2年の1学期でしっかりそこらへんを面談して、2年の後半から、3ヶ月、半年じゃなくて3ヶ月二コマ。次の3か月で二コマ。2年の後半の6ヶ月と、3年の前半の6ヶ月という風にして計画を立てたわけね。でもそうすると、だいたい週に2時間ずつ全員の持ち時間が増えるわけだ。2コマ。「えー、いやだ」って当然言うわけよ、みんなね。ただ実際は、授業時数が少なくなると、教員数が減らされるんだよね。だから、一人ひとりの授業時間も確保しなきゃいけなくて。そういったことを根拠に説得して。

それで、それをやるために、各教科の副主任、教科主任じゃなくて副主任を集めたんだ。副主任を集めてプロジェクトチームを作って。それを週に1回か2回。それで、あれこれと計画を立てて、最終的には上下二つのレベルに分けることになったんだ。

そうしてやるようになって。生徒との面談の時には、ただ面談するんじゃなくて、どの授業をとるかを決めてくれって。募集を、第二希望か第三希望までとって。それで、3年の1学期ぐらいまでやって。具体的に何をしたかっていったら、僕は上のレベルのクラスをもったんだけど、大学の入試の二次試験の問題をやったね。下のレベルでは、もう1回助動詞をやるとか。上のレベルでは、二次試験の問題を、あっちこっちの大学の問題を週に2日ずつ解いていくわけだ。そうしてやっていくと、ある程度慣れていくわけね。普段、センター試験が終わってから話している内容を、もうすでに、この時点で話せるわけだ。そしたらね、解けるようになるんだよね、そのレベルがさ。その学年は、例年より多く旧帝大系の難関大学に合格したね。たまたまといえばたまたまなんだけど。僕に言わせると、国語の力は国語の力だけじゃないんだよね。英語の力もそこで付いてるわけだな。不思議なんだけどね。教科や学びは繋がっているんだよ、彼らの中では。

でも、これを実現するためには、そんなに小さな学校ではないので、様々な意見が出て。でも、するしかないわけ。そしたら結果が出た。

—全学年でやったんですよね？

2年と3年だね。

—全学年というか、学年全部。D高校のときはある意味、先生のクラスだけだった、オーバス（OBAS）。

これはこれで、大変なんだけど、普通の授業とは違うことを常にしないといけないわけだから。でも、一応、自分で選んできてるし。「自分の弱いところをカバーしたいな」とか、「もっと伸ばしたいな」って思ってるから、授業よりも少し主体的。基礎と応用と二つやったかな？最初三つ構想したけど、先生が足りないということで。一人は空けておかないと、何かあったとき、出張とか何とかでいなかったら応援に入らないと出来なくなるから。結局、体育科の先生も監督に入るということで。

そしたら生徒たちもさ、「楽しい」って言うわけさ、「その時間は楽しい」って。だって、授業で分からないことをひたすら聞いているのと違って、自分の力に合わせてやってくれるわけだ。みんな割とね、目新しいのもあるけど、「面白い」とか言いだして。教員たちも「生徒は結構頑張ってるよ」とか言って、うまくいったわけですよ。教務主任やった1年目。

—全部を巻き込んで、全教員を巻き込んでやったんですよね？

60人ぐらいいるんだからね、教員はね。

—そのプロジェクトチームでは、なぜ副主任を？副主任がある程度若手だからですか？

そうそう。もちろん全体でも説明したけどね。学校の中の受験のやり方が、もう、溢れているわけ、オーバーワークなわけですよね。どれだけ水注ぎ込んだってさ、器が小さいんだからさ、どれだけ授業しても溢れるだけじゃん。溢れるんじゃなくて、弱いところにもっと水入れてやればいい。それをシステムとして作るしかない。それは教務主任だったらできると。教務の副主任も、すごく賛成してくれて。

—これって、ただの習熟度別とはまた違うんですよね？

違う違う。習熟度別は、基本的に、何も考えないから、アッパーのクラスを作ってるから。でも、アッパーに入っていたって、数学ができないんだとか、英語ができないんだとかいるわけやん。そういうことはクリアできないわけですよね。総合選抜の頃で、学力レベルが一定程度あったころのアッパーだったら、それでもそこそこいくかもしれんけど、それが崩れたところにアッパークラスっていっても、例えば国数英の三教科全部で二次試験に対応できるかっていったら対応できないわけだ。でも、どっちか二つあればなんとかなるわけね。三教科のうち二つ強ければ何とかなるけれど、二つが弱かったらもう、太刀打ちできない。最終的にセンター試験クリアしたら、もう二つなんだから、勝負はさ。それは特別にプラスアルファするしかない、っていうような。だから習熟度ではない。

そして、ワンクッション、自分自身で選択してきているっていう、主体性がそこに見える。

それから、進路指導を、2年の段階からできる。

―D高校のときは、ＯＢＡＳでは、余剰時間を作って、教養を身につけないといけないという形で組み込んでいったじゃないですか。ここで、あえて復習というか、自分の弱いところ、進学に向けたようなカリキュラムを入れていったっていうのは、F高だから？そういうところが影響してくるんですか。あえてそこで教養を重視することをせずに。

まあ、そうですね。D高校の時には、1クラスの文系コースをどうするかの、1年生の話だから。だから、教養を身につけないといけない。ここは、もう3年生の話だからね。3年になる年の話だからっていうのもあるし。教養を身につけさせるようなカリキュラム変更は想定できなかったね。あっちは1クラスだけ問題にすればいいので。自分のクラスだけのカリキュラムをちょこっといじればいいけど。こちらでやるとすると、全体的なカリキュラムマネジメントの問題になる。そこまではできなかった。全部をしないといけない。それを説得する材料は、持ち合わせていない、その時はね。本当はそれをこそ、じっくりと、やらないとダメだったんだろうけれどね。でも前にも言ったけど、二次試験対策は、その教養的な深まりに通じる面もある。

―他の学校の生徒たちも同じような状況だと思うんですけど、なぜ他校ではそういったアイデアが出てこなかったり、実現できないのか。なぜF高でできたのか。

まあ他校のことはわからないんだけどさ、でも発想する教員がいなかったんじゃないかな、そもそも。何となく、「弱いところを強くするような方法はないのか」みたいなことは言ってたかもしれないけど。それだけ取り出して補習をしようかみたいなことはしたかもしれないけど。全体を巻き込んで、組織としてやろうよっていうようなことは、誰も発想しなかったんじゃないですかね。そしてあえて言えば、そういう雰囲気が、その学校の職場環境の中にあるか否かは大きいかもしれないね。教員の自由さが保障されているか、否かみたいな。

僕の発想の中では、いつも思うこととしては、組織があるわけだ。カリキュラムっていうのが一つの学校の組織なわけで。そこに先生たちがいて、カリキュラムを組む。要するに、選手がいて、場が与えられて、強くなるためには、質がいい状況にしなければいけない、システム自体をね。システム自体の質を良くするということは、その力をどこに配分するのかっていうときに、ウィークポイントにその力を配分していくのと、そのウィークポイントとか考えずに「やれやれ！」って根性論でやるっていうのとでは、組織として違ってくるわけだ。僕の発想をあえて図式的にいえば、ウィークポイントに持ってる力を注ぎ込みましょうっていうことなんだろうね。今の人事なんかでもそうなんだけど、今いるメンバーで、より結果を出すには、同じことをしててもだめで、他と違うことをしないといけない。それが生徒のためにならないといけない。というふうなことで、編み出されたのがこの方式っていうことになるかな。

それでこの「ステージアップ・プロジェクト」をやり始めた。実質やり始めたのは、平成20年の後期。システム化したのは。平成20年の後期と平成21年の後期、平成22年の前期・後期ってやっていって。平成20年は、僕が3年生だったから、文系クラスだけで「ちょっとやってみよう」って、試験的にやったんだ。それは小規模で、3年の先生たちでまかなえるので、実験的に。で、後半からこれをやって、その結果が出た。それも説得力の材料になった。だからって言って、教務主任の1年目に計画して。

秋の遠足も復活させたんだよ。秋ごろさ、毎週毎週模擬試験じゃない。模擬試験、模擬試験、模擬試験。間違ったところを訂正してできるようにする前に、また次の模擬試験がくるわけだ。ここに1日だけ空くときがあって。「リフレッシュさせないとダメだ」とか言ってね。山茶花高原に行くぞって、バス遠足を始めた。この学年は「翼をください」をみんなで歌うとか。遠足に行ってみんなで歌おうとか。卒業式もそれを歌おうとか言って。そういう学年ですよね。夜間学習もやった。残れる生徒だけ残って。残れる先生は自由に残って。必ず付いていなくてもいいからって言って。

―一緒ですね。E高校のときと。

そうそう。バスがある子はバスの時間まで。ない子は親が迎えにきてくれる。いっぱい残り始めるんだよね。不安だしね。でも、一切残れとは言っていない。残りたい人は、安全上、ちゃんと担任の先生に届けなさいと。そうすると、不安やし、家に帰ったら勉強しないじゃん。だから、残りたいと言う生徒たちも少なくなかったね。先生たちも結構、次の日の準備で残ってるしさ。そのころは生徒を送って行ってたよ、9時、10時。帰りがけに生徒をさ。「帰るぞー」とか言いながらさ。ただでさえ仕事あるから残ってて、質問がきたら質問をうけて。10時、11時ですよね。

その頃朝補習がなくなって7時間授業で。でも、50分の7時間は無理だから、冬場は。45分にしないとまずいんじゃないかって。教員は誰も言わないけど、僕が言ってさ。「そうしないと部活できないでしょ、真っ暗で」って。グランドの照明なんて贅沢なものはないからね、当時は。遅くなると、真っ暗の中を走るしかない（笑）。そうすると、5分短くした分を夏休みに何日か増やしてくださいと言われるんだけど。そういう細かいこともあれこれとついてくるんだけど、「やろうぜ」とか言って。指導要領をチェックしたり、いろいろなことをしながら。

―色々なきっかけがあったと思うんですけど。総合選抜の廃止であったり、そういうのを全部踏まえた文脈の中ででてきたことだとは思うんですけど。選択授業の発想が生まれた契機というか、何の経験がそこに生きてきてるんですかね。

一つは、成城時代の選択授業かな。長崎の場合には、ほとんど選択が出来ないカリキュラムだったり、状況だったりするよね。選択授業の意義と実践は、僕の中では一つのテーマだね。

―当時の長崎の高校で、選択、進学校の中で選択をするっていうこと自体が画期的なんですね。

文系・理系で決まってたら、それをするしかないわけ。選択をしないから、主体的になれない。勉強は主体的にやらないと伸びないんだっていうのは、体験であるわけよね。やらされてもできない、やる気にならないとやらないんだからっていうのはあって。

選択授業っていうのが、そのころ意識にあったんでしょうね。大学のときの友人や先輩とかが、東京のあちこちの学校で働いているわけだ。公立の。都立の。むこうは選択とかずっと当たり前にしてるんだよね。公立高校でも。私立はもちろん。だから、そういうのを目指しながらやってるからさ。簡単じゃないけど、それをしなきゃ絶対、遅れるよっていうのはあって。そういう意味ではずっと、東京を向いてるっていうのはあるよね。

選択制にしたら生徒がダメになるんだって批判もあるわけですよ。でも、そんなことはないって。ちゃんと目標持たせてやれば、主体的に動くんだから。そのほうが力を付けさせることができる。

―それを、学校に広げたのが、F高のカリキュラム改革。それは、学年を超えて学校全体へ発展した。

そうそう。時間としては少ないんだけど、まったくないものを、そこに創造していった。

―上下の習熟度を、各教科に…相当な人数が必要ですね。

そうそう。国、英、数で六〜九人取らないといけないんだから。そんなのできるかよっていうのがあるんだけど。たまには休みでもいいから、そのときは自習の課題を用意していればいいからって。別の人が立ってもいいじゃないかっていう、割と自由感のある形での取り組みで。教科は違えることはできないけど、教科のなかで、国語なら国語で他の学年まで入れたら12名ぐらいいるわけだ、先生たちの人数ね。他学年からも応援に行ってもらってね、当然。全部巻き込むわけ。

これは続いていれば画期的なんだけど。続けられない、複雑だし。大変だし。時間割組むのは大変だしさ。そして新しい学習指導要領では、理数科目の時間がさらに増えてしまって。スタッフの数の問題も当然あるんだけど、進学校では、もうこのような考え方を積極的に取り入れていく必要があると僕は思っているけれどね。

決まったものを決まったようにやらせて、その授業についていけない生徒がいたときはその生徒が悪いんだっていうけど、面白くない授業をしてるから悪いんじゃないの、ってどこかで思うわけだ。一方では授業力の問題だと。でも、そんなこと言えないわけだからさ、とくに他教科には。だから生徒に選択させて、同じ教科でも違う先生が来れば、変わるわけでしょ。生徒の意識も、そして教員の意識もね。

システムを変更することによって、生徒も教員も意識を変革せざるを得ない。そこにカリキュラムマネジメント、システム構築の本当の意味があると僕は考えているんだ。

⑥「生きる力」としての〝ことば〟

（聞き取り日時　２０１４年11月30日14：00～18：00　於ファミリーレストラン）

（ステージアップ・プロジェクトに関する当時の資料を見ながら）毎日7時間も授業をひたすら受けさせられて、嫌になるよね。分からない授業はいくら聞いても分からないんだからさ。そういうのを感じないのかなぁと思うんだけどねぇ。自分だって（高校生の時）そうだったでしょ、て思うんだけど。

―まあ、麻痺してしまうんでしょうね。

そうそう。当たり前だという発想のもとで。

D高校でやったOBASは考査の対象じゃなかったけど、全然問題なく勉強したっていうのは大きいよね。「試験に出ないなら勉強しないんじゃないか」というような意見もあるけど、いや、そんなことはないっていうのはわかってた。自分で分かっていくという経験が生徒の中に生まれれば、勉強する。本当は、授業というのは「経験」にならなくちゃいけないんだと思うんだよね。「知識」とか「体験」とかじゃなくてね。

でも最初、反発は大きかったね。今さら変えなくてもいいじゃないかって。「国語は今のままでいい」、「別に変える必要ないじゃないか」って。全体を見ることがないわけですよね。全体性が欠けてくる、教科別にやるとね。

―（ステージアップ・プロジェクトが）目指すものは、一番は難関大合格者を増やすということになるんですか。

自分の学力状況を自分で分析し、主体的に科目内容を選択することで学習意欲を向上させるということ。これは、当然難関を目指す生徒たちにも当てはまることではあるからさ。

ということを踏まえて、発表原稿を考えていこうか。

＊この後、約2時間、学会発表（畑中大路「学校組織間における知識移転―高校教員のライフストーリーにみるカリキュラム・マネジメント―」九州教育学会第66回大会、２０１４年12月7日）原稿の作成。[17]

（原稿作成後、休憩）

今度いよいよ、学校改革へ向けた校長発表を、12月12日に予定してる。職員会議で。

―来年から本格実施ですか。

うん。うちの学校はこれで行きたいですと。この前、あなたと話したこと（２０１４年10月25日聞き取り）をまとめるんだけどね。「学びの共同体」を中心に、学ばないとダメなんだっていうことで。どれだけ授業をしたかよりも、どれだけ生徒が学んだかっていうのが大事なんだからっていう話をしようと思ってる。ただ、教え子の結婚式とか何とかがあって準備ができなくて。あなた（畑中）もこの前、結納だったたっけ？うまくいったの？

―はい、先週でした。

披露宴の最後に、お母さんへの手紙みたいなのがあるじゃん。感動するよね。職員会議での話も、そのレベルで話をしなければいけないよなって思ってて。

僕のお袋が4年前に亡くなったんだ、92歳でね。そのことを織り交ぜながら話そうと思ってて。職員会議というパブリックな場所でさ、そういう話をしていいのかっていうのが不安ではあるんだけど。でも、校長が、この学校をこうしたいんだっていうときに、「教育とは何か」っていう話を、「教師として根本にあるものは何なのか」っていう話をしないといけないとも思ってて。長くなるけど…4年前にお袋が亡くなって、92歳で、そのお通夜のときにみんな来てくれてるから話をしたんだけどね。僕の高校時代の友達たちなんかもね。僕が思うに、お袋が1番輝いていた時のような気がしてた、僕が高校生の頃がね。お通夜でも最後に言うじゃん、喪主から。お袋の40のときの子なんだよね、僕は。僕が生まれる前に、お袋は親父の後妻になった。親父が結婚してた前妻が亡くなって、そこに、1歳と2歳の年子が残されていた。親父も困るわけだな、田舎者だから。時代も時代だしね。それでお袋が嫁いで。当時、満州に渡ってた。そして日本は負けて、そしてソ連が宣戦布告をしてくる。親父は捕虜でシベリアに行く。満州なんかはロシアからすぐだから、日本人は避難しないとまずいと。それで逃げるわけね。難民として逃げるわけ。昨日まで普通の生活をしていたのに、難民となって避難していかなければならない。男たちはいないから。女、子どもがいっぱい。なかには男の人もいるんだろうけどさ、歳とった人とかさ。逃げてきたんだって、どんどん、満州から北朝鮮あたりまで。で、難民となって逃げてくるから。小さい子どもを連れてる人もいっぱいいる。で、真っ暗さ、夜ね。38度線を越えれば助かると。難民の中で星を見ることができる人がいて。北極星があっちにある。北極星の反対側に逃げれば、南の方になるということで。昼間は動けないんだって、敵軍に見つかるとたいへんだから。夜に、どんどんどんどん逃げるんだけどさ。何日もかけて。逃げていくなかで、満州から北朝鮮、北朝鮮から南朝鮮へと逃げるわけだけど、そのときに、自分の子どもをいっぱい捨てていくんだって。命からがら逃げるために。小さな子どもを連れていけない。連れて行けば、日本までたどりつけないかもしれない。ここに残していけば、現地の中国の人たちが育ててくれるかもしれない。そういうのが要するに残留孤児というわけなんだろうけど。それで、捨てていく人もいっぱいいるし、もう、自分たちも極限状況だから命からがら逃げてくるんだけど、お袋は1歳と2歳の子どもを連れているわけだ。人様の子どもだから、捨てるわけには行かないと。だから、日本まで、とにかくこの子どもたちを連れて帰れば、自分はもう死んでもいいと思って、その1歳と2歳の子を連れて逃げてきたって。どんどんどん逃げてきて、なんとか逃げ切って、難民船に乗って、日本に引た。

き上げてきた。親父もそのうち、捕虜が終わって戻ってき

そして生活がまた始まるんだけど、やっと自分の子どもが生まれるんだけど、四人立て続けに亡くなるとさね。昔は死ぬわけですよ、生まれても栄養がなかったりとか、病気になったりとかで死ぬ。そのあとだいぶん経って、僕の姉と僕が生まれて生き残った。遅い子どもなので、生まないで堕ろそうとしたらしいんだけど、僕は生まれてきた。その後、親父が僕が12歳のときに死んで。母親は仕事もないし、昔の尋常高等小学校しか出ていない。田舎だから仕事も無い。でも借金だけあって。だから歳をごまかして、ホテルの清掃員とか、病院の賄い婦とかしながら、育ててくれた。そういうわけで、そうやりながら女手一つで二人育ててくれて。

僕があるときに、もう大人になったあるときにふさぎこんでいて。いろいろあってね。母親は、何か尋常ならざるもの感じたのかもしれないね。これまで話したこともないような、そんな話を突然しだして。自分は何回も、生きていたくないとか、もうダメだとかいう時期があったと。しかし、そのときに、尋常高等小学校の、尋常高等小学校っていったら、今の中学1年か2年まで。五島の、富江の田舎だから、小学校しかないわけだけど。その卒業のときに若い担任の先生が言ってくれたことばが、ずっと残っている、と。あとで年表を調べてみたら、ちょうど日中戦争がはじまるかどうかの頃なんだよね。その青年教師は、しっかりと世界情勢も見ていたんだね。今から世界はどうなっていくかわからない。これからあなたたちが生きていく人生は、決して楽なことばっかりじゃないだろうと。みんな離れ離れになることもあるだろう。もうどうしようもなくて、死にたくなることもあるだろうと。生きていくことが嫌になる、辛くて辛くてたまらないこともあるだろうと。もしそのときには、空を見なさいって。空は、広くて、一つなんだと。空の下には必ず誰か家族や友だちがいるんだから。そこではみんなつながってるんだから、一人じゃないんだからと。苦しくて苦しくてたまらなくなったときには、空を見なさい、と教えてくれたと。自分は、そのことばを忘れずにずっと持ってて。何かあるたびに、先生が言った、「空を見なさい」ということばを思い起こして、空を見ながら生きてきた、っていうような話をするわけ。それを言うわけですよ。僕は教員になって15年ちかく経ってて、そういう話をそれまで聞いたこともなかったんだけど。そのことばがあったから自分は生きて来れたんだっていう話をするわけですよ。母親がね。

国語の教師として、15年やってきて、それくらい、生きる力になるような言葉を、僕は生徒たちに発しただろうかって。残し得ただろうか、って思った。教師というのは、生徒に何を最終的に伝えるのか、何を伝えられればいいのかっていったら、そういう、生きるのをやめようかって、生き

ていけないよなってぐらい辛いときに、いや、でも、もういっちょ頑張ってみようかっていうような、苦しい自分を支えきる力になることばを贈ること、伝えること、みたいなね。それが「生きる力」なんだと。それは単に一つの言葉じゃなくて、その背後に、お袋たちと、その先生とのさまざまな関わり合いがあったと思うんだよね。それは説明できないけど、時代もあるし、色んな状況もあるから。でも、その先生が言ったことばが「生きる力」になっていったっていう実例がそこにあった。そこに教育の一番の本質があるんじゃないかと思うんだよね。だから、「教育とは何か」っていった時に、一番根源は、そういう生きていく力を、それを伝えられたかっていうのが、教育で、一番「根っこ」にあることなのかなって。それを実現するために、方法論であったり科学であったりなんかするんだろうけど。少なくとも科学とか方法論とかいろいろなものがいっぱい研究されて進んでいくんだけど、でも一番「根っこ」にあるその部分が忘れられてきたというか、問われなくなってきた。そこが一番問題なんじゃないかというような気がしてる。

だから、その「生きる力」をつけるために、じゃあどうするんだっていうときに、今のうち（H高校）の生徒たちの状況とか何とかあるときに、このままの一斉授業でやっていても、そういう「生きる力」は付かないのではないかと。じゃあ、そういう根源があって、ここは、言ってみれば「教師の良心」みたいなものであってさ。そのために、それを実現するためにどうするんだって考えたときに、うちの学校は、こういう生徒たちだからこういうことをしなければいけないんじゃないかっていう話をしようかなと思ってるわけ。そうすると、誰も反対できないんじゃないかなと。ただ、反対させないために言うつもりは全然ないけど。だけど、そこを問われない、「教育とは何か」っていう根本を問わないで一斉授業をしますとか、逆にコの字型にしますとか、グループ学習しますとか言っても仕方がないのかなっていう気がしてる。

例えば、100メートル走の素質がある子たちばかりを集めて、100メートルを10秒台で走らせることを目標に、素質のある子どもたちを集めてやっていく教育もあるだろうと、学校によっては。しかし、一人ひとりの「山」を、遅くてもいいから、一歩一歩、自分の足で歩いていく力を付ける教育もあるだろうと。有能な生徒を集めて、エリートを養成していく、100歩譲って、そういう教育もあるとして、でも、うちの学校が取るべきはそういう教育ではなくて。10秒切れる生徒はいないけど、じゃあ11秒育てようかとか12秒育てようかとかいう問題じゃなくて、そういう教育じゃなくて、それぞれの生徒の人生という「山」を、遅くてもいいから、自分の足で、自分の力で歩いていって…。苦しい「山」があるんだなぁと思ったときに、「空」を見上げて、もう1回頑張ってみようかと。そう思わせる教育をやるべきではないかと。そのためには、一人ひとりに学ぶ力をつけなければいけない。人間としての力をつけなければいけない。じゃあ、人間の「生きる力」とは何かっていうと、具体的に言えば、この三つ（シンキング、チームワーク、アクション）だと。この三つを育てるためには、っていう話にしようかと思う。そしてその根幹に生徒それぞれの〝心〟があるんだと。〝感性〟を育てなければならないんだと。

ただ、それを、酒も飲まずに、昼間に、みんなの前でできるかっていうことなんですよね（笑）。でも、他方には、そういうことを校長が、教育目標云々というときにさ、そういう話をする校長はいないだろうと、多分。でも、そこを問わなければ。その具体的な話はなんでもいいんだけど、「教育の使命」とか、「教師の良心」って何なんですかと、裏返せば、「教師の誇り」だからね、それがね。それを言ってみようかなって。

—そういう話をしないと、響かない。

平均年齢48歳だけどさ、教員もさ。でもわかるだろうって。忙しいとか多忙感とか、通勤に時間がかかるとか、会議が多いとか。いっぱい反対する理由は挙げられるわけだけどね。しかし、それはひとまず置いて、「そうかもしれないけど、でもさ」って。でも、その部分がないところでどんな教育をしようと、「空を見なさい」って言ったって、それは伝わらないと思う。だから、それが原点かなと思う。

もっと色々あるけどね。まあ、僕が、校長としてできるのは（H高校が）最初で最後だし。だから今のようなあり方で、生徒たちが苦しくなったときに空を見ようと思って、明日も生きてみようかなって思う力をつけることができるかって。それは生きるとか死ぬとかの問題だから、単に教師が知識を与えてどうのって問題じゃないけどね。教師がそういう力を与えたっていうのはおこがましいかもしれないけど、そういう思いが必要なんじゃないか、と思うんだよね。教育には。そういう、生徒への〝願い〟がね。

具体的にいえば、会社でどうやればいいか分からなくなったとか、働く中で意味も分からずに騙されるとか。色々なことが起こるわけだ。そこには知識も必要だし、そういうことを通して、少しでも自分の「山」を登っていくような、そういう力をつけてやらないと。読み書きも大事だし、そろばんも大事だし、英語も大事だし、チームワークも大事だしってなっていくんだろうけど。

だから、「生きる力」ってそういうことであって、決して、うまく立ち回って金持ちになっていく力とかさ、人を騙してうまくやっていく力とか、そうではないんだよね。でも、経済だとかなんだとかの名目のもとに、結局、金儲けする力を育てられれば、それが教育だってなるとよね。東大に入ればそれが教育だって言ってるわけだからさ。そうじゃないだろうって。じゃあ、底辺の子どもたちが来る学校では、教育はできないのかっていうことになる。

だから、最初からずっと僕は言ってるんだけど、大きな学校では本当の教育はできない。佐藤学も言ってるんだけどね。大規模校じゃ無理だと。小規模校じゃないと、本当にそういう関わりの中で、自己肯定感を育てていくようなことはできないんだけど。だからこの学校（H高校）が、普通科である本校が、教育の本質を追わなければいけないって。「本当の教育を発信していくことをしましょうよ」って。今までも職員にはちょこちょこ伝えてはいるんだけど、「なに言ってるんだ」って思ってる人もいると思う。でも、それをどこかでまとめないといけないかなって思ってて。今度は、校長発表だからね。今まで言っていたことは、実はこういうことなんですって。だから、やらなければいけないんですって。「今さらそんなことできるか」とか、「自分は今までこうやってきたんだ」とか言う人はいると思いますけどね。思うけど、もう1度これをやってみませんかって。1時間ちょっとかかりそうだけど。でも、わかってくれそうな気がしますよ。

前にも言ったけど、「福田」という教員がいて。成城で学んだこと、C高とかD高とかE高で学んで、その知識をもって学校を移り変わって、その時代状況の中で知識を変質させて、一教諭じゃできなかったことが教務主任になったら、教頭になったらできるとか、校長だったらできるとかいうようになって。その知識がそうやって、例えば幼虫がさなぎになりました、さなぎから羽化して成虫になりましたっていうように変わっていくわけたいな。もっといい例があるだろうけど。しかし、それを支えているものっていう、教師の根本のマグマみたいなもの。これが何なのかって言うのを、最終的に、もし明らかにできるとしたら、すごい教育学者になるんじゃないかと思うわけよ。そこなんだろうと思うんですよね。

例えば、教師か教員かっていう違いでいうと、そこの部分。根本の部分がある教師はいい授業をやるわけだし。単なる教員じゃなくて。部活をしたって、それなりに育てるわけだし。何をやってもそれなりのことをやるわけだけど。ここ（根本）の部分が何なのかっていうことですよね。

例えば、教員になる人たちは、それなりに、何か理由があると思うけど。子どもが好きだとか。もちろん、デモシカもいたわけだけど。今頃の人たちは、僕らよりも下の世代の人たちはデモシカじゃないだろうね。なりたいと思ってなってる人が多い。まあ、安定してるからとかもあると思うけど。その「根っこ」にあるものが何なんですかって。そうじゃない人に、どうすれば心の中に（その根本を）入れることができますかって。それは教師の資質とかなんとか言われるわけですよ。向いてる・向いてないの、みんな適当に言うわけだけど。何が向いてるで、何が向いてないのかそんな簡単に分からないよって。でも、少なくともその熱いものは必要不可欠なんだって思うんだよね。冷めてるような、サラリーマンみたいな教員でも、そこに火は着くって。そこに火を着けなければ教育は変わらないかなというか。そのときはじめて、教員は「教師」になるのだろうと思うんですよ。まあ、永遠の課題でもあるんだろうけどね。

―突き動かすものですよね。

そう。よく言われる、ウィリアム・アーサーワードの、凡庸な教師はよくしゃべる、ちょっとましな教師は説明する、優れた教師はやってみせる、でも、最も優れた教師は、生徒の心に火をつける、と。そうだよなって思う。どうやれば火をつけられるのかって。もちろん、「火をつけるとは何か」っていう問いはあるけど。その気にさせるとか、燃え立たせるとか、頑張らせるわけですよね。「もうダメかな」って思ったときに、もう1回頑張って、前に踏み出してみようかなって思う力をつけなければいけない。そのためには、教員が「教師」にならなければならない、と思うんだよね。教員のままでは生徒の心に火はつかない。そんな話をしようかなって。

―本当にいるんですよね。なんかこう、現状を変えていく力を持っている人は絶対にいて。その人たちを、そこまで突き動かすものは何なのか、僕も知りたい。

そう。確かに、自分はこれしかないからこれやっているっていうことの中で、それへの執着とかは出てきますよね。

―多分、「何のためにやっているのか」っていうところが、共通してるんだと思うんですよね。出世のためとかじゃないっていうことは、話を聞いていればすぐに分かる。

そうそう。だから、冷めて、色々言うこともできる。例えば、冷めた教員が進学の実績を挙げることはできる。けど、それは教育ではないんじゃないか。当然それは「哲学」の問題になっていく。「人はどう生きるのか」とか、「教師はどう生きるのか」って話になっていく。だからそれがないと、教員をやってはいけないとは思わないけど、教員をやっている以上は、それを目指すべきじゃないかと思うけどね。「医は仁術だ」とか言っていながら、でも技術だったりするわけだから。現実はそうなんだけど。生活費を稼いで、仕事になってるわけだし。逆に言えば、そういう人しか教員になっちゃいけないんだったら教員は足りなくなる。だから、それが全てだとは思わないけど。でも、少なくとも逆に、それで飯食って金もらってるんだから、それは問わないといけないでしょうって。それが教師の仕事。教師という「専門職」の仕事だと思うんだよね。早い話しが、そういうのがないところにどんな教育理論を持ってきてもさ、響かないんだよ、そういう人たちには。あなたは、『二十四の瞳』を読んで感動しませんかって。それは具体的な話だけど、そういうことを問わないとダメだろうって。本当に「生きる力」とは何かを考えている教師にとってさ。

だから、その尋常高等小学校のその先生のような言葉を、我々は教育者として伝えてきましたかっていうことを問われないといけないと思うんだよね。「教育とは何か」っていう問いに。それが根底にあって、その想いを生徒に伝えるために方法論があり、教科の配列があり、授業があり、学校行事があるんだということだと思うんですよね。それを見失ってはダメなんだと。

国語でいうと、大村はまの業績を追っていけば、そういうものが見え隠れするわけ。でもそれは、あの人だったからできたっていうことになってしまうんだけどね、収斂したら。じゃあ、他の教員にも同じことができるかっていったら、できないからね。そのレベルじゃないけど、そういう状況に反発するわけですよね、僕なんかはね。こんなんじゃダメじゃんって。僕は許せないって。じゃあ何とか出来ないのかって思うわけ。常に現状が嫌だっていう感じなんだよ。それはなぜ嫌だとかダメだって思うかっていったら、それは生徒を大切にしていないことでしょ、っていうことなんだよね。簡単に言うと。生徒にとって正しくないから嫌なので、ダメなので、それが生徒にとっていいんだったら嫌じゃない。でも、間違ってることが少なくなくて。

それって「人間愛」とかいうことになるのかなぁ、結局は。だから、マザーテレサにしても誰にしても、宗教があるからとか、愛があるからみたいなことに集約されるわけでしょう。そうだけどさ、お前はそんな風に人間を愛しているかって言われると困るんだけどさ。ダメなやつはいっぱいいるわけだからさ。誰かから叩かれたら反対側の頬を出せるかっていったら出せない。

僕自身が貧しかったからでしょうかね。だから、弱い側とか、虐げられてる側とかに、目がいくというか。苦しみや悲しみを教師は抱えなければいけないんじゃないかと。

高文連に携わって10年、研究大会を一昨日やったんだけど。どこもいい文化祭をやっているわけですよ。本当に10何年前は、学校週5日制になってるし、授業時間は足りないからって言って、行事をそんなにやってる場合じゃないって、体育祭はやるけど文化祭は2年に1回だとか、なくしちゃうとかいうような時代のなかで。そうじゃないんだって。もっと文化祭を大事にしないと、文化部を大事にして、文化的なことを学んだりしなきゃいけないって言ってきたけど。その時代からするともう、隔世の感があるね。しおかぜ総文祭もあったから、文化祭を馬鹿にするという雰囲気はほとんどなくなってきたし。本音のところではあるかもしれないけどね。受験のほうが大事だって思っている人もいるだろうけど、正面切ってそういうことは言えない。文化祭は、生徒を主体的に育てるために大事だって考える管理職も増えてきたし。ずっと訴えてきたので。若い管理職や次の世代はそういう風に思うようになってきたような気がする。だいぶん変わってきたよね。本当に隔世の感があるけどさ。やっぱり、それはこの10何年の成果だと思うけど。それはE高校での経験がないとできなかったわけだよね。もちろん僕だけの力ではなくて。同じ思いをもって懸命に取り組んでくれた皆さんの力、想いなんですよ。

個人的に、「この子をこのまま終わらせたくない」とかはありはするけどさ。担任してたときはそのレベルだったけど。教務主任だ、教頭だ、校長だってなっていったときに、具体的にそういうのがない。状況的にはそうなんだけど。だけど、「教育とは何か」っていうことを真摯に問い続けることですよね。それが、「教師としての良心」だろうと思うんですけどね。でも、そういうことを言ったとしても、「そんなの私にはできないよ」って思う教員もいるわけだ。仕事としてやってますって。まあ、医者だってそうだろうけどさ。「おばあちゃんが癌で亡くなったから、癌を治す人になりたい」と思った医者がいたとしても、次から次に患者が来れば、そんな、一つ一つ親身になってできるわけないと思うよ。はいはいと言いながら、仕事だからしょうがないって言いながら。でもそうではないお医者さんは確かにいるんだよね。いや、「根っ子」にはちゃんと生命の尊さを携えていると思う。多くの医者はね。

でも、その言葉（「空を見なさい」）でみんな生き抜いたのかって、証明はできないじゃないかって言われたらどうする？

―うーん、でも、全員が思ったかどうかを証明するより、実際にそういう思いを抱いた一人がいるっていうことのほうが。

それが真実ですよね。そっちが目指すべきものなのかって。教師として目指すべきものであれば、その真実を目指さないといけないんじゃないかと。Aっていう方法より少しでもBがその力を付けるのにより有効、有益だったら、そちらをしないといけない。なぜって、シンキング、チームワーク、アクションの力をトータルに付けていくためには、一斉授業じゃダメですと。一斉授業のむなしさは、みんな分かってるわけだからさ。あえて知らない振りしながら、あえて、他に方法がないかどうかを問い詰めないだけで。

―何人の先生に響くかですね。

でもこれは、時代の流れに逆行してはいないよね。いま時代が後押ししてるんだね。

―そうですね。諮問[18]にも入ってましたしね、アクティブ・ラーニング。

そう。諮問に入ってて、大学入試にも影響していくわけだから。問題解決能力とか人間関係力を問うものが。そうでないと、世界で太刀打ちできないから出てきているわけで。だからそれは、決してマイナスにはなりませんって。次の学校に行っても、こういう経験をしたっていうのはプラスになりますって。それぐらいの確信がないとやっぱりできないよね、こっちもね。時代の流れのなかで。だって、大学が、子どもたちの一生を保証できない時代になってきたもんね。

（休憩）

さっきも言ったように、100メートルを10秒台で走れるやつはもともといないんだから、せめて12秒で走らせようかとか、13秒で走らせようかというのを学校目標にしてる。それは違うだろうって。就職は就職で面倒見るんだって言うけど、そういうベクトルではないんじゃないかと思うんだけど。そういうベクトルを敷いている以上は、速いやつ、遅いやつがいてさ、「せめてここまで」ってなってしまうわけだ。ベクトルが横じゃなくて上に向うべきじゃないかって。少しでもその子たちを伸ばしてあげるんだって。ゴールがここじゃないんだって。ゴールは別のところにあるんだって。何を伸ばすかだね。時代は進んでるんだから。

だから、さっきのお袋の話をして、佐藤学のブックレット(19)を人数分買ってあるから、それを配ろうと思って。どうなるかなぁ。その後、恥ずかしくて学校行けなくなるかもしれん（笑）。

でも、みんな似たようなもんだろう。それぞれ大人だから、それぞれ、色々あるでしょうけど。でも、少なくともそんなことを考えて悩んでる校長なんだっていうのは分かるよね。それはどこかで知らせないと。思いつきで言ってるわけじゃないんだなって。でも、自分のことを話すっていうのはどうかなっては思うけど、取ってきた知識でああだこうだ言ってもねぇ。それは全然真実味がないし。しかし、教育の場で教育が語られない時代じゃないですか。職員会議では本音の話ができない。本音の話っていうか、「じゃあ、あなたは教育をどう考えるんですか」みたいな。教育論をさ。

（休憩）

言ったっけ？45分の7時間授業にしようと思ってるとさ。朝補習はできないから。45分の7時間にして、7時間目を自由裁量の時間に使う。進学希望者には補習をするし、一部の生徒には学び直しを。F高と同じようなことをする。

―5コマ全部ですか？

三つぐらいかな。そんなするとね、授業を休みに入れないといけないとさ。45分にしたためにね。

―夏休みに。

そうそう。ステージアップ・プロジェクトが活きてるよ。でも、一番大きいのは授業改革。話をしても、「現実は違う」って言われるかなぁ。「やっても変わらない」って。「失敗したらどうするんですか」って。「今でも精一杯やってるんだから、さらにそんなことはできません」とかね。

―出てきますかね、その話をしてそんな質問が。

「日本の教員はたくさん働きすぎているといわれています」って。「負担を軽減しましょうってなってるのに、さらに負担を増やす方向でいいんですか」って。その時は、「すみませんが工夫をしてください」っていうしかない。「勤務時間内でできるような工夫をしてください」って。「そのために、それ以外で外せる部分は省いていいと思います」って。授業を優先順位の一番に。

そろそろ帰りましょうか。

7　個と一般化

（聞き取り日時　2015年3月21日10：00～18：00　於ファミリーレストラン、福田邸、喫茶店）

※H高校における学校改革の進捗を聞いたうえで録音を開始。

―企業では、利益をあげるという明確な指標というか目的がありますよね。でも学校教育の指標って、何なんですかね。

今までの状況は「非」なんだと言うことができれば。あるいは学校がひどく荒れていて、手も付けられない状態で、明らかに今までが「非」っていうことになれば、じゃあ、「是」を求めようぜ、ってなるわけだけど。でも、学校教育には絶対的な指標がないわけだから、「今でも一応落ち着いてるんだから、何も変えなくてもいいだろう」ってなってしまう。変えるのには労力がかかるわけだから、それを受け入れて、「よしやるぞ！」っていうムーブメントを起こさなきゃいけないわけでしょう。で、それを組織的にやるためには、このムーブメントを起こすミッションを受けた人が頑張ってやれば、企業の場合は、このミッションを受けた人の利益に繋がる。給料とか、地位とか。でも、教員の場合はそれがないわけですよ。そしたら、ムーブメントの根幹は何かっていったら、もう、「教育とは何か」を問うことしかないわけですね。5時に仕事を終えて生活を守る、自分の生活をエンジョイすることが人生としていいのではないかという考え方だって当然あるわけだ。でも、組織の中で何かを変えるためには、もう、ドロドロにならないとできないわけですよね、ある意味。そのドロドロを要求するっていうことになるわけで。そうしないとムーブメントは起こらなくて。教育に保守的な考え方があるっていわれるけど、そういう構造だから変わらないのは当たり前と言えば当たり前だよね。

だけど、もっと大きくいえば、教育っていう組織が締め出すわけですよ、最下層の子どもたちを。その締め出された子どもたちが社会で荒れていく。子どもを育てるための親の見識だとかさ、お金だとかがあれば違うかもしれないけど、格差社会の中では、家庭に余裕のない状況の子どもたちが多くなるわけだからさ、どうしても。そういう子どもたちは、教育という仕組みから閉め出されていく。そしてどうするかっていうと、つるんで悪いことしてしまう。悪いことするっていうか、もう、社会的弱者の烙印を押されるわけだよね。そういう現実を生み出しているという自覚が、現場の教員たちにはないわけですよ。それを自分の問題だと思う教員は多くないわけで。それは、やはり制度の問題なんだと思うんですよ。もう一つはやっぱり、結局、公立学校の教員は異動するわけだから、年数が決まってるわけだ。一つの学校にずっといることができれば、もうちょっと緩やかな変化を起こすことができるかもしれないけど、それも難しいね。

学校組織ってそういう場ですよね、実際は。人と人とが作ってるわけだから。まずミドルリーダーを育てて、ミドルリーダーから下の者にっていうのがセオリーだとして、でも、ミドルリーダーが育たなかったらどうするのかっていう話。その時は、校長が強引に動かさないといけない。ある意味そうなっちゃえば、やりたいことがやれるとは思うんだけど、しかし、「あの校長がいる間、我慢しとこうか」みたいなことで終わっちゃうよね、現実は。校長も長く勤めるわけではないから。そうすると、それが最終的に子どもたちにとっていいものにはならない。ただ、最終的には理屈じゃないんですよね。組織が動くっていうのは最終的には理屈じゃない。「あなたのためなら、無理をしてでも、自分の考え方を変えてでもついていきますよ」っていうか、「やりますよ」っていうことしかないのかもしれない。その違いは何か、ということも、本当は研究されなくちゃならないことかもしれないけれどね。管理職の問題として。

これまでの教育は、すごく多くの犠牲者を出してやってるわけですよね。声にならない、非教育的なことがいっぱいあったんじゃないかと思うね。進学校でも、「こんな指導をして難関大学に合格させました」って話をしてるけど、その裏にさ、多くの犠牲になった子どもや教員がいるわけですよ。それを変えることが「ちゃぶ台をひっくり返す」ということでさ。「生徒に高圧的に向き合ってでも大学に進学させるんだ」っていう考え方と、「意地でも生徒を切り捨ててはいけないんだ」っていう考え方は、どっちが正しいんでしょうね。「東大にたくさん合格させるんだ」って、「合格させるためにはいろんなものをそぎ落としてやるべきだ」っていうことに対して、「もっと人間教育しなきゃいけないだろう」って言うわけですよね。「そんなことしたら、上のほうの子どもたちの相手はできないじゃないか」みたいなことを言われてしまう。

僕としては、本当に教育的なところで、「ちゃぶ台」をひっくり返してもいいんじゃないかっていう気持ちは半分ある。でも、それで組織が動かなくなるんだったらだめなんじゃないかとも思う。だから、できないという道をとるのか、時間をかけて、できるようにする道をとるのかっていうことでもあったんですね。だから、単に日和見になったっていうわけじゃなくて、次を考えたときに、「ちゃぶ台」を今ひっくり返さないほうが正解なのかなって思ってしまうときもあって。どっちにしても保証はないわけですよ。その子どもが入学した後によくなるか、悪くなるかは分からない。どっちの可能性もある。未来のことだから推測の域を出ない。よくなるんじゃないかっていうのは、僕の今までの経験でありはするけど。やっぱり、教育は、賭けなのかもしれない。最後の最後ではね。いろんな要素を勘案しながら、その上で、最後は賭けるしかないわけで。どっちも可能性が考えられるんだったら、いい方向の可能性に賭けるということが教育だろうと思う。だからやっぱり、教育はドラマなんだって。理想を追えば、どうやっていけばいいかっていう方法が生まれるわけで。統計で、うまくいく確率なんて出せなくて、教員の経験をもとに判断するしかない。でも、それぞれの教員の経験っていうのは、非常に曖昧なもので、その経験知というのは教員によって違うわけだから。

（休憩）

―やっぱり、1年目じゃひっくり返せないですか？

ひっくり返すこともできたんだけどね。ひっくり返しても何人かは付いてくるだろうとも思った。でも、サッカーで言えば、何人かが付いてくるのではダメなんだっていうのはあるわけですね。みんなそうならないと。走るのが遅いやつだって、下手くそなやつだって、一生懸命頑張るようにならないとダメ。何人かが分かってくれればいいんだっていう考え方も確かにあるだろうけど、そうしたくはなかった。もちろん学校規模にもよるよね。教員がわずか20人～30人くらいの学校で、ワンマンではだめだと思うんだよね。ワンマンでとりあえず外面の成果は上がるかもしれないけれど、しかし多くの子どもは切り捨てられていく。結局は、教員が同じ方向を向かないと、結果的にその学校の生徒たちにいい影響を与えないっていうのは経験上あるので。そうなると、救えるかもしれない子どもたちだって、逆にそういうことで救えなくなる可能性もある。

本当にすごい人っていうのは、ひっくり返しても、なおかつそっちに引っ張っていける人なんだろうけど。そこまでの力は僕には無いなぁ。

―先生の中で、多分、長崎の教育を変えたい、H高校だけじゃなく大きく変えたいっていう目的が一つあって。でも一方で、今ここに、そこにいる生徒も救わなければならないという思いがあって。二つがあるから、それを両立させたいという思いがあるからこそ、ブレるんでしょうね。

ただ、その二つは対立項ではないよね。その生徒を救うことが長崎の教育を変えることになるっていうことに繋がっていくと思うんですよね。

―繋がっていくと思うんですけど、またそこに、「時間がない」っていう。本当はもっと時間をかけて。その子を育てることで示すことができるんだろうけど。

そうだね。それは確かにその通り。来年から本格化する学校改革が正しいのか正しくないのか、「この生徒を入れることによって、証明される」みたいなこともあるんだよね。確かに、学力的に上の子の進路も保障しなければいけない。でも、下のほうの子どもたちに手をとられてたら、他の子の指導ができないっていう考え方は、正しいのかって。

まあ、これはみんなにも言ったんだけど、だから、「学びの共同体」っていう方式が必要なんだって。これしかないっていう話はしたんだよね。みんなで育てるしかない。上の子も、下の子も。教師一人が対応しているものではないんだって。そのために組織ってあるんでしょ。って言ったけどね。どこまで通じていくだろうか。

「授業はちゃんとやってますから」、「自分の分掌はちゃんとやってますから」「自分は部活をちゃんとやってますから」という認識だけでは、学校はよくならない。そこに通う生徒たちは、自分の学校に誇りをもてないだろうと思うんだよね。それで学校全体がうまくいってるの？っていう問いを、そのような教師たちには、投げかけなければならない。うまくいってなければ、それだけじゃダメでしょって、言わなければならない。学校改革は、そこからしか始まらないのかもしれない。もちろんどうやって言っていくか、という方法論はあると思うけれどね。学校の教員は、個人事業主ではないんだよね。あくまでも、その学校の一員なんだ。だから、学校全体のことを、まずは自分の問題として考えていかなければならないはずだと思うのだけれど。その感性が、日本の教育にはまだ不十分のような気がするね。

（休憩）

今日は何を話す？この前はどこまでやったっけ？

―この前は、高文連と、ステージアップ・プロジェクト。あと二つあると言われていて。一つは『極星』（国語生徒作品集）と、もう一つはサッカーだって。

どっちからいく？

―『極星』でいきましょう。これ、F高5年目で行ったんですよね。

そうそう。こういうのが必要だよねって思った。D高のときは『くやま』を創って。F高にも徒たちが持っている内面の〝ゆらぎ〟を残すためには、言葉で残すしかないと。その時生きている心のありようとか〝ゆらぎ〟というのは、何もしなければ風化してしまう、通り過ぎて、失われてしまうわけだから。それをきちんと位置づけていくっていうことが、生徒にとっても重要だし、それが成長の証となる。それを、言葉で職員が享受していくっていうか、理解していくというか、そういうことが大事だって思ってね。

それから、国語科はなんのためにあるのかって。国語の授業を問い直すっていうことだね。国語の授業は、生徒の内面の成長とかかわる、そこに影響を与える授業をしないといけない、と僕は思っていて。一つ一つの文章の読みが、授業が、生徒の「経験」になっていく。体験ではなくてね。森有正という哲学者が言ってるけど、「経験」とは、その人間の思想をつくるものだって。つまり、その人間の認識をつくっていくものという意味だろうね。その子の感性や思想に影響を与えるものなのだから、そんな授業の記録をちゃんと残しましょうということ。それともう一つは、自分の学校にいる生徒たちの内面を、教員たちで共有するというか、知るというか。表では「なんだあいつ」って思ってても、中身を聞けば、「ああ、そんなことがあるんだ」

ということで、その生徒への見方って大きく変わるわけですよ。自分の授業がすべてではなくて。それは多くの教員が経験的に知っていることですよね。生徒からすれば、合う先生、合わない先生がいるわけだ。そして反発したりするわけですよ。でもそれは僕に言わせると、教師のアプローチの仕方が悪いって思うのさ。それで反発していく。でも、「ああ、あいつにはこんな面があったのか」とか、「ああ、この生徒はこんなこと考えていたんだ」ってなる。それを本にすることで、職員が生徒たちの内面を、ある一部ではあるけれども共有できるわけでしょう。そのことっていうのは、すごく大切なことだと思うんだよね。学校全体のことを考えてもね。どんな学校にしていくか、という時の大きなメッセージになる。

—国語科の先生たちで、反発したりする人はいなかったんですか？

反発はなかったね。まあ、みんな、「出来るならそれはやりたいですね」って賛成する。ただ、「そういうことなら私がやります」っていう人はなかなかいなかったですね。そのときには。どんなものかもわからないからね、最初は。ただでも忙しいわけだから。

—学校の特色の一つに入ってましたね。ホームページだったかな。これ（『極星』）を出してるってことを。

そうそう。そういうものにもなるしね。さっき言ったように、その学校の生徒に対する教育姿勢にもつながる。でも、実際やるとなると、授業のやりかたとか、取り上げる教材の問題、編集の仕方から、経費の準備など、簡単にできるものではなくて。だからこそ、意義あるものなんですけどね。だから、ともかくも最初は経験者の僕からはじめるしかなくて。僕が中心になって、みんなで協力しながらやってみた。さすがにF高の先生方は、力のある先生方でしたよ。はじめてなのに、なかなかの出来栄えだったよ。国語科のみんなも、これはいいものだと、改めて認識して。だからその後も続いて。次の年からは、国語科内で、『極星』の編集長を輪番にして。国語科の指導力の根幹にもなっているんだ、実はね。

—その趣旨を理解して、本当に理解できた教員ばかりだったんですか？進学重視の、点数しか見ていないような教員にその趣旨が理解できていたのか。

うん、でも国語科の先生たちは、趣旨をよく理解してくれたと思う。何はおいても点数だという主義の人は、その時のメンバーにはいなかったかな。国語科的にいうと、むしろ、本当の国語の力をつけるということは、この『極星』のねらいのように、生徒たちが自分でものを考え、自分で生きるための〝ことば〟を紡ぎ出せるようになることだと思ってるから。だから、本当の国語の力を育てていけば、国語の点数も取れるようになるという見通しはあるね。

—以前の先生の言葉でいう「教師の良心」っていうものが気になっていて。どうしても、『極星』に反するような、

点数至上主義のような教員もいるような気がするんですけど。20年、30年と教職生活をおくる中で、「教師の良心」って無くなっていってしまうものなんですか？

　なくなってしまうのか、と問われたら、そうだとは言えない、と答えるしかないかなぁ。失わずにある人が多いと思う。もちろん人によって違うだろうけどね。完全に失っていく人もいるでしょうね。でも長崎の教員は、やはり真面目な人が多いように思う。ただ、その「教師の良心」が変節していくことは、少なくないとは思うね。そこにはさまざまな事情が絡むとは思うけれど、それは、長崎の、というより、日本社会の中での教員制度の問題も多く存在すると思うね。その「良心」の捉え方が、時間と共に大きく変節していくことはあると思う。最初の若いうちは、小さな違いであったものが、年数を重ねるうちに、もう相容れないほどの開きができてしまった、と思ったことは何度もあるよ。

　でも大切なことはそこなんですよね。本当は、どうしようもなく困った生徒がいる。とんでもない問題のある生徒がいる。そして、その子に実際に関われば、そこからいろんなことがはじまるわけだけど。大変な苦労を背負わなければならなくなる。だからほっとくわけではないけれど、他の生徒も大切にしなければならないのだから、そこでの葛藤は容易ではないよね。だから、それを考えたときに、その問題のある生徒にどこまで関われるか、ということが現実的に苦悩を抱えることになるわけだ。しかし、困った生徒を、実は困っている生徒だと、問題を起こす生徒を、実は問題を抱えている生徒だと認識すること。そしてそんな生徒の成長に寄り添うことが、本当の「教師の良心」と呼べるものなのかもしれない、とも思うね。

　教育はドラマだし、ロマンなんだと思うんだよね。軽い言葉に聞こえるかもしれないけれど、そうではなくて。僕は本当にそう思う。この問題を抱えている生徒、困っている生徒が、立派に育つんだって。それが教育の可能性だと思うんだよね。もちろん限界はある。教師の力量を超えている場合もある。それは認めた上でも、なお、その生徒の一生の中で、ある学校時代に、親身になって自分に寄り添ってくれた教師が一人でもいたか、一人もいなかったかの違いは、その人間の生涯において、ある決定的な何かが違ってくるんじゃないか、と思うんだよね。それは、大袈裟になるかもしれないんだけれど、その生徒の、「人間への信頼」というもののような気がしてて。究極のところで、その子が、人間を信頼できるか、他者の尊厳を認め得るか、それはそのまま自分の尊厳を認め得るかというところに関わってくるのではないかと思う。もちろんいま証明はできないよ。だから、ドラマだとかロマンだとかという曖昧なことばでしか言えないのだけれど。

　放っていたらダメになったかもしれない子どもに関わって、立派に卒業させていって、「この学校で私はよかった」って言って卒業していくようなさ、そこになんかロマンを感じるのが教育だと思うんだ。そんなのテレビドラマの理想論なんだからって言う人はたくさんいるし、ある場面では、僕もそういうかもしれない。でも本音のところで、理想を追わないで、現実の中でただ埋没していくのが教育であってはならないと思うね。

だから『極星』を通じて、若い教員に、そこを育てないといけないって伝えたかったのも一つで。国語っていうのはそういうものだって思うわけですよね。そのためにも、形にしないとだめだって。口でいくら言ったたって。これ（『極星』）を作るのは大変で。だれがやっても大変だと思う。しかし、国語科にとっても、学校にとっても、とても重要な、教育的価値の高いものだと思って。

―これは引き継がれてるんですか？

うん。国語科の教員に引き継がれている。周りは、「なんでこんなにきついことをしないといけないんだ」とか、「年度末で成績もつけないといけないのに大変です」って思うんだよね、毎年。まあ、そのときは大変なわけだ。でも出来あがったら、「わー、すごいな」っていう話になるわけ。自分たちがやったことはこんなにも意味があるんだという ことになる。若い教員も、そういう中で学んでいくことになる。まあ、そういう意味では、『長崎の文学』も同じような感じかな。

―『長崎の文学』も先生が動かれたんですか。

そうそう。G高校の時、国語科の教員、当時の教頭とか同じ年代の先生たちに声かけて、編集委員になってもらうことをお願いをして。そのときに声かけた人たちと一緒につくったよ。僕が編集長みたいな位置付けだった。だから最後に「あとがき」を書いてる。全部電話して。「協力して欲しいんだけど」って。みんな快く賛同してくれた。

―賛同するっていうか、反対できない。

いやいや（笑）。反対する理由がないし。でも誰が取りまとめるのって。僕がするからって、言わなければならない。だから仕事を割り振って、若い教員にも任せるためにそれぞれがパートのチーフになってもらってね。若い人たちも、ここで勉強になったと思うね。みんなが動いてくれたのでできたんですけどね。だから、『長崎の文学』はこれ（『極星』）よりあとだから。「こんなサイズで、こんなのを創ろう」って言ってね。「読み物にしなきゃいけないから、手に載るサイズにしないといけないんです」って言ってね。このサイズは、既製品にはないサイズなんだよ。手に載せた時の感覚にもこだわってつくってるんだ（笑）。

―D高校で作って、F高校で作ってるけど、E高校と、G高校ではなぜ作らなかったんですか？

G高校は2年しかいなかったので、できない。その時は教頭でもあったし。言いはしても、それはやる人がいない。じゃあ誰がやるのかって。

―先生が動くわけにも行かないし。

そうそう。『長崎の文学』をやってるんだからできないし。

—E高校は?

うん、E高校は文化祭で精一杯ですよね。生徒会誌を作るので精一杯。

—『あゆみ』ですね。

今の学校（H高校）では言ってるよ。国語科の教員に。作れるかどうかはわからないけど。どこまでやれるかは分からないけど。今、誇りを持てずにいるH高校の子どもたちが、そういった作品集でどんな文章を書くのか。それを見たいよね。

—文章を見れば、その子どもの背景とかもわかるわけですよね。

そうそう。やっぱり「ちゃぶ台」は強引にでもひっくり返さなきゃいけなかったかな?どう思う?組織論的には、「ちゃぶ台」はひっくり返すべきなの?

—多分、セオリー通りなら、ひっくり返さないと思います。

ひっくり返さない。なぜ?

—先生にとって、やっぱり、2年目になる来年度が勝負なんですよね。個人的には、1年目でも強引にひっくり返してほしいですけど…だけど、来年度に賭けるためにも、今年はひっくり返さないほうがいいのではないかと。

「学びの共同体」をやるのもさ、絶対的な確信はないわけですよ、僕の中には。本当に深いところで言えばね。もし前の学校で、「学びの共同体」をやってて、自分の中にある絶対的な自信があったら、1年目からでも強引に「ちゃぶ台」ひっくり返してでもよかったんだけど。でも、絶対的なものはない。可能性にかけようという段階だから。あくまでもその段階。

—今年「ちゃぶ台」をひっくり返さなかったことを来年後悔するぐらい、今いる1・2年生が育つような次の1年にすることのほうが重要な気がします。ドライですけど。

そこでひっくり返して、ごり押ししながらやっていくのと、ここでは引いたけど、それをテコにっていうか、根源にして次のステージに入っていって。そして変えていく方が、次の年度の実践のやり方としてはありかな。

『極星』をつくることには確信があるわけですよね。どのレベルまでいけるかは分からないけど、必ずそれなりの成果が出るという確信がある。D高校やF高校で経験したりしてるから。みんなにもしっかりそれを説得できる。というか、僕がやればできる。全部、1回目は、いろんなことの1回目は自分でやってるわけだけど。それが、（H高校では、校長だから）やってみせることができない。僕がやるわけじゃないからさ。僕が子どもたちの担任をするわけじゃないから、担任できるんだったら突っ張って、ひっくり返したかもしれないけど。「僕が担任しますから」と言って。でも本当の教師は、ここでひっくり返すんじゃないかと思うんだけどね。

—そこがやっぱり難しいですね。管理職がパワハラ的にや

らせることはできても。自発的にやってもらわないとその後に続かないので。

そこなんですよね。結局は変わらないですよね。生徒は。

―そうしないと、さっき言った、二つの両立ができない。残りの2年間で。

そうなんだよね。結局、無理やりさせただけになってしまう。これからやることが、価値があることなんだっていうことにはならない。特殊な校長がいて、特別にやったので、何となく出来た、特別な事例なんだということで終わっちゃう。

―多分、立ち消えてしまいます。これから、2年間やって、そのあと1・2年やって終わってしまう取組みになる。そういう視点で言ったら、1年目で強引に「ちゃぶ台」をひっくり返さなかったのは正しかったのかもしれない。「ちゃぶ台」をひっくり返さなかったことで変われるチャンスを逃した子どももいたかもしれないですけど…両立させるって難しいですね。

難しいよね、そこはね。高校教育の改革は、その子を救うことから始まるんだって思うけど。でも今、その子を救うことによって、強引に救うことはできても、そのことによって、本当の学校教育の価値にはならない。

―県全体を変えるっていうところまで持っていくためには、先生一人では無理なんですよね。他の先生たちが、第二の福田先生になっていかないといけない。

そうだよね。

―ちょっと話は違うんですけど、教育学研究者と実践の関係も似てるなって思って。僕たちがやることって、個を捨象してしまうんです。一般化を目指すから。

そうね、科学としてはそうだよね。

―でも、僕は個も大事にしたくて。そこはもう、グッと堪えざるをえない瞬間があって。どうにかならないかってもがいてる。多分、先生にずっと話を聞き続けてるのもそこにあるんだと思うんです。個を捨象せずに一般化を目指す方法はないのかなって。

難しいね。でも、それがディコンストラクション（再構築）だよね。個と一般化の問題。個と組織の問題なんですよね。個人的に正しいことが組織的には間違ってて、組織的に正しいことが個人的に間違いっていうことがあるというか。それが、普通なんだよね。組織で「こうしよう」って決めたことに、そこに取り残される人がいてさ。それは否定しなければいけないっていうことになってしまう。しかし、そういった取り残された人たちを取り込んでいかなければ意味がない。十人を十人納得させることはできないんだけど、大多数を、こっち側に連れてくることができれば、少しは見えてくる。

だから悔やんでる。「学びの共同体」をやるぞって言わなければよかったんだけど。それをやることにしていなければ、逆にひっくり返すしかなかった。何もわからずに、方法論もなくて、今までみたいに方法論ない中で作ってきたんだから。思いだけで。

—多分それをしたら、今度は、今困っている生徒は救えるけど、組織を変えることはできないんですよね。

そう。できないでしょうね、方法論がないと。根性とか気持ちだとかいうだけだもんね。根性論でやっていくことは無理だもんね。

東京タワーにこの前登って、ある発見をしたんだけど。東京タワーの展望台にいると揺れるんだよね、風で。でも、あれって揺れてるから倒れない。揺れなかったら、ぽきんといく。揺れるから倒れない。竹でもそうだけどさ。

—しなやかさというか。

1月に「学びの共同体」の研究会に行った帰りに、列車の人身事故で飛行機に乗れなくて、一泊追加することになったんだけどさ。時間が余って、しょうがないからって、東京タワーがすぐ側にあったから登ったんだけど。風が強い日で、揺れてるぞって。っていうことは、揺れてるから、ブレるから倒れないんだって。ブレなかったらいつか倒れる。あぁ、そういうことってあるよなぁって。どんな大木でもさ、ものすごい風が吹けば倒れるわけだ。でも、竹って、風が強くても折れることってまずないよね。しなやかだから。もちろん根はしっかり張らないといけないけど。もちろん節々はしっかりしてるんだけど。揺れるから倒れないんだって。ブレるから崩れない。ブレていいんだって。ブレなきゃダメなんだって。そういうことかなぁって。

—以前、11月に伺った職員会議、反応はどうでしたか？

うん。結局、3分の1ぐらいはうなずきながら聞いてくれて、3分の1ぐらいは「またなんか無茶振りしよるね」みたいな感じかな。あと3分の1はどっちでもっていう感じ。でも、その職員会議の直後に中教審答申が出て。12月22日だったかな。そこで、職員会議で話したような、協同学習のようなことが書かれていて。そしたら、アクティブ・ラーニングの論議がテレビなんかで流れ出して。もちろんその答申のことは分かったうえでの話ではあったんだけど。職員たちはみんな「やってみないといけないかもしれない」みたいになってきたね。それで1月に、学びの共同体研究会っていう大きな研究会があっているんだけど、急遽自費で、教頭と一緒に行こうってなって。その帰りに飛行機に乗れなくて、さっきの東京タワー。

その研究会でスーパーバイザーに話をして、2月の校内研修に呼んできて講演してもらって。一昨日の校内研修にも来てもらって、来年度からの具体的な話をしてきたところ。来年度、新3年は受験があるからやらないけど、そこはゴリ押しせずに、新1年、新2年はやりますよって。

—そのスーパーバイザーは、定期的に入るような形になったんですか？

年に1回か2回は。そして秋ごろに公開授業をやろうと。県を中心に、高校教育課とセンターを巻き込んで、実際に体育館でやろうと。うまくいけばね。それが一つの目標になるように計画をしている。

　それと、45分の7時間授業をすることになった。朝補習はなしにして。7時間目が5日間あって、そのうちの3コマは進学希望者には進学対策の授業。それ以外には学び直しをする。そのために夏休み1週間伸びるんだけどね、授業時間5分短くした代わりに。F高でやったステージアップ・プロジェクトと同じ。残りの2コマのうちの一つはロングホームルーム。そしてもう一つでは授業研究をしようと。大事なのは授業研究なわけですよね。だから、木曜日の7時間目は学年や全体の時間にしようと。学年や全体で授業研究をして、「あの子はこうだった」とかを語り合う。生徒の見取りをしっかりとやる。で、順番は様々だけど、全員が1回は研究授業、公開授業をやる。それをみんなで見て、生徒の学びを見とる。**（図表2―8）**

　っていうようなシステムを作りだして。この時間割と、協同的な学びをリンクさせながら。

―一気に進みましたね。

　うん。一気に。やりだしたら早い。教頭先生がどんどん推進してくれてる。

―先生がトップダウンでというよりも、周りが乗ってきてるんですか？一人、キーになりそうな人がいるっていうように言われてた、その人を中心にですか？プロジェクトチームを作って。

　うん、その彼と。もう一人、体育の教員。その若手二人で。それが機能するかどうかは分からないけど。合わせて「論理コミュニケーション」が始まるからね。論コミと「学びの共同体」と、7時間目の活用っていうのが大きく変わるわけですよ。だから、全員の賛同は得てないけど、システムがそうなってきちゃっている。

　だから、とりあえず形としては、環境整備は整ったっていう気はしている。そこまでは1年目で行かないだろうなって思ったけど、思ったよりもなんか進んじゃって。思ったよりも教頭先生が乗り気になってる（笑）。

―そんなに進めているんですか？

図表2―8 時程変更の具体
※図表1－4再掲

2014度（50分日程）				
月	火	水	木	金
早朝補習（7:55～8:25）				
職員朝会・朝自学（8:30～8:40）				
朝読書（8:40～8:50）				
SHR（8:50～8:55）				
1校時（9:00～9:50）				
2校時（10:00～10:50）				
3校時（11:00～11:50）				
4校時（12:00～12:50）				
昼休（12:50～13:35）				
5校時（13:35～14:25）				
	LHR			
6校時（14:35～15:25）				
掃除（15:25～15:40）				
SHR（15:45～15:50）				
放課後補習（3年生）				

2015年度（45分日程）				
月	火	水	木	金
職員朝会（8:20～8:30）				
朝読書（8:30～8:40）				
SHR（8:40～8:45）				
1校時（8:50～9:35）				
2校時（9:45～10:30）				
3校時（10:40～11:25）				
4校時（11:35～12:20）				
昼休（12:20～13:05）				
5校時（13:05～13:50）				
6校時（14:00～14:45）				
掃除（14:45～15:00）				
学裁	LHR	学裁	学裁	学裁
7校時（15:05～15:50）				
SHR（15:55～16:00）				
放課後補習（3年生）				

※　学裁＝学校裁量の時間：進学希望者（1～3年）＝進学用の補充授業、就職希望者（1～3年）＝就職用演習問題

してる。僕は何も言ってないんだけど。それと、小学校と中学校を巻き込もうと思ってる。地元のね。小中高一貫で地域を発展させますよって。だから、維新前夜は、システム的にはほぼ完成した。後はすべてにおいて来年、維新が始まりますね。維新が始まって、どこまでいくか。

話は戻るけど、『極星』の趣旨はさっきいったことね。すべての生徒の心の成長や心の〝ゆらぎ〟を生徒自身が自分のことばで記録する。で、国語の教師に最終的に求められていくことは、生徒の心の成長なわけだから。そしてあと、同じ学校の他の先生たちが、その子どもの内面にアプローチする手段として、共有意識をもって、子どもの内面を大切にする教育をみんなでしていこうって。そのために有益な意味のあることで。

『極星』を作るためには生徒からもお金を集めないといけないし、最後のまとめとか表紙作ったりとか、出版社と対応したりとか、創刊の言葉[20]を書いたりしないといけないからさ。ぱっと書けるものじゃない。できあがっちゃえば、「国語の先生だから、ささささって書いたな」とか思われるけど、そんなに楽じゃなくてさ。絵を描くのと同じように時間もかかるわけだし。下手なこと書けないしね。

あとはなんだっけ？

―次は、サッカーですね。F高の。

（休憩）

―F高でサッカー部を持ち始めたのは2年目からでしたよね。1年目は、何か持ってたんですか？

放送部。もう文化部がいいなって思ってた。でも、サッカー部の顧問が定年とか異動になって、虫が騒ぐというか。誰もいないんだったら俺がやらんばやろうって。

―E高校にはサッカー部なかったんでしたっけ？

あるけど。集まらない。練習には五、六人かそこらしか集まらなくて。日替わりでさ（笑）。それで、試合になったときだけ11人になる。

―顧問だったんですか？

一応顧問。そこで生徒を集めて、鍛えなおして、スクールウォーズみたいにするぞって、ちょっと思ったけど…そこまではなかった。

F高に異動してきて、高文連をするっていうことになって。高文連なら、文化部持ったことないけど、文化部がいいかなって思って。サッカーは顧問いたわけだし。それに、負担は大きいとさ、部活っていうのは。運動部は特にね。土日全部潰れるわけだから。放課後も毎日するわけでしょう。顧問をする以上は毎日練習に出ないといけないし。基本ね。だから、もういいかって思ってたけど。指導者いなくなるっていうし、しょうがねぇかっていうのと、もう一個は、サッカーいいなっていうのがまだあって…。まだ元気あったんでしょうね。D高校で懲りてたのにね（笑）。それで、12月ぐらいかな、1年目の。それぐらいのころに免許を取りに行って、バスの。大型バスの。勤務時間終わって、自動車学校の夜の部の時間にね。

―1年目ですでに取ろうとしていたんですか。

準備をしてた。そして、次の年度は誰も顧問いないし、「僕がするから」とか言って。その年に、畑中君は2年生で、あなたの下の代が入学してきたわけだ。これはいけるんじゃないかって。やってみるかとか思いながら。すぐにはダメでも、鍛えればいけるんじゃないかって。あなたたちの代の最後は、どうだったんだっけ？

―高総体の最後が、第一シードの国見でした。

そう。そこそこ強かったけど、国見に負けたんだったね。相手次第では、上まで行けるかもしれなかった。だって、高総体前には、新人戦でベスト4のうちの、国見以外の三つには勝つようになってたもんね、練習試合では。佐賀のベスト4とも練習試合をやって、全部勝つようになった。ただただ、国見だけには勝てなかったね。

―1点取られた後に取り返して、前半1対2で折り返したんじゃなかったかな。最後は1対4。

そう。だから、あなたたちの代で強くなってきたとさね。そうなったら辞められんやん。やっぱさ。熱いやつらだし、サッカー部の生徒はさ。そこらへんがF高の生徒はいいところだよね。勉強もしながら一生懸命やるしさ。辞められんようになって。島に5年ぐらいいると、サッカー変わってしまってるからさ。大学でサッカーのコーチしてる教え子を呼んで鍛えてもらったりして。

―新人戦で、国見を倒したんでしたっけ。

それがまたドラマ。高総体で国見に負けて。秋の選手権も国見に当たって負けた。で、2月の新人戦もまた国見。それはあんまりだろうって。他校の顧問の先生も同情してくれてたよ（笑）。でもね、一人だけ、「F高が国見を倒さんば、どこが倒しますか」って言ってくれた。それで、三度目の正直で国見を倒すからね。

―それ、ニュースでも流れましたよね。フリーキックからの得点。

そうそうそう。ゴール前に高いボールを上げて、全部ジャンプして。キーパーも届かんわけたい、囲まれて。その時のチームは大きかったよね。レギュラーで180㎝を超えてないのは二人だけだった。それでスポンと入って。その1点。で、相手のロングボールも全部うちの選手たちがヘディングで跳ね返すし。試合の中身も勝ってたよ。観てた他校の監督たちも、今回ばかりはF高の勝ちでしたね、って言ってた。

（休憩）

部活は、本当に中途半端じゃなくきついとさ。朝補習するでしょう。授業するでしょう。で、放課後、部活するでしょう。その時は、その後に高文連も。無茶苦茶ですよ。国見に勝ったのも、はじめての県高総文祭もどっちも平成17年だからね。

―第1回県高総文祭の年ですね。

うん。土曜日、日曜日は試合で遠征するでしょう。バスを運転して、泊まりがけで。生徒たちも国見を倒すのが目標になっているわけで。もうあと少しで届きそうになってるから。その頃はまだ国見強いわけで、小嶺さんもいるし。僕だって小嶺さんを倒すのが夢なんだから。高校の教員になった理由の一つだからね。そこら辺はまあ、ガキっぽいと言えばガキっぽいのかもしれないけどね（笑）。本人は真剣だったね。

—熱いですね。

青臭いよね。

—大切ですよ。

高校のときに、高校の先生になろうと思った理由が、よそから選手を集めてきて、強くなっていくやりかたが許せないというのがあった。そんなのダメだと。今では当たり前になってきてるけどさ、まだその頃は「そんなことするなんて反則じゃないか」みたいな風潮もあったわけだ。「地元の子は誰もいないじゃないか」って。それを昔やっていたわけだ。だから、いつか倒したいと、あの人を。そのためには、高校の教員じゃないとダメだと。あの人とやるためにには。だから最初から、サッカー部を持つのは当たり前。だから、サッカーをやめるわけにはいかなかった。でも、平成17年は高文連のはじめての県高総文祭の設立の準備もあって、きつかったたね。

—国見を倒すために、教員になったって、僕が高校生のときにも聞いてました。でも、国見を倒して、燃え尽きてしまったっていう話も聞いたんですけど。先生がバーンアウト状態だっていう噂が回ったんですよ（笑）。

終わった直後はね（笑）。終わった後はそうだったけど、現実的にいうと、終わったら1回目の県高総文祭をしないといけないとさ、秋に。

国見に勝ったら、ニュースには出るし、新聞には出るし。高校のときの先生からも電話かかってきて。

—西先生ですか。

そうそう。「高3のときの面談でも言ってたよね」って。

—覚えていてくれたんですね。

「爽やかな涼風が吹きぬけたね」とか言ってくれて。新聞にでかでかと載ってるわけだから。「苦節25年やりました」とか答えてね。その時は本当に嬉しかった。それは、まあ、口で言えばそういうことだけど、大変。大変ですよね。現実的なことを言えばさ。知らない学校に電話して、誰かからのツテで電話をして、練習試合をしてくれってあちこちにお願いするわけでしょう。例えば、鹿児島のフェスティバル。練習試合大会みたいなものを仕切ってる中心人物みたいな人に電話してお願いをするわけだ。強い学校は昔からも参加しているんだけど、無名のF高が行くような場所ではなくて。もちろん携帯電話など一般化してないから、学校に電話して呼び出してもらう時代。連絡するのも大変だったよね。

それなのに生徒たちは、なんか、テレンパレンしてるんだよね、鹿児島の指宿のフェスティバルでさ。まあ、テレンパレンじゃないけど、相手に負け始めたら荒れる、イライラするとか、相手に文句言い出すとか…。ちょっと強くなってきたもんだから、ちょっと劣勢になったら、それを我慢して勝ち抜くことができない。それで、ちょっと早めに試合が終わった日に、黙ってバスに乗せて、知覧の特攻平和会館に連れて行って。「何ですか？」って聞いてくるから、「いいから1時間、だまって今から見てこい」って言って、会館の中に入れたんだよね。そしたらさ、陳列してある当時の特攻隊員の手紙を見たらさ、すごいわけよね。「お父さん、お母さん先立つ不幸をお許しください」って。彼らは自分のせいで死んでいくんじゃない。生徒たちと同じ年代の子がだよ。生徒たちは、陳列してある手記に飽き足らずに、引き出しを開けてまで、見始めるわけよ。下から引っ張り出してさ。そのうち涙流しながら読んでるわけだ。やっぱりF高の生徒は立派だと心の中で思ったね。1時間じゃ足らないくらいに。で宿で、夕食の後のミーティングで、お前たちは最近、きついときとか、相手が強くて厳しい局面になったら、イライラしたりしてると。もう、生徒たちはわかってるわけよ、僕が何を言いたいかをね。サッカーができるっていうのは、どんなことなのかっていうことをもう1回考えろって。特攻隊の若者たちは、同じ歳ぐらいだから。野球をやりたくてもやれなかったし、サッカーをやりたくてもやれなかったんだと。お前たちは腹いっぱいできるのに、それで好きなサッカーしてるのに、局面が厳しくなって壁ができたときに、その壁を乗り越えようなんて全然思ってないじゃないかって。誰のための、何のためのサッカーなんだって。そういう内容のことを語ったね。そしたらね、次の日から変わるんだよね。変わっていく。それからどれだけ走らせようと、誰も文句を言ってこない。言わない。黙々とやる。一生懸命やる。だから、それはやっぱり、この子たちは大した生徒たちだと思ったし。それはそのときだけで生まれるものじゃなくて、ずっとつきあってきたというか面倒見てきたっていうか、一緒にやってきた結果だろうと思うけど…

そんな遠征を夏にした後に、秋の選手権で国見に当たって、2回連続の国見で。それでも負けたとさ、当たり前だけど。その時は、日本がブラジルに勝った形（1996年アトランタオリンピック）を取ったんだけどね。わざと引いて守って守って、カウンターでっていう。だから、攻めることができても、あえて攻めない状態で。後半の最後の20分で攻めに回ろうという作戦。でも結局、前半0対0で折り返したけど、後半に6点も取られて惨敗。国見は、全国優勝を狙ってるフルメンバーだ。こちらは、3年生は6月の高総体で引退してるから、2年、1年の新メンバー。無理もないよね。そしたらさ、泣くんだよね。試合が終わって。わんわん、声出して、恥ずかしくもなく。相手は天下の国見だよ。でも、負けたことに悔しくて泣いてるんじゃないんだよ。もっと、当たり前に戦って、それで、何点取られても仕方ないと思うけど、でも、勝つためとはいえ、守って守って、それでやって、結局勝てなかったことが悔しいって。僕は教えられたね。彼らは勝つことが本当の目的じゃないんだって。目標ではあっても目的ではなくて。レベルはともかく、精一杯自分たちを表現したかったんだよね。僕が、彼らの目的と目標を間違っていたんだね。反省したよ。僕は彼らに謝った。

だからその後、大学の監督をやっている教え子を呼んできて、大学のレベルで守り方と攻め方を身につけたりとか。大津とか国府とかにも練習試合に行って、そういうのを試したりして。守るサッカーじゃなくて、今度はノーマルに戦おうって。強くなるわけよ、本当に文句も言わずに、一生懸命練習する。そして新人戦で、3回連続の国見と当たるわけだ。他の高校の先生とかも気の毒がるわけ。3回連続はあんまりだねって。しかしもう、迷いはないというか、ずっと守るとかじゃなく、普通でいこうと。ガチで。負けてもいいじゃないかって。そしたら、そこでこういうドラマがおきるわけだ。これは本当にドラマだと思ったよ。6月国見、11月国見、2月にまた国見でしょう。国見との決戦の前日、練習が終わって、生徒たちに話をしましたね。「君たちはサッカーに関して、国見に対してのアドバンテージは何一つない」って。「環境も、選手たちの個々のレベルも、練習時間も、すべて国見が優ってる」って。「でも、たった一つだけ君たちにアドバンテージがあるとしたら、それは何一つアドバンテージがないというそのことが、君たちの持つ、唯一、最大のアドバンテージだ」ってね。決して恵まれているとは言えない状況の中で、生徒たちは何一つ手を抜かないで、自分たちで自分たちを追い込むことができた。「それが最大の君たちのアドバンテージだ」ってね。「試合は一発勝負だから、苦しい状況では、めぐまれていない方のアドバンテージが威力を発揮するはずだ」というようなことを話しましたね。本当に彼らは、自分たちで強くなっていきましたよ。練習や試合の指示は当然僕が出すけれども、彼らは、それを自分たちで話し合って、相談しあって、判断して、疑問があれば僕に確認しながら、自分たちで自分たちを追い込みながら頑張ってきた。25年サッカー部の監督をして、その意味で最高のチームでしたね。だから予感はありましたよ。確信のない予感だったけれどね…。最後にベッケンバウアーの言葉を付け加えることは忘れなかったけどね。「試合は、強い方が勝つんじゃない。勝った方が強いんだ」ってね（笑）。

それで、前半1対0でリードして折り返したんだ。でもまあ、そういうことはよくあって。結局終わってみれば1対4とか1対5とかはよくある話。ところが、跳ね返す。要するに国見は、ロビングを放り込んで、それを落として、近くに走りこんでセンタリングして決める、そのパターンが主だから。そしたらロビングしてきたところを跳ね返せれば大したことはない。でもそのスピードと精度がむちゃくちゃ高い。F高が全部跳ね返すわけよ。ヘディングは徹底して鍛えてる。身長があったね。あの時のチームは。

時間が過ぎるのがやけに遅い。苦節25年。何回も夢見てきた。何回も国見と当たってきたけど。いつも、当たるってなったら描くわけだよ、もし勝ったらどうしようとかさ。イメージして。でも、1回も勝てたことがないわけだな。それが現実になってくる。そしたら、残り10分になり、周囲が僕だけでなく、どこの他の学校も勝ててないわけだ。それちょっとざわざわし始めて。残り5分になり、もうざわざわしてきて。国見のベンチの後ろの方にいた新聞社がみんなこっちに移動して来る。そしたら、残りあと5分ぐらいの時にさ、生徒たちを見たら、泣きながらサッカーしてるんだよね。えっ、て思って。負けて、泣きながらするなら分かるよ。でも、勝ってるのに、泣きながらサッカーしよるとさ。「こいつら感動しながらサッカーしよるぞ」って思った。あれはすごかったね。僕はずっと鳥肌が立っていた。そうして勝ってしまうわけだからさ。新聞社とかも全部こっちに来て。残り10分、5分ってなるときのざわめきがね。みんなこっちを応援してるわけだ。異様な雰囲気だったね。だって、12年間負けたことがないんだから、今その歴史的な場面が訪れようとしている。あれはね、すごかったですよ。いつか生徒に話してやろうと思ってる。

―（現任校の）H高校のですか？

うん。指宿で合宿をしたとか、たくさん生徒たちと関わったとか、そのことが即結果に繋がったとかいうことではもちろんないし、それは証明できないわけじゃん。証明できないけど、でも、その後では練習で文句を言わなくなったり、目標をしっかり持って、みんな一つになってやっていくようになったり。そういうのが教育の一コマだと思うんですよね、本当は。彼らが、自分は何でサッカーをしてるのかとか、サッカーすることが自分にとって何なのかとか、そういうのを、ちゃんと考えるようになっていった。知覧のあのときから、彼らは変わった。あれがなければ、国見には勝ててなかったかもしれないね。家に移動しようか。

（休憩：福田邸へ移動）

（自室の本棚を見ながら）この辺は整理してないんだけど。本を買って何になったかって言っても何にもなってないけどね。もう、いくらもお金使ってさ。

―大学院のときに集めた本ですか？裏にあるのは。

そう。裏側のはだいたい、大学の頃のやつだね。

―先生、修論何書いたんでしたっけ？

僕は教科教育学で。恥ずかしいけど、『文学教育理論の研究』という題名だったね。一人の作家について研究するなら、その人の本を全部読むところから始まるわけだけどね。文学教育の理論の歴史的考察だった。それから論争史だとか、文学教育に関する流れとか。

―方法論ってあるんですか？国語科教育学には。

まあ、歴史的なのが一番多いかな。

―現代の作家について書こうと思ったら、歴史的なアプローチって難しいじゃないですか。

そうですね。それは、文学研究でしょうね。それは教科教育学じゃないですね。教科教育学は、どう教えてきたかとか、どう読ませてきたかとか。そういう歴史研究はありますね。

―授業と関わってくるんですね。

国語でつけないといけない力は何で、それをつけるためにどう教材を工夫するのかとか。ほとんどずっと、国語教育を席巻してきたのは、大村はまの単元学習。だから総合学習（総合的な学習の時間）なんかも、単元学習の影響があって。あとそれこそ、『こころ』をどう教えるかとか。『羅生門』をどう読むかとか。そういう、教材の文章の教え方を展開したり。また、国語教育研究と文学研究との接点の困難さとか、さまざまだね。

研究授業例なども実践研究としてあげられてくるけど、結局そういうのも全部、生徒の状況によって全然違ってくるわけだ。だから、ある成功例が書かれてあったとしても、それがどの学校でも成功するかっていえば、そうはいかないわけでしょう。だからそれは、子どもたちの現実というのは、ある程度捨象していかないと書けないわけたいね。それでも、そこにある方法は役に立つはずだっていうところでやってるんだけどね。でも、その研究成果を読んだからいい授業ができるようになるかっていったら、そうではない。授業は実践だからね。

（本棚を見ながら）協同学習関係の本は、ほとんど学校に持っていってるんだけどさ。

―「学びの共同体」に着目し始めたのはいつぐらいなんですか。

20年ぐらい前かな。国語科教育学の主なものは授業づくりなわけだけど。小説教材をどう教えるのかとかさ。で、確かに色々な授業の方法論があるわけだけど、それをいくらやっても、変わらないだろうって思うんだよね。もちろんヒントにはなるけどね。決定的に違うのは、その教師が生徒に関わる時に、どういうスタンスや立ち位置で、もっといえば授業をどう捉えるかで全然変わってくると思うわけだ。高圧的な教員が授業で使った指導案であっても、生徒を育てなければならないって思う教師が同じ指導案で授業をすれば全然違う授業になるわけですよね。でも、そのことは問われない。問えないのかもしれないけど、問われないわけですよ。だから、教師の立ち位置っていうか、構え方っていうかね。その教師が、その生徒にどう構えて立つのかっていう、居方。そこを問題にしないと、授業の50分をどう作りますかとか、この作品のテーマはなんですかとかいうことをいくら言っても、変わらないんじゃないかなっていう気がしますね。「学びの共同体」は多分、そういうことを言ってるんだと思うよね。

だから確かに、国語科教育学でも、例えば、「国語の力」だとか「問題意識喚起の文学教育」だとか「挑発する国語教育」だとか、色々あるんだけど、方法論的にね。40人の生徒がいて、そのうちの20人がそういう授業についてきたと。でも、残りの20人はよく分からなかったと。そういう状況には目をつぶって、っていうわけでもないんだろうけれど、「この作品はこう授業をするんだ」っていうことをいくら言っても違うと思うんだよね。違うというか、変わらないだろうという気がするんですよね。もちろんその中にも、「関心を示さない子にはこういう風にしましょう」とか色々とあるけどね。それは、ペスタロッチ賞をもらえる大村はまさんぐらいしかできないことであって。目指しはしても、40人のクラスで40通りの教材を持って教えに行くなんてできないわけじゃないですか。これはどう読むんだとか、どう教えるんだとかいうようなのも一方では大事なんだけど。それをずっとやってきたうえで思うのは、それだけじゃ変わらないというかね。そこを問わなきゃいけないんじゃないかって気がするんだよね。

こういう研究講座本とかで、具体的な実践例が載ってるわけだよね。でも、それって結局、成功例しか載せないわけだ。スチューデント1、スチューデント2、ティーチャー1ってやってさ。この作品をこう捉えて、こう授業するんですよっていうのは分かる。そこは作品から導き出されるわけで、文学研究に近い範疇で。それを、じゃあ授業でどうするかってなったら、導入・展開、ってやるわけだ。なんか、そういう指導案書いてやっていくことのむなしさというか無意味さというかね。そこでそれを、40人を組み込ませるような方法論があれば、認めていいんだけど。大村はまさんはそういうことをやってるんだけど、それは、僕の立場からいうと、それを全部の先生に要求することは無理だと思うわけよ。ならば、システムでそれに近づくものを目指さないと授業は変わらない。教科教育学を否定してるわけではないんだよ。役に立つことはいっぱいあるし。「あぁ、この作品はこう教えるんだ」とか「こう読むんだ」っていうところはいっぱいあるわけだけどね。だけど、それを身につけたからといって、いい授業ができるかっていうと、そうではないよなって。っていうか、生徒が黙って授業を聞かないようなところで、どんな一斉授業をしても効果ないわけですよね。簡単にいうと。

学校組織論では、授業はどういう位置付けになるわけ？

―ほとんど扱わないですね。

扱わないよね。扱えないよね。

―でも、本当は重要なんですよね。語らないといけないはずなんですけど、研究者が見ようとしないし語る力を持っていない。もちろん、僕もですけど。

まあ、見ないし見れないですよね。だからもう、極端に言うと、印象批評でしかないような気がするんですよね。

そこをどう超えていくかが課題で。素行が悪い生徒には力強く指導するべきだとか、優しくしても結局ダメなんだとかいうのが今までの流れで。でも、そこは言葉でちゃんとまとめなきゃいけない、難しいんだけど。「何でそんなことするんだ」とか怒って、「謹慎だ！」とか言って、そういう構え方でやっても、生徒が変わっていったり伸びていったりすることはないだろうと思うんですよね。そんな高圧的に怒る指導を受けてきた生徒が、「あの先生に習ってよかったな」とは決して思わないわけだし。反発はしてもね。だから、そうじゃなくて、格好良くいえば、生徒に寄り添ってとか、一緒に学びを支えていってとか、そっち側に立たなきゃだめだろうというような感覚があって。それがさっき言った教師の居方ね。教師の立ち方。簡単に言ったら、子ども側に立つか立たないかって言うことだけど。常々そういうことをずっと考えながらいたんだけど。そういうスタンスで書かれていたのが佐藤学の文章で。まだ、「学びの共同体」になる前の段階でもね。もちろん、大村はまさんだってそうだし。でもそれを、現実的にどうするんだよってていうのは示唆されないわけ。たとえば苅谷剛彦が「教育格差は家庭の経済格差に連動している」みたいなことを指摘しても、じゃあどうするのっていうか。そこにどのような現実的な教育の場でのアプローチをしていくのか。実際的に現場の教師たちは「どうするんだ」っていうのがほしいわけだから。そこにグループ学習とかが出てきているわけだけど。でも、生徒が学びへの意欲をほとんど持っていないような学校では、そもそも授業が成立しない、生徒へ言葉が届かないわけだから。「なぜ勉強しないといけないのか」っていう疑問を持っている、学ぶことに必然性を感じていない子どもたちに「国語を教えるとは何なのか」って、「数学を学ぶとはどういう意味があるのか」っていうことを問わなければいけないわけでしょう。でも、それは問われないよね。『極星』なんかは、ある程度の学力の子どもたちが対象だったからできたっていうのは前提にあるかもしれないですよね。読み書きが出来ない子どもたちにそういう文集を作るんだっていうのは大変なことですもんね。でも、書けない読めない子どもたちに出会った時に、じゃあどうするんだって、その子どもたちとどうやって文集をつくるんだっていう意識を持って国語の授業に臨むことで、そしたらそこに、何かの方法論がでてくる。出てこないといけないんだろうけどね。

大元に戻るけど、だから、そういうことを考えたことがない、経験知として持っていない教員に対して、「よしやるぞ」っていっても簡単にできるわけないですよね。そういう情の部分っていうか、そういうのは教科教育学の中には書かれていかないですよね。文学の中にはあるけど。たとえば宮本輝はその辺が上手ですよね。不登校の経験者ですよ。

――（本棚を見ながら）ここらへんがそのゾーンなんですね。

うん、その二段。それで、村上春樹もやっぱりすごい。三田誠広も。あとは評論の加藤周一や小林秀雄かな。でもできるんだったら、漱石をゆっくりずっと読み返したいけどさ。もちろん詩集も。

しかしそんな暇はない。目先のことにあたふたあたふたして。だから、時間外まで生徒の面倒を見たりとか、土日まで付き合わなければ、もっと本は読めてるでしょうけど。目の前にそういうことがあれば、本よりもそっちにかからないといけないから。そしたらなかなか、本も読めないですよね。だから、現場に出れば、そうなる。研究ができない。勤め始めた最初のころは、10年ぐらいしたら研究者になろうかなとか思っていたけど、そのためには「はい、5時に帰ります」ってしないと、自分の世界はないわけですからね。

―僕は、だから教員にならなかったんです。周りからは、教員をして、ちょっと経験を積んだほうが将来的には自分のプラスになるからって言われたんですけど。多分僕の場合は、現場に出たら没頭するだろうと思ったので。そんな中途半端なことをするのは失礼だなと、どっちに対しても。

確かに。例えば勤めた学校だとか、東京と長崎の違いだとか。都会だったらもう、生徒に付き合わなくても、予備校があったりとかするから。後は自分の研究なり趣味なりの時間に使えるかもしれない。でも地方ではそういうことがありえないので、無理なわけですよ。それと、国見を倒すまでは辞められないなっていうのもあるし。そうやってるうちに、日本は変えきらんけど、せめて目の前の子どもたちを変えたい、みたいなことを思うようになって。でも結局、いわゆる教養とか、ものの考え方とか、感じ方だとか、教師自身が学び続ける意欲だとか、そういうものを持ってたほうが、実はいい教育ができるかもしれないですよね。薄っぺらな人間よりも、深い人間の方が。そのためには、本買って読んだり、研究したり、勉強したりしないといけないわけですよ。しかし、時間がないから勉強できない。勉強するためには5時で切り上げないといけない。そしたら、子どもたちから見れば、「なんだ、あの先生は自分のことばっかりして帰るじゃないか」って言われるかもしれないけど。しかし帰って、ちゃんと考えて学んでいけば、そのうち、勉強していない先生よりもちゃんと深いことを言ったり、正しいことを教えたり、いい授業ができるようになるかもしれない。結局、冒頭の話と一緒かな。今の、目の前の生徒は多少犠牲にはするけど、向こうの、本来的な、もっと本質的というか普遍的にというか、普遍的な価値を目指すことによって、多くのものを救うことが出来るでしょうって論理になるわけだな。目の前の子どもを犠牲にしないことによって、将来的には多くのものを救うことは出来ないと。普遍的なものにはならないから。もう、単発で終わってしまうよって。どっちが大事なんだろうね。

―いや、どっちも大事だと思います、それは。どっちが大

事だっていうのはないけど。多分、先生はそれを両立しようと、両立させたいと思うからこそ、

悩むんでしょうね。

—そう。悩んだり、悔やんだり、揺れたりするんだろうなって。僕も両立してほしいと思うし。僕自身も研究する上で、できれば両立させたい。けど、どうやったらできるんだろうっていうので悩んでる。

今ね、「学びの共同体」をしながら、最終的に、これはちょっと戦略的なところがあるんだけど。そこにまだ周りは気付いていないんだけど。「学びの共同体」のやり方自体が、子どもたちを育てていくのかどうかなんていうのは、本当のところではまだ分からないと思ってる。本当のところは分からないと思ってるけど、でもそれをすることで、教師たちが子どもたちについて話をするようになる。誰かの授業をみんなが見るということは、生徒からすれば、「俺たちの授業をいろんな先生が見にきてる」と。「俺たちって、大事にされてるんだ」って、「俺たちのことをいろんな先生たちが一生懸命守ろうとしてくれてるんだ」って思い始めるかもしれない。そうなれば、当然変わってくるだろうなって。で、授業研究で語り合われることは、「生徒がこういう風に聞いてた」とか、「この質問のときにこうやってた」とかだから、そういう見とりについて考えざるをえなくなるわけだ。ほとんど。でも、自分が授業をしてるときには気付かないじゃん、ほとんど。でも、「数学の時には元気がないけど、国語の時にはしゃべるんだ」とかいうのから始まってね。それだけで、授業の中身はどうであれ、それだけで変わるんだと思ってるんですよ。少なくとも授業について、学年の先生たちが、ああだこうだと話したことは今までないわけだから。それを『「学びの共同体」』はこんなものだからやってもらいます」ってごり押しして。そしたら、それだけで意識が変わると思うわけよ。そして、教員の意識が変われば生徒の意識が変わるって。要するに、生徒の学力を育てないといけないとか、教師力を付けないといけないとか言って、普通は、誰か専門家を呼んできて講演してってやってるけど、そんなので教師力上がるんだったら、もう、みんな上がってるよね。そんな簡単なもんじゃないわけで。実際には、教師が学校の中で自分たちの力でやっていくことでしか教師力を上げることはできないはずで。だけどそれを、校長が、「もっと子どもたちを救いなさい」とか言ってもダメで。でも、教師たちが語り合い始めれば、その先に、「じゃあこんなこと聞いてみようか」とか、「こんな授業をしてみようか」みたいなことが生じてくるんだろうと。だから、一つの方法である「学びの共同体」を、うちなりの方法に変えていかないと意味がないと思ってて。

—そこまで持っていけるかどうかですね。

うん。ただ、それが難しい。その見とりが難しいんだよね。

今の長崎だけではなく日本の教育のあり方が、多くの子

どもたちを切り捨てていくことになってるっていうことについては問わないといけないと思ってる。でも、それを何であなたがしないといけないんだって問われたら、答えられない。何ででしょうね。

—突き動かすものは何なのか、ですね。なぜそこまでするのか。何でそこまでするんですか?

そこまでというほど大変でもないけどさ。もっと大変だったことはいっぱいあるわけだから。ただ、そこまでっていうか、そういうことをなぜやろうとするのかっていうと、何でかな?原体験っていうのは何なんだろうっていうことなのかな、突き詰めていけばね。

校長も実は色々大変で。人事を考えたりとかさ、校長にしかできないこといっぱいあるわけじゃん。それを卒なくこなしていてもいいわけで。でも、それじゃあねって一方では思うわけで。何でなのかな、わからんね。でも、まあ、言い出した以上やめられないよね、みたいなところはあるね。自分が最初に言ったこと、やり始めたことに縛られて。言った以上は前に進めないといけないみたいな。有限実行。今回も結構、みんな期待して、中身はよく分からないけど、分からないからこそ期待し始めてるわけですよ。気づけば色々と進んでる。「あの先生が乗り気で、もう授業し始めてますよ」とか。「もうちょっと、始める前に勉強した方がいいんじゃない?」とかも思ったりして(笑)。そうなってしまったら後には引けない。でも、高総文祭にしても何にしても、いろんなことをそうやって乗り越えてきたんだから、まあ、出来るだろうという気もするし…。わからないなぁ。(笑)

—そのプロセスはちゃんと追っていきますので、僕が。何に迷って、何に困りながら、でもそれを作り上げていったかというプロセスをちゃんと示さないといけないいんじゃないかなと個人的に思ってるので。割と研究では、そのプロセスが吹っ飛ばされて、完成形だけが紹介されがちで、なぜそうなったのかという過程を残していきたいなと思っています。

ぜひお願いします。そのプロセスこそが肝要だよね。今ね、ちょっと思いだしたんだけど。今日起きがけに夢を見て。たまたま夢の中で、「あぁ、先生はそうやって風穴をあけていったんですね」っていう話になった。あぁ、そうかなぁとか言いながら目が覚めた(笑)。風穴をあける。だから、今悩んでるわけだね。谷川俊太郎の『風穴をあける』っていう本があって。エッセイ集なんだけどさ。風穴をあけるっていうのはそういうことだよなって。壁があって、壁を乗り越えるっていうのもあるけど、乗り越えないで、悩みながらどこかに突破口を開いて。そこから進入するっていうね。よく「きついけど壁は越えなきゃいけない」って言われるよね。そりゃそうだ、頑張ろうっては思うけど、やっぱりこの壁は超えられないなっていうときもあるよね。そういうときに、ちょっと方向を変えて、トンネルを掘ってそこから入って行ったっていうのはあったかもしれないですね。そういえば「ショーシャンクの空に」っていう映画があったね（笑）。壁は越えなきゃいけないんだっていうのはあるけど、でも、越えなくても、ちょっとその弱そうなところから突破して向こう側に出ちゃえば、あとはまた新たな展開が拓かれていくみたいなね。要するに諦めたらそこで終わりなんだよね。もちろん最初のほうでは、いろんな人と話して説得している。「これはやらないと本物ではないだろう」みたいな。だから前も言ったけど、まずはイメージがあって、そのイメージにたどり着くために、まず人を説得しないといけない。協力を仰がなければならない。人を説得するためには理念を、情理を込めて訴えないといけなくて。理念を具体化する方法はわからないけどって言いながら進んでいく。しおかぜ総文祭はまさにそんな感じだったね。

―しおかぜ総文祭を実現する上での方法の一つというか、先生が抱くイメージにたどり着くための後ろ盾になったのは林先生だったんですかね。

そうそう。決定的なブレーンですよね。彼がいなかったら、僕もここまでは描けなかったかもしれないから。イメージの核になるところは僕の中にあるんだけど、核だけでは、イメージはできなかった。核はあるけど、形としてイメージできないことを、彼は「あぁ、それだったらこんなことがあるよ」って見せてくれた。ああ、それってすごいなって。それは教育的に意味があることだよなっていうことで、僕のイメージが膨らんで、次第に明確になっていく。このイメージを実現するためにはこういうことが必要で、みんなを巻き込まなくてはいけなくて、じゃあ、誰を巻き込むかって言う話になってくる。だから、林は決定的な存在ですよね。今思うのは、林との再会が出発点だね。不思議だよね。なぜ、あそこで偶然にも彼に出会うのか？大学以来1度も会ったことないんだよ。長崎と長野だからね…。20年も会ってないんだから。

（宅配便が到着。一時中断。）

何の話だったっけ？

―林先生を紹介してもらっていいですか？インタビューに行きます。

林？いけるの？長野まで。

―行きます、なんとかして。

いつ頃いく？電話してみるよ。どういうことを聞きたいって言えばいいのかな？

―林先生がどういう形で長崎の高総文祭に関わっていたのか、林先生の目線で語ってもらえれば。

（林先生へ電話）

わかったってさ。畑中くんから連絡してみて。僕も一緒に行こうかな。

―一緒に行ければ、心強いです。

それから、当時の主要メンバーにも聞いておくといいかな。

（休憩）

うち（H高校）の文化祭の話はしたっけ？

―ちゃんと聞いてないです。やったところまでしか。

それなりにすごくて。地域から芸術家たちが来てくれて、特色が出てきてる。

―先日、生徒会誌で「なぜ文化祭で劇なのか」のインタビューを受けると言われていましたがどうだったんですか。

全然うまくしゃべれなかった。実力がないよね、そういうときに。人前でしゃべるのが上手な人っていうのは、聞いてて分かりやすい人じゃん。聞いてて分かりやすいっていうのは、簡単に言えば、単純なことをしゃべる人。単純な論理で単純なことをしゃべるのは分かりやすいわけですよね。だから、色々なものを考えてて、奥の方まで考えてて、だからこういうことなんですよって。奥の奥まで話をしなきゃいけないから、聞いてて分かりにくくなるわけですよね。ただ、授業で50分ぐらいあると、そこも全部含めて話せて、「ああ、なるほど」っていうのはできる。でも、5分ぐらいで言いたいことを話しましょうみたいなときに、僕はほんとうまくできないんですよね。気も弱いし、力もない。でも、もっとすごい人は、その向こう側までいって、そぎ落としながら分かりやすく話せる人がいるよね。そういう人ってほんとすごいな、って思う。それを目指すんだけど、なかなかダメですよ。昨日も球技大会で話をしたんだけど。

―総評みたいな？

話の内容は、最後の球技大会だから、勝ち負けも大事だけど、1年間振り返って、思いやりをもってやりましょうって。それから、思いやりを持つっていうのはどういうことかっていうと、その人の存在を自分の視野の中に入れておくことだって。人間には見方が二つあって、一つは水平で見る見方と、もう一つは、いま自分がいる状況も含めて、その状況を上からみるという見方がある。それは俯瞰するということだと。実際に空を飛ぶことはできないんだけど、僕もずっとサッカーをやってたから分かるけど、状況を想像して、イメージしてものを見る。それは、バスケットとかサッカーとかだけの話じゃなくて、集団とか教室とか、いつもいるような限られたエリアの中がどうなっているのか、自分が置かれてる周囲の状況を上から見る見方ともつながるんだって。スポーツが上手な人もいれば、下手な人もいるし、寂しがってる人や悲しがってる人も色々いるけど、そういったことに気付くために、俯瞰する見方を大事にして、思いやりをもってやっていきましょうと。今日は蝶のように華麗に舞って、鳥のように俯瞰して、一生懸命頑張ってくださいって話をした。それは教師たちに向けても話してるわけだけどね。周りに先生たちいるからさ。ものを見るというのはそういうことなんですよね、多分。教師だとか、チームのキャプテンだとか、監督だとか、サッカー選手だとかは、全体の中で俺はどこにいるのかっていう位置付けと、あそこに誰がいるのかっていう位置付けをしているわけでしょう。そういうものを見る視点っていうのを持っておかないとダメなんじゃないかなと思うんですよね。だから、思いやりっていうのは、寄り添うとか、1対1で横にくっつくとかいうレベルだけじゃなくて、それもあるけど、自分が置かれている状況の把握が出来るかっていうことだと思うんですよね。だから、本当の意味で話が上手な人は、話を聞いてみようかなって思わせてくれる人は、そういうことが見える人だと思うんですよ。これって結構難しいことでね。僕ももっともっと修練しなければ、と思うことですよ。移動しようか。

（喫茶店へ移動）

—引き続き、G高校の2年間を聞かせてもらえますか。

さっきも話したけど、『長崎の文学』はその時にやった。そして、1年目に心筋梗塞。そして次の年に脳梗塞（笑）。1年目に『長崎の文学』を企画して、２０１１年に出版した。

—『長崎の文学』を改訂しようと思ったのは何でですか？

20年ぐらい改訂していなくて、国語科研究大会、国語の先生たちの研究会ね。高校は各県ごとに組織されてるんだけど、その九州大会が長崎で開かれるのを契機に改訂することになって。各教科の事務局がそれぞれあるんだけど、長崎のあちこちに。国語の事務局はG高校だったんだよね。そのときの校長が国語だったから、国語部会の会長さんだった。で、教頭の僕も国語科なので、改訂を指示されて、新たに編纂することになった。

—（『長崎の文学』奥付を見ながら）4訂なんですね。これが。

そうそう。僕も高校生の時に買わされた。一番最初のを。せっかく改訂するなら全面的に変えるぞって言って。次の改訂の時には関われないだろうからって。

大学で東京に出たときに、1冊、『長崎の文学』をずっと本棚においていたんですよ、寮の僕の本棚にね、ずっと。長崎が恋しかったのかもしれないね。

—高1のときに買ったやつですか。

そうそう。高校時代に触れていた『長崎の文学』が1冊、本棚に入ってるわけ。でも、そのことが大事だと思うんだよね。長崎で高校生活を送った生徒が全員持ってるような、『長崎の文学』を作ろうと。高校時代を長崎で過ごした子どもたちが、『長崎の文学』が合言葉になるようなね。世代が違っても。長崎で高校生活を送ったんだって。長崎の光と風が詰まってるものだから、それを見ながら青春をおくったんだっていうことを合言葉にして…。で、企画会議を開いて。今まで、長崎が舞台になった作品しかなかったんだけど、長崎出身の文学者を載せないのはおかしいということになって。で、「長崎県出身の作家たち」っていう章を新しく設けて。

―あぁ、第7章。

そう。そういえばさ、その章にカズオ・イシグロの『遠い山なみの光』が入ってるんだよね。まだみんなあまり知らない頃。そしたらさ、それからすぐノーベル文学賞の受賞でしょ。いやぁ、長崎の国語の先生方は本当に凄いですよ。レベルが高い。それから、それぞれの教員が読んで、より深く考えるための設問を一問ずつ入れようとか。それは西先生が言ってたんだけど。

―西先生も関わられてたんですか？

いや、関わってないけど。話をしたらそんなコメントをしてくれてね。そうやって取り組んでいってたんだけれど、心筋梗塞になって3ヶ月入院。で、復帰して。

―1年目（2009年度）の時ですよね。

うん。復帰した後に、1年後にまた、今度は脳梗塞になって、また遅れてしまった。これは、50名以上の国語の先生たちが集まって作ったからね。それをするためには出張伺をつくったり、調整したり。「あとがき」[21]に書いてある通りの思いですよ。

それからもう一つは、文化祭を変える。県高総文祭があったんだな、佐世保で。

―1年目（2009年度）ですね。

第5回ね。それはね、本番（しおかぜ総文祭）をにらんで色々新企画をためしてみた。例えば、国際交流っていうのをやってみた。それまでしたことがなかったものなんだけど。要するにシンポジウムをしたかったんだよね、日本の高校生と外国の高校生とが語り合うみたいな。大学の留学生と基地の人たちを呼んで、通訳を入れながら。そしたら、韓国とか中国の留学生が、「大学行きたいのに勉強が嫌だって言う日本の高校生はおかしい」って言いはじめてね。「それなら大学行かなくてもいいじゃないか」とか言うんだよね。韓国の大学生は、徴兵に行ってるわけだし。「徴兵に行って、学べることの有難さを知った」と言うわけだ。それを聞いてる日本の、というか長崎の高校生は深くうなずいて、会場がしーんとなった。だって、同じ年代で、徴兵の体験は重い。それを本番（しおかぜ総文祭）まで続けたかったんだけど、できなかったね。そういう色々な試みをここでやった。

一方で、学校の文化祭はいまいちだったんだよね。G高校は佐世保の高文連の拠点校なのに、文化祭が弱い。だから、学校の活性化において生徒会活動はすごく大事なんだから、重視しないといけないっていって。それで、生徒会指導部に新しい発想や面白いことが出来る教員が配置されるように、校内人事をちょっと頑張ったかな。

―配置をですか？

そうそう。そうすると少しずつ良くなって。しおかぜ総文祭の影響も受けながらね。そのメンバーが核になりながら、今年度の文化祭はとっても良かったたって聞いたよ。

―その時の教員が動きながら。

あの頃に蒔いた種がやっと花開いたか、みたいな話。それと、そのころは裏側で、しおかぜ総文祭へ向けて組織を動かしてた。

―じゃあ、G高校のときはほとんど、しおかぜ総文祭に向けて動いていたっていう感じですか？

そう。そのためにG高校に行ったようなものだからね。そしたら『長崎の文学』が降ってきて、それもせんばいかんし。もちろん、通常の業務をしつつ、プラスアルファでだよ。プラスアルファが重いこともあるよ。そしてお袋がここの年（２０１０年度）に亡くなった。

―2年目のときに。

うん、2年目の10月に亡くなって。12月25日の晩に脳梗塞になった。

―12月25日ですか。

やっと終業式終わって長崎に帰ってきて。25日の夜、テレビ見てたら、片方の目が見えんとさ、ぼーっとしかね。おかしいなって思って。友達に眼科医がいて、電話して聞いたら、すぐ長大病院に行けって言われて。夜中だったから、友達がすぐ大学病院に連絡してくれてね。で、行ったら、脳梗塞。

―痛みとかじゃないんですね。

あんまり痛くはなかった。後で痛くなってきたけど、我慢できないような痛さじゃない。心筋梗塞は我慢できない痛さだったけど。でもおかげさまで、今は、普通（笑）。

―良かったですね、大事にならなくて。

別にプレッシャーがかかってたわけじゃないけど、きつかったとやろうね。それに、単身赴任だったから、食べるものも弁当ばっかりだったし。でも処置が早かったからかもしれない。友達は、命の恩人だ（笑）。

G高校の後は学芸文化課。何を話せばいいかな。

―どんな壁にぶつかったのか、どんな課題があったのか。

うーん、色々ありすぎるなぁ。あるある、いっぱいある。

―どうしますか、今日しますか？

今日は疲れたね。

―では、また次回。次回はそこから。

8　高校教育を問い直す

（聞き取り日時　2015年11月16日15：00～16：00　於 H高校校長室）

―今日は「学びの共同体」に特化して聞かせてください。これまでもその都度お聞きしてきましたが、「学びの共同体」導入から半年ほど経過したので改めてお聞きしたいのですが。まず、「学びの共同体」導入の意図はなんだったんですか？

一つは生徒が非常に多様化しているので、学力が高い子も、それから学力がまだ低い子も、特別な支援を要する子もいるから、その多様化する子どもたち一人ひとりの学びを保障する。学びの権利を保障する。そのためには、一斉授業ではダメだろうと思うわけで。教師からの一方向的な授業が基本では、全ての生徒の学びの権利の保障はできないのではないか、難しいのではないかということだね。それを保障するには、「協同学習」の形を取り入れなければならないと思ったのが一つ。それからもう一つは、教師の「同僚性」を構築する必要があると思ったんです。どうしても高校の場合は、教科中心主義になっていくわけで、みんなで共通して子どもたちの状態を見とる。そうすることによって、共通の教育的課題を見つけて、みんなでその解決に向けて研究をしていくというプロセスの中で、そのために教師たちがコミュニケーションをとっていく。そういう中から、教師同士が、本校の生徒の教育に対して、同じ課題を解決していこうという同僚性が構築される。教員はみんな真面目にやってるんだけど、ばらばらであるところを、共通の課題をみんなで解決していこうということ。そういうことが「学びの共同体」という方法ならできると思って。もちろん容易なことではないと思うよ。しかしこの取り組みを通して、教師も一体となって生徒たちの学びに真正面から取り組んでいく。そこに先生方の同僚性が構築されてくるんだと思うんだよね。

―これまでも断片的にはお聞きしてきましたが、今、この学校では「学びの共同体」を導入して動き始めていますが、この実践を通して結局、何を成し遂げたいのか。そこをお聞かせいただけますか。

うん。いま先に述べた、大きくいえば二つの課題を解決したいということ。どの生徒も学びに参加し学んでいく。そしてそれを支える先生たちが、生徒たちの変化や成長を見とっていくことによって、あるいはそのために、同僚性を構築していく、ということかな。そうなることによってさらに子どもたちの学びが深まっていくことだね。

前にも話したと思うけれど、E高校の子どもたちは、文化祭や種々の活動を通して、大きく変わっていった。成長していった。みんなで、協同で文化祭や諸行事を創り上げていく中で、自己肯定感、つまり自分自身への〝誇り〟を回復していった。でも、授業ではもう一つ、みんなが真剣に学んでいくというふうにはなかなかいかなかったんだよね。というかそこまで持っていくことができなかった、という思いが僕の中にはあって。

何度も言うけれど、学校は授業が〝本丸〟だから。生徒の学校生活の中心は8割が授業だし、その授業にしっかりと臨む、向き合う生徒を育てることが、彼ら一人ひとりの学びを保障する、自己肯定感を醸成するということであって、そういう学校に成ることが本当の学校改革だと思うんです。「学びの共同体」という協同学習の方法を導入すれば、それが可能になると思っていて。もちろんその導入も容易ではないですよ。でも、僕なりに体験した、研究した裏付けをもってのことで。だからこの「学びの共同体」導入の目的は、「学校改革としての授業改革」ということになる、と僕は思っていますね。

そしてもし、それが実現できれば、多様化する生徒たちを抱える多くの学校の道標になる、と思いますね。

―これまでの一斉授業では授業改革はできない、学校改革もできないということですか。

ここで一斉授業が全てダメだと断じるつもりはないよ。同じ一斉授業でも、力量のある教師が行うそれは、クラス全体が協同的に学び合う時空間を創り出すし、生徒たちの思考を掘り下げて、コミュニケーション力を育てるものもあると思う。僕も、いつかはそのような授業ができるようになりたいと思ってやってきたことも事実だし。でも、そのような見事な授業は、往々にしてねらってできるものではないんだよね。さまざまな要因が絡み合いながら、偶発的に生じるものがほとんどで。あるクラスでうまく行った授業が、どのクラスでも同じようにうまくはいかないということは、教師だったら誰でもが経験しているだろうけど、結局は、教師が考える結論を押し付けるようになりがちで。そして、それ以上に進学校などは、演習問題をどんどん先に進めることが考えさせることだと勘違いしてしまう。生徒のわからなさや困り感、考えるという経験を見過ごしてしまう。その陥穽に僕も何度か落っこちた。

しかし、一斉授業が当たり前で、結局、従来のあり方ではダメなんじゃないか、ということを言うことになると思いますね。プログラム型の知識偏重主義で、とにかく量で鍛える、的な発想では、子どもたちの本当の「考える力」は十分に育っていかない、と思うんだよね。

文科省が示している確かな学力の三要素は、普通はピラミッドのように描かれるわけだ。一番下に知識・技能で、真ん中に思考・判断・表現、一番うえに主体性とか協働性というわけですよね。だから学校の先生たちも、答申にアクティブ・ラーニングが入ったから、「しないといけない」とは思ってはいるわけだけど、やっぱり、知識・技能がないとその先はできないだろうという考え方なわけですよね。つまり思考・判断・表現までは難しいだろうと。ましてや主体性や協働性にいたっては、どう評価してよいかもわからない。

しかし、そういう発想をしていると、知識・技能が身につかなければ、いつまでたってもこれとこれ（思考・判断・表現、主体性・協働性）にはたどりつかないということになる。そんなことを言ってたら、今までと何も変わらないし、世界的基準においても、どんどん日本の教育力は低下していく。だからそうではなくて、お互いがローテーションするんだ、という考え方が必要だと思うんだよね。実際に、知識・技能を、そして思考力や判断力や協働性や主体性を高めていく中で、知識・技能っていうのはまた増えていくんだと。つまりピラミッド型の発想ではなくて、螺旋構造のように考えていかなければならなくて。認知科学がかなり進んだ今では、むしろ、そう考える方が自然だし、いずれ大学入試も知識・技能偏重ではなくて、思考力や表現力等を問う量が多くなっていくだろうと思うね。三位一体改革とは、そのようなものなのだから。もちろん、それがどのように進化していくかというのは、まだわからないのだけれどね。しかし、いわゆる21世紀型学力の保障とは、これからのグローバル社会を生きる子どもたちに必要な力をつけていかなければならないということだよね。

じゃあ、本当の教育がなされる学校とはどんな学校かといえば、一人ひとりの生徒の学びの権利をきちんと保障して、きちんと学力をつけて、社会に生きていく力をつけて送り出していくこと。それが本来の高校教育のありかたであって、それを実現するためには、いま協同学習しかない、と僕は思っていて。教師からの一方通行じゃなくて、生徒が共に学び合ってそれを教師が支えていく。教えるんじゃなくて、プロジェクト型の学びを深める教育。そのためには教師が、教えるんじゃなくて支えていくあり方を探求していく。そして、何より表現力としてのコミュニケーション力だとか、問題解決能力だとか、そして協働性などの人間関係力だとかを、いわゆる21世紀型コンピテンシーがきちんと授業で保障されていく学校。そのことによって、生徒が確かな〝意志的存在〟としての主体性を身につけていくことが要諦であって、そのためには、いま「学びの共同体」の方法を借りるしかないと思っている、というところかな。生徒がよい方向へ変わらなければ、学校改革とは言えなくて。学校が変わるから生徒が変わるんじゃない、生徒が変わるから学校が変わるんだと思うんだよね。だから「学校改革としての授業改革」なんだと思っている。

この長崎県の西の端っこの学校で成功したとすれば、それは長崎県の教育のあり方を見直すというだけではなく、これまでの授業や教育のあり様を見直す契機となるんではないかと。成功の度合いにもよるわけですけど、それによって高校教育が、そのある部分が変革されて前進していけば、今日の高校教育に一石を投じたことになるのではないかと思うんですよね。

（新聞記事を見せながら）メディアにも取り上げられたよ。

——載ったんですね。

本音はさっき言ったようなことで、ある意味教育的な本質に迫ろうとしてるわけなんだけど。新聞社とかテレビ局はさ、この学校が定員割れしてて、だから特色になるように導入にしたんだって書き方をするんだよね。まあ、実際にはそれもあるわけだけど。どんどん生徒は減っていて、何もしなかったら生徒に〝誇り〟をもたせることもできないし。教員も、早く次の学校に異動したいとしか思わないかもしれない。そんな中では、子どもたちを大事にするとか、子どもたちの学力を伸ばそうとかいうような考えは生まれてこないよね。そしたら、それが生徒にいい影響を与えるわけがないし、学校がよくなるわけがない。

だから、目立たないといけないというのは一つありますよ。ただ、定員割れ解消が目的ではない。「学びの共同体」は、きちんとした教育哲学にもとづいてずっと実践されているものであって、難しい課題を提示することで子どもたちは学ぶんだと。ヴィゴツキーの最近接領域の話ね。さっき言ったことと同じで、下から積み上げるんじゃなくて、上をまず出して、そこから基礎基本に降りていく。それが螺旋状に積み上がっていくという考え方。そういったことを職員にも話してる。

―H高校の先生方には、「長崎だけではなく、日本の高校教育を問い直す」ということも話しているんですか？

ちょろっとね。これは教育的に重要なことだから。正しいことだから。ここでやっていることがもし成功していけば、高校教育においても違った教育観ができてくるだろうと。ある意味、我われがやろうとしていることは、実はとっても重要なことなんだと。例えば、今日インタビューで聞いてくれた人たち[22]はわかってると思いますよ、雰囲気は。

―以前も、a先生が重要な存在になるだろうと言われていましたが、なぜa先生だと思われたんですか？

なぜか…うーん。どういう風に答えればいいんですかね。一つは、話をしていきながら、僕の考え方みたいなものを考えることができる人物だと僕がふんだということがありますよね。

―a先生にはどのように働きかけたんですか？

僕が考えている学校論や教育観というのを本人に話をして、そのなかで、「学びの共同体」という具体的な方法が僕の頭の中にあったので、そういう話もして、それをすごくよく理解してくれた。自分もそういうことがやりたかったと言ってくれた。本質と、具体的な形とを提示して、僕もやりたかったことですと言ってくれたので、じゃあ一緒にやっていこうよと。もちろん、さっきも言ったけど、そういう風に話をするのは、当然、その前のいろんなところで彼と接する中で、この人ならわかってくれるだろうというようにふんでるわけですよね。普段の言動とかでね。理解できる人だし、推進していく力もあるだろうと。年齢的にも中心になっていく世代でもあるし。プロジェクトチームを作った時に、キーになってもらおうと思って、前もって話をして。本人もやりたいですということで。彼が中心になっていったということですね。

―b先生は？

bさんは、F高のときから人間性は知っているということと、それから、若手の中で推進していく力のある教員だと判断して。aさんは40代で、今年度は教務主任をお願いしてて。教務主任というのは長崎の高校では学校の中心になるんだよね。教務主任は全体を見とかないといけないし、ある程度発言力も出てくる。だから、「学びの共同体」以外にも論コミとかもあるので、学校全体を理想的な形にもっていくためには「学びの共同体」だけじゃだめなので、全体のバランスをとってもらわなくちゃいけなくて。

そもそも、授業そのものを改革の中心にすえた学校改革というのは、なかなかないわけですよね。高校の授業というのは、教科の壁が厚いので。だから例えば、部活を強くして学校を活性化しようとか、生徒指導をちゃんとやっていい生徒を育てようとか、進学指導を重視して何人かを大学に入れて、よくなりましたよというような例があるんだけど。でも一番大切なのは、生徒が学校で過ごす7割から8割が授業なんだから、その授業以外を活性化させても、学校の本質は変わらないと思うんですよね。というか、そんなことはみんなわかってるけど、授業に切り込めないわけです。その真ん中の授業を変えないと学校は変わらないよっていうことで、まあ、真向からストライクにボールを放り込もうとしている訳ですよ。だから、そういうことを理解した教務主任が必要で、そうなると、「学びの共同体」を実際に引っ張る教員がもう一人必要で。そこには、力があって、これから先もそういうものを推進したり担ったりできる力のある人材を当てないといけないと思って。そこで、aさんを「学びの共同体」プロジェクトのリーダーにして、bさんを副にして、それで、二枚看板で動かそうとしたわけです。でも、教務主任の仕事は非常に忙しいので、来年はbさんをリーダーにして組織を動かそうかなと思っているけど。分掌主任だったら、ある程度年齢を踏まえて考えないといけないけど、プロジェクトチームであればそこはあんまりこだわらずに、能力があって活動的な人を置くことができる。まあ、bさんはF高でも一緒だったし、きっと僕の思いをわかってくれるだろうというのもあって、彼をおいたという感じですね。

―推進役としては、そのお二人を抜擢したということですが、もう一人、h先生はどんな位置付けですか。

実は彼が、とても重要な役割を果たしてくれたと僕は思っていて。彼はとても頭がいい。本当のキーパーソンだったと思うね。彼は、まだ若いのだけれど、体育の教員で、生徒指導主任をお願いしていて。もっと若い時には、離島の小さな学校で教務主任も経験している。そしてちょうど長崎大学の大学院で体育指導のあり方の研究をした経験を持っていたんだね。集団で協同的に学んでいくことで個々の力を育てていくという考え方や手法は、実は座学より、実技系の教科の方が先進的なんだ。体育科とか家庭科とかね。だから、そのような研究をしてきていた彼は、僕が提案する「学びの共同体」の考え方をすぐに理解してくれて、生徒を巻き込む手法を数々提案してくれて。たとえば初期の段階のことだけれど、「コの字型」の良さを生徒たちに理解してもらうために、体育館に生徒たちを集めて、実際に「コの字型」になってもらって、前を向いて並ぶのと「コの字型」に対面して並ぶのとではどう感じが異なるのかを実際に体験させて、そこから「学びの共同体」の授業スタイルの意味を解き明かしていくというもので。そのことで、これからみんなで取り組んでいくこの学習スタイルが君たちにとってどんな意味を持っているのかということを非常にわかりやすく説明してくれた。その後もさまざまに生徒目線に立って、生徒を学びに巻き込む、引き込むためにどのようなはたらきかけをしていけばいいのかを考えて実践してくれたんだ。彼もプロジェクト推進の中心人物だったね。

彼の専門競技はサッカーで、まあ僕もずっとサッカーに関わってきて。あなた（畑中）もサッカーだからわかると思うんだけれど、この競技は、個々の選手のプレーを水平に見ながら、その状況を、常に瞬時にコート全体を俯瞰的に見る状況に置き換えて判断していく競技で。水平と俯瞰を常に行ったり来たりしながら、瞬時に状況を把握して、行動を判断していかなければならないから。コートが広い分、その想像力は、見えていないエリアの展開にも及ばなければならなくて。実は、この特色は、教育分野に限らず、組織システムをどう考えるかという視点で非常に重要だと僕は思っていて。実際にサッカーの組織論的研究は、多く行われているよね。

この個と全体の関係を、いいかえれば個人と集団の関係を、もっと言えば人間社会の構造としての課題を、よりよく連携させて、その両者の融合と精度を高めていこうとするところに、この「学びの共同体」の枢要があるんだよね。その理論と実践を根本的に理解して、実際に生徒と教員を導くための具現的方法をいくつも展開してくれているのがｈ先生だね。

―なるほど。ｈ先生は、「学びの共同体」実践のために欠くことのできない存在だったということですね。

話は変わりますが、ａ先生やｂ先生へ働きかける中で、どのようなことに気を付けましたか？

やっぱり、僕がやりたいと思っている趣旨をきちんと理解してもらうということについては気を付けましたね。一昨日、彦根西高校に彼らと一緒に行ってきたんですけど、その道中とか飲み会で色々と話ができて、非常に面白かったですよ。それぞれの生き方と教育観がつながるというか。そこでは、「あなたたちがこの学校を背負ってやっていくんだから、そのつもりでやってほしい」と話をしましたね。

実際には、非常に難しいところがあるんだよね。むしろ、教務主任なんかをしてた時の方が動かしやすかったですよね。校長から動かすっていうのは、なかなか難しいんですよ。周りの教職員の方が、在籍年数が長かったりするわけだからね。やっぱり、それぞれの教職員がやる気を出して自ら動かないとダメだから。

いつも悩んでるけど、学校には、やって当たり前のルーティンがあるわけだ。いってみれば「守り」の仕事ですよね。でも、守って、ルーティンだけやってたんじゃあ、自然にマンネリ化してだめになっていくんですよ。新しいものをやらなきゃいけない。でもルーティンもやって、守りもやりながら、攻めもやるのは力がなきゃできないので。だからそこにプロジェクトチームをつくって、分掌・学年に関係ないところで、それらを超えて、分掌の全体を網羅するところで、自由に動いてもらって。そうすると、一人ひとりは分掌に所属してたり、担任を持っていたりするわけだから、「守り」もしないといけないわけで…。だからこそ、元気があって動ける、力のある人にプロジェクトを任せなきゃいけなくなる。そしてかつ、プロジェクトチームが分掌やルーティンの業務や組織から浮かないようにしなきゃいけない。ここが大切で難しいところで。縦の軸があるところに、横に輪っかをかけるわけだから、その輪っかに対して「なんだ、あいつらばっかり可愛がられて」とかなってしまうとうまくいかないわけで。そのつなぎを作るために、分掌の主任を呼んで話をしたりとか、そこが実は重要で。校長が権力的に「プロジェクトだからやれ」とかいうふうにしてしまうからうまくいかなかった例はいっぱいあるんじゃないですかね。ちょっとでも手を抜けばすぐに浮いちゃいますからね。「お前たちだけですれば」ってなっちゃうともうダメだから。そこは、やっぱり、気を使いますね。

―例えば、a先生から相談を受けたりしたことはありましたか？

たくさん話をしていますね。出張の行きがけとか、もちろん普段からも。いろんなところで、学校の外でコーヒー飲みながらとかも話をしているので、その中で、小さな質問とかは自然と聞いていると思います。僕は生徒に対してもそうだったけど、さっきの、プロジェクトを分掌やルーティンから浮かないようにするために声かけするとか、ポイントになる人に丁寧に説明するとか、そのための状況を作り出すとか、そういうのをたくさんやってきた。カッコつけて言えば、さりげなく（笑）。変な言い方だけど、こういうところの気配りとかその話し方や内容が実は重要で大きな意味を持つんだよね。こういうところは、研究論文には出てこないでしょうね。容易には書けない部分だよね。しかし実は、プロジェクト実践のための、この、押したり引いたりの微妙な語りというか、内田樹の言葉で言えば、「情理を尽くした誠実な説明」を根気よく続けて説得していくということを、何かのプロジェクトをやる時には、その人に動いてもらうための表に現れない語りを厭わない。いや厭うんだけれど厭ってはいられないと思って、特に気をつけているところですね。

高圧的に、強権的にやったりしたら、一時は動くかもしれないけど、嫌々やった後に「もう二度としない」とかなるわけでしょ。いくら中身がよくても人間がやることだからね。

ただ常に悩んでるのはさ、さっき言ったように、先生たちはルーティンでいっぱいいっぱいなわけだ。その中で何か新しいことをやろうとしたら、単純にプラスアルファになるわけですよね。でもプラス何かをやるには労力がすごくかかるわけで。できるだけルーティンを減らすように、例えば、行事の精選とかいって減らしていくけど、でもそんなに減らないわけで。ルーティンも必要だからルーティンなんだからね。常にその中で、どうすれば新しいことに取り組めるのかっていつも考えてしまうわけだ。ここは本当に難しくて。学校の改革というのはさ、学校は日々生徒が通ってきているんだよね。そこにはこれまでの「日常」があるわけで。たとえば1度潰れてしまった学校が、ゼロから再建するならば、革新的なことができる可能性は高いよ。学校改革で有名になった学校ってさ、ほとんどそうでしょう。有名私学だって、堀川だってそうだよね。ほとんどゼロに近いところからの再生ですよね。でも普通の学校は、そんなに恵まれてはいない。いってみれば、走っている車を走りながら修理したり、新しい機能を取りつけたりするようなものだからね。走るのを止めるわけにはいかなくて。そこには、それまでの「日常」が厳然としてあるわけだから。先生方の意識の問題ももちろんあるけれど、学校という構造的な問題もある。俗にいう外部の人たちは、「学校は保守的だからいつまでも変わらないんだ」とか、「それは教員の怠慢だ」とか無責任に言うけれど、「走っている車を1度止めて考えてみるべきだ」なんて誰も言わないよね。それでも、現状が生徒の学びにとって不条理であるならば、そこに手をつけなければならないのが現実で。それは至難の技なんですよね。

自分を振り返って、僕の場合は、やっぱり現状に満足できないし、その現状、教育の大切な、本質的なところがスポイルされているわけだから、きつくてもやらなきゃしょうがないでしょというのはあったし、それをやらないとよくならないんだからというのはありましたよね。理想にほど遠い状態だったら、やるしかない。でもそれを全職員に要求するっていうのは非常に難しいことで。でもそれをやらないと変わらないわけですよ。確かに、先生たちは精一杯、それぞれの力量に応じて精一杯やっているわけだ。精一杯やっているけど、もっと精一杯やりましょうよって言うわけでしょ。そりゃきついよな、とか一方で思うわけですよ。これってどうすればいいんでしょうね。「自分の授業はそれなりに回ってるからいいじゃないか」みたいなこと言うけど、現状はというと、授業についていけてない下の方の子どもたちは相手にされていないわけでしょ。上の方だって結局、塾とか予備校とか行ってさ、授業の中でどれだけ考えたかなんて問われない、問えないわけですから。そういう現状に対して、「いや、もっとちゃんと生徒のこと見ようよ」とか、「学校を変えよう」とかいうことをやるためには、プラスアルファをお願いしなきゃいけなくなる。このプラスアルファを、何を根源にして動かすのかっていうことですよね。そこがやっぱり難しい。「あの人が言うんだから間違いないだろう」とか、そういうようなカリスマ的なリーダー性があれば動くのかもしれないけど。でもカリスマ性なんて一時的なもので、そのリーダーがいなくなれば消えていく。ある意味、改革は持続性がなくちゃ本物とは言えなくて。

もちろん、いろいろと投げかけてはいるんですよ。例えば、教育実習生の経験談みたいな形で、「教育実習の前と後」みたいな記事が新聞に載ったりするじゃないですか。教育実習で子どもたちと出会うことで、教師のやりがいに気付いて先生になりました、みたいな。そういったものを紹介しながら、もう1回初心に戻って、なぜ教師になったのかを問い直してもらいたいとか。「私たち教師でしょ」って。じゃあ、子どもたちの学びを保障するとか、将来を生きていく力をつけるためには、やっぱり踏ん張らないといけないんじゃないかって。それで全部は解決しないんだけど、やっぱプラスアルファの動機づけをどうするかっていうことについては、すごく神経を使いますよね。「さあ、やるぞ」と言うだけなら簡単だけど、なぜしなきゃいけないのかとか、プラスアルファにはなるけど、それが自身の教師人生の中においてどんな意味を持つのかとか、そういう話をしますね。

それから、和合良一という福島の詩人がいるんだけど。高校の国語教師なんだけどね。例えば彼がコメントを寄せている本があって。「生徒にあなたを超えさせなさい」とか、「限界をきめるな」とか、「あなたが何を期待しているかを生徒に伝えなさい」とか。小編なんだけど、けっこう、大切なことを言ってる本があってね（シェリー・ヘンドリックス／ラッセル・ライシ著、坂東智子訳『「教える」ことの覚え書き―等身大の教師であるために』フィルムアート社、2013年）。教師の居方っていうか、教師のあり方についてまとめてある。こういう本とか論文ってなかなかないわけですよ、生徒との間合いをどうとるかとかさ。授業はこう作りましょうとかあるけどさ。でも、同じ授業を教員Aが生徒にしたのと教員Bがしたのとでは全然ちがうわけだね。「あいつの言うことなんて聞くかよ」って生徒はいっぱいいて、一方で「あの人が言うならやりたいな」とかいう生徒もいてさ。そういう信頼関係とか、人間関係の機微みたいなものとかさ、そういうことに言及した論文というのはほとんどないわけですよね。だからもう実践集の中から見出していくしかなくて。そういうのを紹介したりしながら、プラスアルファの部分を働きかけないと、学校改革はできないと思うんですよ。そうしないと、ミドルリーダーを動かせないと思うわけ。学校は本当の教育を追及する場であるということを一生懸命話して。で、本当の教育とは何かを一生懸命話して、誠実に。それを話せるだけの勉強を自分自身も懸命にしながら伝えて、プラスアルファを乗り越えるしかないのかなと思いますね、今のところは。

—a先生以外の教職員に対する働きかけはどうでしたか。

最初に提案するときには、押し付けるんじゃなくて、質問や疑問をあげてほしいと言って、出してもらって、それを一覧にまとめて、それに対する答えを全部僕自身が書いて配った。だから、そこはaさんに話すのと同じように、他の教員に対しても、思っていることを伝えるしかないですよね。いま言ったように。でも、一教諭からすれば、「校長が言うんだったらしなきゃね」っていう意識は当然働いてますよね。だから、こういう学校全体に関わるシステムを動かそうとしたら、ボトムアップだけじゃ厳しいだろうなと思いますね。トップダウンじゃないと難しいのかなと。でも、トップダウンなんだけど、それが押し付けにならないように配慮はしたつもりだし、理解してくれないベテラン教員もいたけど、「若い教員たちが頑張ろうとしてるんだから、色々と言ったらダメよ」とか言ったり（笑）。そこらへんの配慮はやりましたよ。

もう一つ思うのは、結局、実験室を作れないわけだから、常に実践やりながら、新しいことにチャレンジするしかないわけですよね。さっき言った走りながら車を修理するみたいなね。だから生徒を実験台にしていいのかっていうような話があるわけですけど、教育改革については、これは仕方がないなって。医学でやるように、臨床試験をたくさんやってから承認とかできないわけですよね、教育学においては。附属学校で実践してからっていうこともできるかもしれないけど、でも、附属でやってたときの附属の子どもたちは実験台だったわけで。そしてまた、附属の子どもたちに通用したことが、一般の学校で通用するというわけでもない、それが科学的認知を土台とする医学と人文知を土台とする教育学との違いだよね。それが教育実践の難しさのような気はするね。医学では臨床試験ができるけど、教育実践ではできないし、仮にできたとしても、さっき言ったように、A先生B先生で全然違うわけだから、それが成功するとは言えないわけですよね。やっぱり、一つの理論を受けて実践に取り組みながら、学校の実情に応じて改良していくということしかないなと。そうなると、やっぱりプラスアルファのメンバーが必要になるわけで。そしてプロジェクトチームだけじゃなく、今回は嫌でも自分の問題になるわけだから、みんなが当事者になる。

―自分が当事者であるという強烈な問題意識というか、現状に満足していないという思いをもった教員は、H高校にいますか。

でも、今回のプロジェクトを成功させることが生徒にとっても自分たちにとっても確かなアイデンティティになる、「誇り」になるんだと思っている先生は、少なくなかったんじゃないかな、このH高校では。それほど現状に苦しんでいたということかもしれない。そこがある意味よかったところだと思いますね。まあ、はじめるにあたって、その先生方の意識変革が最も大事だということですね。

そして何より驚いたのは、当初反対側だったベテランの先生たちが、むしろ積極的に推進してくれたことですね。ものの見事に。それが今回の成功の大きな要因だったと思っています。やっぱり、ベテランの先生たちの教育への豊かな見識は重要なファクターでしたね。

だからこれからは第二段階だって思ってる。第二ステージは、授業でいかに「問い」を発するか。生徒が考え込むような問いをどうやって出していくかという、「問い」の勝負なんですよ、これからはね。「問い」というのは、どんな授業であっても、一番、教師が考えなきゃいけないものであって。その力を高めることができるかがこれからの勝負ですね。いよいよこの「学びの共同体」の本質に入っていくことになるのでしょうね。

⑨ 目の前の現実、向かうべき理想

（聞き取り日時　２０１６年１月15日19：00～21：00　於 ファミリーレストラン）

※H高校での授業研究会参観後のインタビュー

―「学びの共同体」をH高校に導入した理由を私なりに整理すると、「教職員の孤業化」と「一斉授業の限界」かなぁと思うのですが、どうですか。

そうだね。まとめるとそうなるね。

―雰囲気は悪かったんですか。

よくはなかった。だから、その二点を変えるためには授業しかないと思った。学校は授業が中心だからね。でも、他にも変えなきゃいけないことはいっぱいあるわけで。だから、問題点を職員たちから出してもらおうと思って。みんな何とかしたいと思っているけど、どうにもできない。そんな中で僕が「学校を変えよう」って言うことで、みんなが「何かしなきゃ」って、「このままは嫌だ」って話になった。押したり引いたりが難しいよね。

―昨年の12月にあった公開研究会、Aa市限定で実施した分は、来年度以降、小中学校を巻き込んで実施することをにらんでのものなんですか。

そうそう。そう簡単には行かないと思うけどね。そうなればすごいけど。でも、そうならなくても、少なくとも、近隣の学校からの評価は上がる。評価っていうか、「ちゃんとやってる学校じゃん」ってなる。それは大きいよね。今でも、I中学校（H高校から徒歩圏内にある中学校）の3年生の親からの評価はとっても高いらしい。

―今年の受験は、例年とは違うかもしれないですね。

いつもよりは志願者も多そうですよ。最後はどうなるかわからないけどね。今、広報プロジェクト委員会っていうのも立ち上げてさ。

―ホームページが充実していましたけど、その一環ですか。

そうそう。その一環。今のところは、ホームページとオープンスクール。生徒たちが、出身中学の後輩に説明するっていうオープンスクール。

―それはいいですね。

同じようにやっているところは他にもあるんだけど。うちの場合、生徒が「学びの共同体」で身につけた力を発信する場にもなるし。そして年度末にはもう一つやろうかって。

―何するんですか。

広報誌ってあるじゃん、市が家庭に配る。いわゆる回覧板。それにチラシを入れようってことになってて。地域の中の学校ということをもっとアピールしたいね。

―学校紹介をですか。

うん。中学3年生を募集しますっていうのと、来年が70周年だから、70周年ありがとうございますみたいな。来年70周年の式典をやりますので、よろしくお願いしますって。2月号は2月上旬に配られるので、今年の受験にはちょっと遅いんだけどね。推薦の願書には間に合わないけど、一般の願書にはまだ間に合う。志願変更っていうのがあって、1度提出した後、倍率を見て出し直すことができる期間が1週間ぐらいあって、そこにはとりあえず間に合うので。もし迷っている生徒がいたら、一人でも二人でも届けばいいかなぁと思って。そして、制服も変わるからね。そういうのを広報に載せようと。今印刷をしてるんだけど。もっと言えば、本当の狙いは中学2年生。「いいじゃん」と思わなくても、「悪くないじゃん」と思わせたいね（笑）。

—来年の受験生ですね。

もう一つは、去年の今ぐらいから、「学びの共同体」にしても何にしても、急激に色々と進んできたので、もう疾風怒濤のごとくさ。だから、広報するものがたくさんある。学校の特色をアピールしたり、学校のアイデンティティを示すのにもすごく役立つ。私立ではないので、別に生徒数が多くなったから儲かるわけでもないんだけど、本当は生徒数は少ないほうがいいかもしれないんだけど、でも現状では、Ａａ市内の中学生の6割が市外の学校に通ってて。それは、H高校がやってることがまだ認められていないということだからね。

—それに、このままいったら統廃合の対象になっていきますよね。

うん。いずれなる。だから、1学期の間は、「学びの共同体」を始めるっていうのは宣伝して回ったんだけど。新聞とか、テレビの取材が入ったりとかね。そして2学期から、時代の流れもあるんだろうけど、口コミでどんどん広がって、公開研究会の評判がよくって。それに、僕が校長会でしゃべったりとかして、2学期の後半ぐらいから浸透し始めた。今更後には引けないな、みたいな感じになってきた。J高校（大規模進学校の一つ）の若手の国語科の教員で、前から知っている先生がいるんだけど、彼は「涙が出た」と言ってくれてたね。公開研究会後のアンケートで、生徒の見取りを先生同士が話し合っているのを見て、涙が出ましたっていう感想は結構ありますね。やっぱり、どの学校でも孤独に頑張ってる先生はたくさんいるんだね。彼も協同学習を自分なりにはやってるけど、うまくいかないって。自分のクラスでやっても他のクラスでしなければ、元の木阿弥で。彼はずっと、学校全部でやらなければいけないって言っていたんだけど、ついに長崎でも始まったのかって。だから彼も、3学期にJ高校の若手に授業を見せて、失敗もすべて記録して、そして全体に共有して、やり始めたいと思ってるって。

アクティブ・ラーニングって曖昧な概念で、形がない。確かに「学びの共同体」は形があって面倒くさいって思うかもしれないけど、形がないところから作るだけの時間と力を持っているかっていったら、全部の教員が持っているわけではないから。

—周囲が、H高校がそのようにやっていることを認知すれ

ば、逃れられなくなりますよね。

そうそうそう。もう現時点でほぼそうなってる。逃れられなくなっている（笑）。

目の前の現実と、向かうべき理想があるわけで。理想は十分条件じゃないけど必要条件ではある。理想があることによって、向かうべき方向性をきちんと示すことになる。サッカー的に言うと、守備と攻撃が離れていて、乖離している間はきついわけですよね。DFが守って、やっと攻撃につないで、少ない人数で攻めていく。それがだんだんレベルが上がってくると、ディフェンスとオフェンスの距離が近くなってコンパクトになっていく。ルーティンの仕事っていうのはいわばディフェンスの仕事だから、たとえば問題行動が起こったらそれに対処していかないといけない、というような。でも、最終的に求めるのは、そういうことが起こらないような状態で、そのような理想を求めている。問題行動がゼロになることはないかもしれないけれど、だんだんと少なくなっていくとか。みんなが学ぶ意識を持っていくとか。実際にそうなっている。それが理想ですよね。それは、ディフェンスとオフェンスの距離が近くなってくることで、現実が理想に近づいていくということだね。最近まで、教頭先生がよく、「みんな徒労感におそわれていますよ」とか言ってたんだけど、まだうまく結果が出ない頃は、やってもやっても理想に反映されなくて徒労感におそわれているんだと思うんだよ。「3点とっても、5点入れられて負けているじゃないか」みたいな話。そこが難しいところで、それができるだけ攻撃が充実していければ、当然守備の時間は少なくなるわけで。そのうち攻撃から守備が始まるようになって、最終的には理想と現実の差が埋まってくる。そういうことなんだと思うんですよね。現代サッカーはそうなっているわけでさ、それはレベルが上がっていくということだと思う。昔は5バック5FWみたいに分離してたけど、今はそうではないわけで。現実を改善しようとするものが理想で、だから、理想は最初から非現実なわけだからさ。それは、現実からすれば軽いですよ、実態がないのだから。でも、実態ないものを考えることが人間にはできる。それが学ぶということでしょう。学ばずに理想を語れなければ、現実をどう持っていくか、どこに向かっていくのかっていうことが想像、イメージできなくなるわけだ。だから同じところをぐるぐる回ってて、旧態依然として教育が変わらないっていうことになるわけだね。50年も100年も変わらない。

大学の時のある近代文学の先生が言ってたんだけど。人は常に二つの視点を持たなきゃダメなんだって。足元を見る冷静な視点と、上方を見る熱い視点と。その二つを持たないとダメだっていうんだね。研究にしても教育にしても、そういうことなんだと思うんですよね。守備は守備できついけどやらなければならない。しかし、守備ばっかりしていたら抜け出せなくなる。光は見えない、同じことを繰り返すだけだから。だから理想が必要なんだけど、でも理想と現実は乖離しているので、「そんなこと言ったって」って話になってしまうんだな。でも攻めなければならない。

うちの学校で今、テーマにしているのは「学びから希望へ」ということ。どんな苦しい状況が起きても、「明日も生きてみよう」と思う希望を持つことができる力。希望の力ではないよ。希望を持つことのできる力。その力を育てるのこそが、本当の学ぶ意味だと思うんです。そのために教育がなければならない。村上龍が、「日本には何でもある。ただ一つ、希望だけがない」と書いてるけれど（村上龍『希望の国のエクソダス』文藝春秋、２０００年）。日本の子どもたちは、本当にそうだと思うんですよね。でも、希望がないといけない、大人も子どもも。明日に希望を持てないから、みんな何となく生きてる。でも、社会とか、未来とか、明日とかに希望を持つことができるようになるのが教育の力だと思う。そのために何を学ぶのか。どう学ぶのか。ただ進学のために学びがあるわけではないんだと思うんですよね。巷には、「こういうことをやって○○大学に入りました」、「こういうことをやって力を付けて大学に行きました」というようなことが当たり前に語られるよね。少なくとも、大学に入れば学校教育はＯＫみたいな。だけど、子どもたちに、大学に行った子どもたちに、生きる希望を与え得たかっていう問題が、もっときちんと教育の問題として問い直されなければならないと僕は思っていて。今の現代社会のあり様が、問題だと思わないことが問題だね。

（食事のため休憩）

―今度僕、教頭対象の研修をすることになったんですよ。

教頭は2年しかしていないからなあ（笑）。

―**教頭って校長次第で仕事が変わってくるから難しいですよね。**

早い話がそうだよね。まあ、教頭がうまく動けないということは、校長が悪いってことなんだけど（笑）。どういう教頭が、教頭として望ましいのか、というのは、僕が校長として色々な教頭と仕事をしていればわかったかもしれないけれど、そんなに経験がないので…。

―**次の教頭はどんな人が来るんですかね。**[23]

さあ、僕には教頭を選ぶまでの力はないからなぁ。でもそれなりに優秀な教頭先生が来ると思うよ。問題は、「学びの共同体」を理解してくれる人かどうかは大きいね。でも一応教頭の仕事としては、校長の教育方針を具現化するというのが務めだと思うね。現在はね。教頭先生が、校長の意向を受けて動いてくれないと、先生方は動かないですよね。

比喩的な話だけれど、一般には教頭先生は職員室にいて先生方と同じ空気を吸っているわけだ。校長は校長室にいて別の空間。だからよく言われるのは、教頭は先生たちの学級担任のようなものだと言われる。でも僕は違うんじゃないかと思うのね。そういう比喩で言えば、むしろ先生たちの学級委員長の位置づけの方が、本人としても、組織としてもうまく機能するようにも思うんだよ。その学校の先生たちの担任にあたるのは、やっぱり校長かな。だって最終評価をするのは校長なんだから。

だから、教頭としての仕事は、校長が指示することについては、先生方にきちんと伝えて引っ張ってくれないと困るし、むしろ学級委員長としてそこに、先生たちの、その方針に関する納得と推進力を出させてくれるのが教頭の力量ということになるのかな。逆に先生方の疑問や反論は、その代表として校長に進言していいのだと思う。だけれども最終的には、委員長としてみんなを纏めていかなくてはならなくて。そこが教頭の職務の難しいところだと思うね。でも、委員長が担任に反発することもなかなか、現状できにくいよね。そこで校長が出した方針を理解して、実行に移そうと思えるかどうかは重要だけれど、納得しないからといって反発ばかりしていたら、ことは推進していかなくなる。そこに校長の職務の困難さも出てくるわけだ。まずは教頭先生を、理解、納得させ得るだけの理論的論拠を校長がきちんと示せるか、ということが肝要になってくるかな。まあ一般論としてはそう思うんだけど。実際は、校長の考えるところを理解して、その先を進めてくれる教頭先生だと理想的かな。校長サイドから言えばね。でも先生たちサイドから言えば、自分たちの意向を理解して、場合によっては校長に進言してくれる教頭がいい教頭ということになるよね。

うーん。実際は、教頭も管理職だから校長の考えを立てて、推進していかなければならなくて。それがいい教頭ということでしょうね。現状の学校組織論から言えばね。しかし僕は、教頭の仕事はそれだけではダメだと思うんだよね。それだったら先生たちが動かない。職員がバラバラになると意味がない。この相反する矛盾をどう乗り越えていくのか。教頭職の最たる困難もそこにあると思うね。結局は、教頭職もメンターということかなぁ。

さて、そろそろ帰りますか。山口につく頃は12時過ぎますよ。気をつけてね。

―はい、ありがとうございます。先生も気をつけてくださ い。今日もありがとうございました。

いえ、こちらこそ、ありがとう。

⑩　西の海の「灯台」になる

（聞き取り日時　２０１６年４月25日18：00～20：00　於ファミリーレストラン）

※H高校での授業研究会参観後のインタビュー

―（授業研究会の）最後に、h先生が言われていたようなところに持っていくためにどうしたらいいんですかね。

　実は、よく聞こえなかったんだけど、hさんは何て言ってた？

―生徒の限界点を決めてしまっているのではないかって。「できない」ということを前提にして、「うちの生徒には無理かもしれないけど」っていう語り口になってるって。それがダメなんじゃないかって。

　そうそう。「できる」「できない」を取り払わなきゃってことね。

―その通りだと思うんですけど、じゃあどうすればいいのかなって。

　偏差値という「ものさし」を引き算できないんだな、みんなね。やっぱり我々も。でも、偏差値という「ものさし」を引き算しないといけないと思うんだよね。じゃあ、その偏差値という「ものさし」を外したら何が残るのかっていうのを探究しないといけないと思うんだよね、僕たちは。

　それっていうのは、正しいことなわけだね。みんなどこかでそのことの方が正しいと思ってはいるのだけれど、現状、偏差値ばっかりの世界なので、いつの間にかそれに毒されてしまっているわけだ。でも僕は、偏差値という「ものさし」をさっぴいたら何が残るのか。そこのところに教育の本質があると思うし、学びの本質があると思う。大村はまさんは、それを「優劣のかなたに」という詩に書いているんだけど。（手持ちの資料を広げる。「…学びひたり／教えひたる／それは優劣のかなた。／ほんとうに持っているもの／授かっているものを／出し切って、／打ち込んで学ぶ。／優劣を論じあい／気にしあう世界ではない。／優劣を忘れて／ひらすらな心で／ひたすらに励む。…」）

　「人間はなぜ学ばなければならないのか」っていう問題が大前提にあるはずだよね。だって、偏差値という「ものさし」は、社会に出たらもう通用しない。そうはいっても、それで就職が決まることがまだまだ多いのも現実だけどさ…。でも決まった後、それぞれが振り分けられた後に、その職場の中でどう生きていくのかとか、どう仕事をしていくかとか、どう他者との関係性の中で社会に貢献していくかっていうところで求められるのは、結局は、一言で言えば「人間力」のはずだよね。それは「偏差値」とは違う。だから、その「人間力」を支えるものっていうか。「人間力」を付けていくものが本物の「学力」だと思う。それが「真正の学び」っていうことなんだと思う。「真正の学び」を展開できたら、本当にそこを追究する授業ができたら、偏差値の「ものさし」的なメモリも当然上がってくると僕は思っていて。だから、その教科でしか教えられない、その教科の本質を学ぶことができたら、必然的に点数は上がってくるって。たとえ楽天的と言われようと、たとえば以前のD高校でのOBASやF高でのステージアップ・セミナー、そしてしおかぜ総文祭でのグループワークの果ての子どもたちの成長にそれを見ているから。

（電話中断）

―今日、前に並んで座っていた先生たちが新しく赴任した先生たちですか。

そうそう。

最近思うんだけど、H高校は小さな学校だけどさ、西の海にある「灯台」にならなきゃいけないと思ってて。小さいけど、正しい道筋をちゃんと照らす学校に。生徒が自ら本気で学ぼうとしている公立の学校があるぞって。そしてもちろん、僕がいなくなってからも、光を放ち続ける「灯台」でありつづけなきゃいけない。そういうことを学校要覧に今、書こうと思っているんだけどね。なかなか時間もかかるし書けないんだなぁ。

これから、僕以外にもインタビューしていくんだよね？

―そうですね。まずはいま、H高校にいる先生方へのインタビューと。合わせて、生徒たちにも話を聞いてみたいですね。それが一つと。先日の（長野県）松本での林先生へのインタビューに関連して、高総文祭関係でお話を伺いたいです。つないでいただけますか。

もちろんもちろん。

さて、今年のH高校をどうするかなぁ。大変だなぁ。全国高総文祭に演劇部門があるんだけど、九州の一枠で頻繁に全国に出ているのが佐賀東高校で。そこの顧問の先生に、この前の高文連の研究大会で講演してもらったんだけど。「僕の宿題」っていう演劇を通じて、生徒たちが一生懸命生きているということ、生きるってどういうことかを問いかけるんだよ。その演劇を、H高校の子どもたちに見せたいと思っててね。県高文連に、文化祭活性化を目指す学校に20万円支援する基金があるんだけど、それを使って呼ぼうと思ってて。7月ぐらいに。そして7月にそれをやって、その後、演劇の合宿を始めようとも思ってて。

さっきの、うち（H高校）に赴任した一人にcさんっているんだけど。彼はずっと生徒会を担当してきてて、これまで、県高総文祭とかしおかぜ総文祭とかで育ってきた教員で。僕がいる学校に来たいということで、来てくれたんだよ。彼が生徒会活動の柱になってくれると思う。彼が前にいたK高校の文化祭は本当にすごい文化祭になっていましたよ。

―c先生にもお話を聞かないといけないですね

彼はすごいですよ。彼が来ただけで活気が違う。うちの生徒を、げらげらげらげら笑わせながら授業するからね、英語の。

―新しく来られた教頭先生はどうですか。

まだわからない。これまでも一緒に働いたことないし。

でも誠実で真面目そうな人だね。

今度、教育センターが、アクティブ・ラーニングの調査研究を始めることになって、うちがその一つの調査研究協力校になったんだけど。なかなか変化が起こり始めていますよ。生徒たちも、「自分たちの学校は変わろうとしている」みたいなことを言いはじめて。これって、実はすごいことだと思うんですよね。その場にいる生徒たちが、高校生たちが、「自分たちは変化の渦中にいるんだ」って認識を持つっていうね。だって、最終目標はそういうことだから。「学ぶ」っていうことは「変わる」っていうことだから。「1年生のときと3年生で、私は変わったぞ」って思えるかどうかが大事なわけでしょう。

生徒たちも、校則をやめようだとか、容儀検査をやめようだとか言い始めていますよ。あなた（畑中）が高校生の時も容儀検査あった？よく覚えていないんだけど、何してた？

―ありましたね。荷物持って体育館で並ばせられて、持ち物だとか制服だとか髪形とかをチェックされるのが。

まあ教員側には、「（容儀検査を）やめたら担任の負担が多くなる」とかいう声もあるけど、一方で、「教員が一方的に規制するんじゃなくて、生徒が自ら考えていくような生徒指導をしなくてはダメなんじゃないか」とかいう声もちょくちょく出てきていて。何か問題が起こったとしても、それは担任がその子とじっくり話して、その子の心の中をのぞくチャンスじゃないかって。そんなチャンスを、今までは生徒指導部に丸投げしてたわけで、それでは信頼関係は生まれないですよって。もちろん、子どもたちの将来もあるから、すべてを認めていく環境にはまだないから、その都度考えていく必要はあるだろうけど。でも、多少の幅が生まれてもいいんじゃないかって。その中で生徒自身が、限度を自分たちで判断する。自分たちで決めて、自分たちで学びを創っていくようになれば、生徒はちゃんとやるはずだと思う。それこそ授業で、主体性とか自主性とか言ってるのに、服装だけは規制するとか言ってもさ、むしろマイナスなんだから。実は生徒だけじゃなくて、教師もみんな、そういうことに嫌気がさしているわけだから。そういうことも含めて、「灯台」だって。うちの学校のようなところで、容儀検査もなくてちゃんとできるとすれば、他の学校でもできるはずでしょう。

そして、生徒憲章を作ろうって言ってる。自分たちの憲法みたいなものを創って、それを校門のところに、70周年の一環として設置する。生徒が行き帰りに毎日見ることができるような生徒憲章。

―色々やらないといけないですね。

そうそう。それと今年は、全教室に「自分の感受性くらい」の詩を貼ってる。担任をしていたときはずっと、自分のクラスに貼っていたんだけど。最後の年だから僕の好きなようにさせてって言って（笑）。でもそしたら、生徒たちはその詩をよく見るんですよね。例えば、友達とけんかしたときにふっと見たら「気難しくなってきたのを／友人のせいにはするな／しなやかさを失ったのはどちらなのか」とかあると、「あぁ、自分かなぁ」と思う時があるかもしれない。親とけんかしたときに、「苛立つのを／近親のせいにはするな／なにもかも下手だったのはわたくし」って、そこに目が留まるかもしれない。周りが悪いとか親が悪いとか先生が悪いとか言うけど、「駄目なことの一切を／時代のせいにはするな／わずかに光る尊厳の放棄」とかさ。詩って、こちら側の成長に合わせて変わってくるんだよね、引っかかるところとか、落ちるところとか。でも本当の本当は、先生たちに見てもらいたいわけですよ。自分が絶対じゃないでしょって。まだ「うちの生徒はダメだから」みたいな発言もあるわけで。もちろん、「今」はダメかもしれないけれど、人間としてダメかというとそんなことはないわけで。最終目的は何かっていうことなんだけど。結局、学校って何なのか。公教育の本質って何なのかってこと。それはやっぱり、子どもの、生徒の「可能性」を見出して、それを育ててあげることだと思うんですよね。その「可能性」に賭けないと、教育をやっていく意味はないと思うんですよ。子どもたちの未来に「希望」があるからやるわけで。

子どもたちの未来って何かっていったら、言葉はともかくとして、「もしかしたら、俺でも生きていていいかもしれない」って思うことだったり、「私にはこれがある」とか、「こういう世界で生きていこう」だとかさ。そういった自分の「可能性」を見出して、その「可能性」を育てること。これが教育のやるべきことだと思いますね。

じゃあ「希望」って何かって。「希望」っていうのは、この前言ったように、明日も頑張ってみよう、生きてみようと思える力。つまり、生徒が自分の「可能性」に、自分で賭け得るようになること、それが「希望」だと思う。「色々ダメなことはあるけど、でも私にはこれがあるから、また明日も頑張れるかもしれない」って。「可能性」とは何かって突き詰めれば色々あるかもしれないけれど、でも、「生きる可能性」なんだ、結局ね。「自分はこういうことで社会に貢献していく」とか、「自分にはこういう力があるんだ」って思うこと、それが「可能性」なんだよね。「希望」っていうのは「可能性」なんだって。教育は、学びは、それぞれの生徒の「可能性」を見出して育てていくことで、「希望」っていうのは、生徒が自分の「可能性」に、自分で自分を賭けることだと僕は思っている。よく、「志」とか言うよね。でも、「志」っていうのは、能力を持ってる子が「こういう風に生きよう」って思うことで、「志」の手前には必要なものがあると思うんですよ。それが「可能性」であり「希望」だと思うんです。そこを育てないと、「志」は育たないのではないかと。これはアランが言ってることだけれど、教育は、もともとある枝に接ぎ木することだって。

人間にはもともと、「可能性」の根と枝があるんだ、と。その「可能性」を伸ばすために接ぎ木をする、それが教育であり、学校の役割なんだって思うんですよ。

先の大村はまさんの詩で言えば、「ほんとうに持っているもの／授かっているものを／出し切って、／打ち込んで学ぶ。」ということと同じようなことなのではないかな。

「可能性」って突き詰めて考えると、やっぱり、その子にとって、その生徒にとっての「生きる意味」なんだと思うんですよね。そして「生きる意味」を持たない子はいないんです。そういう思いを持って教員が生徒たちに対峙していけば、接し方は必然に変わってくるだろうと思うんです。本当の学びっていうのは、そこに生まれるんじゃないかなって。それは知識を受け取るだけでは絶対に育たないもので、人との関係がないと育たない。教師との関係もあるけど、同等的他者との関係がないと育たない。上から「あなたにはこんな『可能性』がある」って言われるだけでは育たない。もう、知識はパソコンで得ることができるわけだから。将棋だって囲碁だって、人間よりすごいんだからね。だけど、機械にプライドがあるかって問題だよな。機械は悲しむとか、憎むとか怒るとかないわけだ。そうすると、いくら機械と付き合っても「可能性」は育たないわけですよね。でも、時代がどうなろうとも、人は人と生きていかないといけないわけで。徹頭徹尾、人間関係の中で生きるしかない。日本の中世の時代に俗世間を捨てて隠遁した文学者たちがいたけれど、その方丈で考え抜かれていたのは、一言で言えば、人間存在のありようであったわけで、それは人間関係についての考察そのもので。その時に大事なものって、人との関係の中で、自分の「可能性」を見出していく力だと思うんですよ。だから、どうもね、そういうあたりに結論があるような気がするね。今のところそこまでだね、僕の能力では。その時は偏差値の「ものさし」は要らなくなるわけですよね。

若松英輔って知ってるかな。この人の『悲しみの秘儀』って本はすごいと僕は思う。エッセイ集なんだけど。悲しみの向こうにしか人間の生きる喜びはないんだって。だから日本語では、「悲し」を「愛し」や「美し」とも書くんだって。悲しいことがあったら喜べっていうことじゃもちろんないけど、悲しんで悲しんで悲しみぬいた先に生きていることの愛おしさとか生きる喜びがあるんだって。谷川俊太郎はさ、「真っ白でいるよりも」という詩で、気持ちにはいろんな色があるって言ってて、人生のキャンバスは真っ白じゃなくて、悲しみや怒りや色々な色がある。そして真っ白な人生よりも、いろいろな色がある方がいいじゃないか、って。人生の豊かさってそういうことなんだろうけど、そこに「人間とは何か」がありそうなんですよね。そこに人間の生きる意味があって。その時は本当につらいだろうけれど、それを乗り越えていくところに、「生きることの意味」っていうか、真理があるというか、それが人間なんだろう、といま僕は思っていますね。

これは、偏差値を切り離した後に何が残るのかっていうことともつながっていて、生きることの意味を問おうとするから学ぶのでしょう、っていうことですよ。学ぼうと思い始めるのに3年かかってもいい。その後、そういう思いでずっとやっていけるのであれば、大学行こうが行くまいが、一生懸命生きるよね。

結局、何かの困難な状況にぶつかったときに、主体的に自分で判断できるような人間を育てていくことが教育の最終的な目的ではないかな。茨木のり子さんに、長く生きてきて学んだことは、できあいの思想とか宗教とか学問とか権威に倚りかかるのではなく（手持ちの資料から詩を出して）、「じぶんの耳目／じぶんの二本足のみで立っていて／なに不都合のことやある／倚りかかるとすれば／それは／椅子の背もたれだけ」という詩があるけれど、そういうことですよね。そういう人間主体を育てていくことが教育の最終目的ではないかな。そのために公教育は、接ぎ木をして、その生徒の可能性を伸ばしていく。

この前、始業式で生徒に、僕が「自分の感受性くらい」と出会った話をしたんだけど。「自分の感受性くらい／自分で守れ／ばかものよ」ってあるじゃない。この「自分の感受性くらい／自分で守れ／ばかものよ」って言ってるのは誰だろうって問うたんだけど。授業じゃないから考える時間は取れなかったんだけど、これは、「もう一人の自分」が自分自身に問うているんだよね、って。人間には、「内なる自己」と「外なる自己」があると言われてるんだって。これは、「いい自分と悪い自分」という意味じゃなくて、自分の内側にある感情とか思いとか痛みとか、そういうのを持ってる「内なる自己」っていうのがあって。その「内なる自己」が、自分で自分を叱ってくれたり、時には励ましてくれたりする。だから、今、学ぶって言うのは、「外なる自己」だけじゃなくて、もう一人の「内なる自己」を育てていくことなんだって。〝自律〟するっていうことは、もう一人の自分を、しっかり自分の中に位置づけることなんだって。だからそのために君たちは学校に来ているんだっていう話をしたんだけどね。空海の教えの中に、「同行二人」っていうのがあって。例えば、四国巡礼のとき、傍には空海がいてくれるから、いや仏がいてくれるから一人で歩いても二人なんだっていう。仏は自分の中にいるんだって。これが「内なる自己」なんだ。

結局、茨木のり子も言ってるんだけど、教育の最終目的は、自分の中に「師」をもつ、「師」をつくることだって。確かにそうですよね。学生時代が終わって、自分の中に、自分を教え導く「師」が存在すれば、その後も、自分は自分らしく主体的に生きていける。最終的には、その内なる「師」を自ら育てていく営みが教育なのではないだろうかって。そのために「自分の感受性」を大切に守り育てていかなければならないのだと思うし、それが教育の営みなのだと思うんですよね。

例えば畑中くんも、「教育とは何か」というのを自分の生き方で探していってるわけだけど、でもその始まりには、言葉にならない何かがあったと思うんだよね。「教育学やってみるか」ってなったときに、「やってみようぜ」って後押しするもう一人の自分がいて。「出来るかどうかわからないけど、やってみるか」って歩み出す自分がいて。

―僕自身のことで言ったら、常に不安しかないですね。不安と闘いながらです。

そうそうそう。それは、絶対不安だと思いますよ。不安じゃない人っていないと思う。不安が大きいので、結局何もしないというか、進んでいけなかったっていう人も多いんじゃないかな。でもそれは、「可能性」を育てたことにはならない。だから不安はみんなあって、さっきの『悲しみの秘儀』じゃないけど、不安があるから頑張れる。

―あぁ、そうかもしれないですね。

不安がなかったら頑張らない。だけど、不安があるから頑張るし、頑張って次の段階に行ったらまた新たな不安が出てきて…ということなんだと思いますね。なぜなら不安とは自己への期待の裏返しだよね。自分への期待や可能性がなければ不安も生じないわけで。

H高校でもっとやりたいのは、卒業論文を書かせるとか、共同研究をすること。子どもが卒業論文を書いて卒業していくような学校にしたいわけです、嫌がらずに。そうなればさ、変わりますよ、明らかに。でもそれには、まだあと2・3年はかかる。あと2・3年あれば次の段階に行けると思うけど、僕は退職だからね。だから少なくとも、次の校長が「学びの共同体」を理解してくれるような結果を、退職までに出さなければいけないと思っている。

まあ色々話したけど、根拠ないやんって。全部エッセイじゃないかと言われたらそうなんだけど（笑）。

―でも、経験に裏打ちされているものだと思いますけど。

うん、それはそうです。現場にいる人間はここまでかな。

―突き詰めてやっていれば、実践であっても研究であっても、いつかつながると思いますけどね。

うん。そうだね。その通り。

今日、最後で言ったけど、〈ジャンプの課題〉ってどう作ればいいか分からないけど、でも、分からないことがあるから成り立つんですよね。分かっちゃったら、つまらなくなる。分からない間は、みんなずっと考えるわけです。結局、「〈ジャンプの課題〉とはこうするものだ」っていうことは、分からなくていいような気も一方ではしますね。生徒たちも同じだと思うんですよ。分かっていることを与えたって、共有できないですよ。分からないことを与えることによって、共有し始める。分からないことを学んでいく。

でも、そんな問いをつくるためには、教師の力が求められるけどね。「ここを分からせたい」と思ったら、そこから一段高いところを問う。そういう感覚が分かってきたら、すごい授業になるんじゃないかって思いますね。

—先生が捉えている〈ジャンプの課題〉っていうのは、積み上げていった延長線上にあるもの、という理解でいいですか。

どっちでもいい、と思ってて。延長線上でもいいし、延長じゃない外れたところにあるものでもいいんではないかって思うね。それについては、えっとね、ちょっと考えたことあったんだけどな…延長線上にあるというのは、思い込みなんだって。例えば、現代詩って、わけ分からないものなんだよね、一見すると。簡単には分からない詩をいつまでも読み続けることは非効率的だけど、でもそれが、効率主義に慣れ切った私たちにとっては、今の生活を豊かにする大事なものになるかもしれなくて。だから、延長上じゃない全く別のところに問いがあって、それが実は学びを深めることってあると思うんだよね。

—文化だったり、一見すると無駄だと思われるものの役割とも似てますね。

そうそう！そこに豊かさとか深さとかが生まれてくるんじゃないかって。そのことによって対象化されて分かるということがある。だから、そういうものであってもいいいんじゃないかって思うんです。

—授業で、本気でそれに取り組もうと思ったら、教科の枠を超えないといけなくなりそうですね、完全に。

それってさ、おそらく総合学習が当初目指したことなんだよね。教科ごとの縦の線を横に繋ぐ、そして生きた力にするっていうことでしょう。だからさ、そういうふうな、問いを「ずらす」力って言うか。でも、問いを「ずらす」ためには、「この力をつけるために、この問いを出す」っていうのが本当に分かっていないとできないよね。「ずらす」ということは、本当の、「ずれていない」ということが分かっていないとできない。こういう話を、学校でみんなでしたいなって思うんだよね。そうすると、授業がすごく面白くなるんじゃないかなって。

—みんなで作るっていうことですか、〈ジャンプの課題〉を。

そうそう。延長上に問いがあるっていうのは、決まりきったことで、我々が信じて疑わないことだよね。でもしかし、そうではないところに問いを置くことができるっていうことを考えてみるってさ、面白くない？「ずらす」面白さみたいな。そういうのをやり始めるともっとワクワク面白くなるんだろうけど、なんせあと1年ないので…。

—まあでも、終わりはないですよ。定年って終わりかもしれないですけど、それは勝手に決められた終わりじゃないですか。そこから先は。

そうかもしれないね。じゃあ次回はどうしましょうか。

⑪　今日の夕陽は明日の朝陽の始まり

（聞き取り日時　２０１７年３月13日19：00～23：30　於 ファミリーレストラン）

―これまでの3年間を振り返って、色々お話をお聞きしたいのですが。まずは教頭先生の存在はどんなものだったのでしょうか。

まず、d教頭。dさんとはF高でも一緒で、同じ学年になったりはしなかったけど、当時から「何か新しいことをやろう」とは一緒によく話してましたね。彼が進路主任で。僕が教務主任のときもあった。

それで、dさんは教頭として僕より1年早く（H高校に）赴任しているから、最初は学校の様子を聞きましたね。そうすると彼からは、学力面では上から下までいるから、下の方の生徒指導が大変で、上の方への進学にテコ入れしたほうがいいのだけれど、生徒指導に手がかかって、なかなか進学指導に手が回っていないのが現状だ…みたいなことを教えてくれて。他の先生たちもそう思っているわけよね。下の方の子がいると、上の方の子に手をかけられないって。そしてよくdさんは言ってたんだけど、炭鉱が盛んなとき…彼は昔もH高校に勤めた経験があるので、一時は生徒が800人くらいに達したこともあった学校が、いまや200人に満たない小さな学校となってしまっていて、さらにどんどん生徒が減っている。この地域自体がどんどん過疎化している。学校から見える角力灘に沈む夕陽はとても綺麗なんだけど、それを見ていると、ああ斜陽だなあと思わずにはいられないのだと。だから、学校もそんな感じがして仕方ないんだと。

でも僕は、そんなのはダメだって言った。斜陽ではないと。確かに生徒数が激減してきて、様々な生徒が在籍していて、問題も多い。生徒たちも荒れている。先生たちもどんどん定数も削減されてくる中で仕事量はむしろ増えていて疲弊してきている。生徒の学力層や進路希望も多様化していて複雑で、なかなか指導方針が決まらない、というよりそれぞれが個別にというか孤独な業務を繰り返している。

しかし、だからと言って、そのまま手をこまねいて、陽が沈むのを待っていると言うわけにはいかないって。学力をいうなら、上から下まで、全部育てる方法があるはずだ、って僕は主張して。E高の経験から、生徒は変わるんだと言う確信はあった。それでも授業が変わらなければ、子どもたちは変わらない。学校は変わらないんだと。そのためには先生たちにも変わってもらわなければならないのだと。それをするのが、管理職の仕事だというようなことを説得した覚えがありますね。角力灘に沈む夕陽は単なる斜陽ではなくて。ここに沈む夕陽は、明日の朝陽の始まりなんだ、と僕は主張したね。d教頭はその言葉に深くうなずいてくれていましたよ。このH高校に来て、角力灘に沈む夕陽に対して、そのような発想をはじめて聞いた、と。寂しいような夕陽が、明るい輝かしいものにも思える、と。

「とにかく、この学校を変えよう」ということになって、校内に学校を変えるプロジェクトチームを作って。それで、行事の精選とか、バスの便とか、生徒指導上の問題とか、時程の変更とか色々検討していって実行できるものはすぐにも手をつけて行ったけど、最終的には、結局は授業を変えないとダメだっていうことになっていって。dさんもこれまでの経験から、授業を変えないと変わらないよねっていうのは分かってて。それでプロジェクトチームに「学びの共同体」の本を読んでもらったかな。そうすると、「本当にこれができればすごいですよね」ってなってきて。それで学校改革プロジェクトをずっと続けて、11月ごろにあなたに相談をした。

―はいはいはい。**逆円錐のですね。**

そうそう。まだ当時のd教頭は、「校長が言うからしなきゃかな」って不安に思ってるわけだ（笑）。半信半疑なところもあったみたいだし…。もちろん僕も確信があるわけではなかったけど、教頭の前では「H高校のスクールアイデンティを作るにはこれしかない」って言い張って。ただ教頭さんが興味を持っていたのは、授業っていうのは学校の本丸で、「その本丸に真っ直ぐに突っ込みますか？」って。そこには、まだ誰もやったことのない「学校改革としての授業改革」を本気でやろうとするのか、この校長は、という驚きと不安が見てとれましたね。例えば部活をちょっと強くしたり、生徒指導に力を入れたりする学校改革はちょこちょこあるけど、そんなことしたって長持ちしない。結局、授業を変えないと学校の本質は変わらないんだ、ということを何度も主張したんだと思うね。そして、本気でやろうっていうことになって、d教頭と盛んに、どういうふうに持っていくかの話を繰り返していましたね。プロジェクト委員会からの発案ということで、この改革をやり始めていったわけだ。単なるトップダウンではなくて。もちろん僕がレジュメを作って、職員会議に持っていって説明する。全職員にブックレットを配って、12月に職員会議をやって。そうするとその直後に中教審答申が出て、職員からすると、「校長はこのことを言ってたのか」ってなるわけだね。

それで、12月も押し迫ってたんだけど、dさんが「誰か、『学びの共同体』に詳しい人に来てもらって、話を聞いたほうがいいんじゃないか」って言ってきて、そうだよねってなって。急遽、伊東で毎年開催されてる「学びの共同体」の全国研究大会に参加することになった。出張費もないから自費で行った。やっぱり行ったらね、圧倒されるんだよね。北海道から沖縄まで、たくさんの学校で実践されているし、また個人で奮闘している人もいっぱい来ていて。そこで、校内研修で話をしてくれるように、「学びの共同体」のスーパーバイザーにお願いしてきて。次の日に、前話したように。

―泊ったんでしたっけ。

うん。泊まった。それで、東京タワー。「ブレるから立っていられるんだ」って。「ブレていいんだ」って。まだ迷いはあったけど、ブレながらでも進んでいけば風景が変わるんだって。「やっぱりそうですよね」って。dさんとは、東京で、人生観を語り合いましたよ。なぜ教師になったのか。色々失敗もしたけど、教師人生の終盤に差し掛かってきて、今何を考えているのかとか…。教師をやることと自分が生きることとはどうつながるのか…とか。

そしてその後の職員会議で決定する。aさんが「僕も教師として『誇り』を持ちたいんだ」と言って。生徒にも持たせたいけど、H高校の教員としても「誇り」を持ってやらないといけないって。それで全体も「よし、やるか」という雰囲気になってきて。まずは試行してみようと、三学期に色々やってみて、その結果を踏まえて判断しようということになった。みなさんにアンケートを配って、それをまとめたのをスーパーバイザーに送って。スーパーバイザーはそれに答える形で研修をしてくれて。三学期の、1月の終わりぐらいだったかな。

職員も、僕が12月に最初提案したときは「何言ってるんだ」みたいな感じだったけど、だんだん「本気だな」ってなっていった。職員の中からも、「何もしなければ今のままで、何も変わらない。私は今のままではダメだと思っている。少しでも可能性があるのならやってみるべきだ」という意見も出てきた。複数人がそのように思うようになっていた。教頭は、研修会の準備をしたりするなかで、スーパーバイザーともよく話をするようになっていって。そうすると、また興味深くなっていく。最終的に、最初のマニュアルみたいなものと、肝心なところの説明は僕が作ったけど、実際のペーパーとかはdさんが作った。そしてその頃になると、あんまり僕が直接教員に言わなくても、教頭が言うようになっていた。三学期の中で、色々準備もしたし、彼なりに懸命に勉強してくれたんです。

それで、三学期に研修を3回やりましたけど、1回はスーパーバイザーに来てもらって。試行期間で何人か授業と研究会をやってみたわけです。そしたらね、やったら面白いわけですよ。面白いというか、今までとまるで違うから。いままで授業中は投げやりだったり、これ見よがしに寝たりする生徒たちが、誰も学びを諦めないで、最後まで学んでいて…。どの教科でもできるかどうかっていうのはわからないけど、でも、「やってみていいんじゃないか」っていう雰囲気になっていったんだよね。そしてもうそんな大きな反対もなかった。確かに、数人やりたくないって、今のままで何でダメなのかっていうベテランの教員もいたけど。そういう先生たちにきちんと話して引っ張ってくれた。前にも話したけど、そのベテランの先生たちが、むしろ前向きに推進役を果たしてくれましたね。教頭の仕事とは何かっていったら、その一つは、そのような反対する職員をこちら側に向けることだと思う。d教頭は優しいから、丁寧にその教員たちを説得して回った。それは素晴らしいと思いましたね。

だから、d教頭への働きかけはそういうふうに、半年以上かけて理念を伝えて分かってもらった。理念を共有しないと進めないから。校長のトップダウンじゃなくて、教頭も理解してやってるって、校長と教頭は仲がいいぞって職員に見せるために、一生懸命気にしていましたね。そこらあたりの配慮をうまくしながら。そうすると、年に1回、すべての教員が研究授業をすることについても、教頭が年度初めに行事予定に全員分入れてしまって。実は、このこともこの「学びの共同体」を実践することの重要な鍵であり、壁なんだけれど、d教頭はいとも容易くやってしまった（笑）。

—d教頭先生がアクセル踏み始めたんですね。

だんだん面白くというか興味深くなってきたんだろうね。僕としては、ちょっと走りすぎじゃないかとも思ったんだけど（笑）、やってみたらできるわけよね。やるときは強引に。それは校長のために強引にするんじゃなくて、自分のなかで「これは可能性があるんじゃないか」って思いはじめたんでしょうね。「学校は変えることができる」って。僕はE高校とかでの経験があるから、なんとなく分かってはいたけど。その方法は授業と演劇だって。彼はその意味ではじめての経験かもしれない。彼のみる夕陽の向こうにも、明日の朝陽が見えはじめたのかもしれないね。

—演劇に力を入れたいということに関しても、共通理解できていたんですか。

演劇については、誰も理解していないと思う（笑）。もちろん、職員会議で2回ぐらい、「演劇をやる意味」みたいなのを書いて配ってもいるけど、「理念はわかるけどね」みたいな反応だったたね。「言ってることは分かるけど、出来ないですよ」、「ほかの業務で大変なんですよ」って。直接は言ってこないけど、ぶつぶつ言ってたね。「今度の校長、突然何言ってるの?!」みたいな。それはもう、折込済みだから。これについては、僕はトップダウンでも実施したいと思っていた。これについては、これは大きな力になるという確信があったから。

—d先生が（H高校に）もう1年残りたいって言ってたのは、2014年度末のことですか。

2年目の2学期ぐらい。2年目だからね、公開授業をやり始めたのは。1年目通過して、2年目に入ったら、やっぱり、やり始めれば変わるわけですよ。面白くなってくる。興味深くなってくる。職員室の雰囲気もガラッと変わった。職員同士がよく授業の話をするようになった。生徒の名前が、よく会話の中に出てくるようになった。今までは問題行動を起こした生徒の名前くらいしか出てこなかったのにね。普通の子の固有名詞が頻繁に出てくるようになって。生徒たちの様子も目に見えて変わってくる。ある研究者が、「職員室の風景が、そのまま教室の風景と相似する」と言ってたけれど、本当にそんな感じになっていったね。公開授業研究会もするし、やってみれば100人以上外部から参観に来てくれるようになった。一番多い時で、200人に迫る参観者だったね。全校生徒よりも参観者の方が多かった（笑）。マスコミは来るし。「自分たちがやってることって実はすごいんじゃないの」とか言いながら。最初は「コの字型」の机配置だったり、「〈ジャンプの課題〉をどう作るか」とかから入って、どんどん深まっていく。アクティブ・ラーニングの先端を行ってるんだっていうのが分かってくると面白くてしょうがない。しょうがないって言うほどではないかもしれないけど、面白いわけですよ。周りからも注目されて、「H高校は何してるのか」って聞かれるようになって。そうすると説明しなくてはいけなくなって。説明することによって当事者意識がさらに強まる。dさんも、そういうのでどんどん興味深くなっていったんだろうし、そんな感じになったら、残りたいって思うだろうね。立ち上げの前から、ああするこうするって悩んでやりながら、やっと1年間やって形ができ始めて。途中、マンネリ化もしたけど「もっと先に進まなきゃいけないだろう」って、色々資料とかを集めてきて、僕も語って。「歩き出さなきゃ風景は変わらないんだ」とか語り合って。そういうことを試みながら、半分ぐらい手応えを感じつつ進んでいって。そしたら、いっぱい見に来てくれるわけだからさ、あっちこっちの先生方が…。教師も生徒も、人間ってみんなそうなんだろうけど、認められたら頑張ろうかなっていう気になる。認められない中で、地道にずっと頑張って、最後に花を咲かせるような人ってそんなにいない。それは、よっぽどのビジョンとか信念がないと、「哲学」がないと出来ないわけよね。でも、そうやって公開授業研究会をやれば100人以上見に来るから、みんなでやらないと準備できないわけだ。みんな大変なんだけど、でも、参観者の感想文に、「良かった」、「素晴らしかった」、「涙がでました」ってたくさん書かれると嬉しいわけですよ。公開授業研の次の日の朝、職員室に入ったら、みんな「おはようございます！」って朗らかなのさ。そこらへんがね、H高校の先生たちは、みんないい人たちだった。本当にいい教師たちだったと思うよ。

もちろんそうなるためには色々やってきたわけだけど。頭ごなしにしたら反発を受けるから。「できるはずがない」とか、「何でそんなことを要求するんだ」って思いを持つだろうことは分かりつつ。かといって、強く引っ張らないといけないときもあるし。そこは難しいよね。

だから、dさんに期待したのは、まとめて言うと、ビジョンを共有して欲しい、分かってほしいということと、それを推進するために、柱として引っ張ってほしい。その時には職員とぶつかることも当然起こりうるわけだ。でも彼はそこをわかってよく頑張ってくれたと思う。

―今年度、教頭先生が変わりましたけどどうでしたか。

e教頭ね。4月は、きちっと仕事をする人だなと思ってたけど。「学びの共同体」についても、3月の挨拶の時に話したのが初めてだったけど、一生懸命勉強してきてくれて。1ヶ月ぐらい経ったら、他の先生たちよりもはるかに理解が進んでる。それでも常に謙虚で。そして職員を引っ張らなければならないときは毅然とできる。頭のいい教頭先生でしたね。学びの共同体の全国研究大会にも「行かせてもらえるんだったら」って言って参加してくれて。ハードな日程のなかで。「学びの共同体」で紹介した本だけじゃなくて、演劇教育に必要な、例えば平田オリザとかも紹介したんだけどちゃんと読んでくれて理解してくれた。

「学びの共同体」に関して言えば、もしかしたら、校長がやるって本気で言ってるんだからそれをしなきゃだよねっていうのはあったかもしれないけど。こういう学校で一斉授業はうまくいかないっていうのは、みんな思ってるんだからさ。最初のころは、「学びの共同体」自体に反発することはほとんどなかったですね。職員への自分のコメントについても、僕の方針と違ってないかっていうことを常に確認しにきてくれていましたね。そういう、きちっとしている教頭先生だなって。教頭論になるんだけど、1回しか教頭してないからよくわからないのだけれど。e教頭は、「ここところを抑えれば、こっちが納得するだろう」っていうのをちゃんと押さえている。ちゃんと怒るもんね。教務主任のaさんとかにも。かなり徹底して（笑）。

—d先生とは、最初の2年間一緒に作り上げていった。大まかな形ができた中にe先生がきたわけじゃないですか。e先生との1年目、今年の1年間はどんなことに配慮していたのか。

配慮したことは、色々なことを配慮したけど、「学びの共同体」に関しては内容を理解してもらう。理解してもらえば、多分、分かってもらえるだろうという自信が僕にはあったので。細かい話だけど、まず3月の終わりぐらいに挨拶にきてくれて。他にもう一人挨拶に来た人と、aさんともう一人職員を連れてご飯に行って、「楽しくやりましょう」って話をして。「こういうことやってるから、赴任するまでに読んでください」って言ってブックレット[19]を渡して。で、さっき言ったように勉強してきてくれて。すごいなって、理解力がすごいなって。だから、「学びの共同体」をやっていく中において反発とかは全然無くて。しばらくたってから、二学期ぐらいになって、「ここがちょっと弱いと思うんですよね」って。具体的には進路指導のことだったんだけど、「学びの共同体」と進路指導の体系ができてなくて、そういったところをビシっと指摘してくれる。分かってはいたけど、まだそこにいく前の段階なんだよね。

aさんに対しても、「学びの共同体」を展開するためには教務の調整が必須だから、プロジェクトチームリーダーと兼務させたんだよね。ただその代わり、プロジェクトチームにサブを置いて、bさんを入れた。そして彼が2年目はリーダー、今年ね。ただやっぱり、教務がきちんとしないといけないこととかについてはaさんも抜けていて、d教頭も教務は詳しくないからそこは指摘できないでいて。一方でe教頭はこれまで教務主任をかなり経験したりしてきてるから、ビシっと指摘するわけ。論理的に。教務の仕事でしないといけないところは、嫌われてでもちゃんと言う。もちろん僕にも、さっき言ったような指摘をしてくるけど、間違ったことは言ってないし、「これをするためには、私はこうした方がいいと思うんですけど、職員に伝えていいですか」って聞いてくる。いやいやお願いしますよ、みたいになるわけよ（笑）。

（電話対応で中断）

―もう一ついいですか。今年度、プロジェクトチームのサブからリーダーになったb先生について。b先生へ何を期待していたのか、何の配慮をしてどう働きかけたのか。

まあ、一つは、動くこと。動かないと何も変わらないので。それと、彼はF高が新任なんだけど、同じ学年ではなかったけど前から知っていて。同じ国語科だから育てないといけないという思いもあったね。だからこの役割を与えたところがあった。生きることに張り付いた〝ことば〟で勝負できるようになってもらいたいって。今からの高校教育はきっと、H高校でやっているこの世界での勝負になるはずだから。点数を取らせるためにドリルをくり返して、気合で解かせて大学に合格させて、「合格者何人だ！」みたいなのはそのうち通用しなくなる。でも、うち（H高校）で「学びの共同体」を経験すれば、きっと変わっていけるって。本当を言うと、もっと彼の側にいて伝えていきたい思いはあるんだけど、それをすると彼の主体は育たないから出来ない。後は彼自身の努力次第。

―どうでしたか、この1年間。

根本がどうかは分からないけど、表面的には大分変わったと思う。仕事の処理能力は高い。パパパと集めたり、何か作ったりする能力は高い。その都度、「あなたが中心だからね」って声かけしながらね。

本当に、育てながらって感じですね。職員がもっといっぱいいたら違うかもしれないけど、現状はそれぞれがたくさんの役割を担いながら、その集団の中で「自分にはこれがある」、「きついけど、自分はこの役割があるから組織に必要なんだ」みたいな感じで使命感を持ってくれている。全体を見て役割を与えていったり、動かしていかないと学校は変わらない。

（コーヒーを取りに行く）

そんな風にして働きかけたね。配慮したことは、役割を与えつつも潰さないように。希望を持てるように。何を期待しているかっていうと、彼（b氏）が教師として成長していくこと。心は生徒の側に立って、第一に子どもを大切にするという。そういったことを伝えているのは、本物の国語教師になってほしいなっていう思いがあるからなんだ、真面目に。

―この前、1年ちょっとぶりにb先生にインタビューをさ

せていただいて思ったんですけど、前よりも自信がなくなってるし、悩んでるように感じましたね。

そうそう。それが大事なんですよね。さっきの話だけど、もっと進学を考えて体系的にっていうのはその通りなんだけど、3年前の姿を見ていないのは決定的に大きいね。今が当たり前になってるから、「もっと出来るでしょ」って話になってしまう。もちろん大事なんですよ、「もっと出来るでしょ」っていう視点は大事なんだけど。「もっと出来るでしょ」っていう方にむやみに持って行ったら、3年前に戻りますよっていうことを分かっている人がほとんどいない。そことの戦いですね。「そうよね」って思うところはあるんだけど、「そうじゃない」って引っ張れるかどうかっていうのは、管理職に「哲学」があるかどうかですよね。それから、b先生は、いま正念場にさしかかっているところだと僕は思っていて。本物の教育に向かって脱皮しようとしている時だと思ってるんですよ。

さっき、d教頭のことをあげたけど、dさんには強引さっていうか、よく分からないから進めちゃうみたいなその強さみたいなのはありますよね。e教頭は、人の意図するところを読める頭の良さがある。そこは僕はすごいなと思っている。

—e教頭先生にインタビューしたとき、おっしゃることは先生が言われていることと全く同じでした。

本当に理解してくれていたらうれしいけどね。d教頭の時はその反対で、よく火花を散らしていたけどね（笑）。

—先生はG高校の時、どんな教頭だったんですか。校長の意図を読んで具現化していたんですか。

うーん。一応読むね。今思うと、教頭じゃなくても、教務主任とかの時も読んでいたかな。校長の思うところの先をやればいいと思ってた。校長が考え付かないことを、いや考えてはいるけれどどうやればいいか…と思っているところに、先に理念や方法論を持っていって切り抜けてきたかな（笑）。校長の考えていることを読んで、そのうえで、とにかくポーンと飛び越える感じ。それは例えば、F高の時のステージアップ・プロジェクトもそうで。ただ、大規模校の教頭はだいたい二人体制だから、その関係には気を使いますよね。それが難しかったね。そういう、昔から僕は気が弱いので、すぐ色々なことが気になるタイプだし。常にそんなこと考えてきて動くから、マイナスもいっぱいあるんですよ。疲れてしまう。人間関係を考えて、ポジションを考える。「ここは俺が引いた方がいいよな」とか。「ここは出るしかないな」とか、そんなことをいつも考えているから疲れる。校長や教頭に迎合するというのとは違うんだよね。こちらが先に青写真を引いてしまうと言うか…言われる前に、言いそうでないことまで。そうすることで、状況をさらに進めてしまうとか。そんな折も、第一は生徒のためで、というのは、自分なりにはしっかりと持っていたつもり、と思う。校長も教頭もそれは根っこにはあるはずだから。だから差し迫った課題を解決するために、校長や教頭が考える先を提案して、実践に結びつけるようにしてきたと思う。だから、僕が教頭や教務主任のときは、校長や教頭には頼りにされていたのではないかと思うよ（笑）。でも実は、それが時の校長の操縦術に嵌まっていたということかも知れないけどね（笑）。

―先生は、ご自分の次の管理職を育てたいとかは思わないのですか。

うーん。僕にはそんな力はないからね。推薦はしているけどね。

芸術というのはさ、太宰にしてもなんでも、弱い側の人間を応援する側に立つものだと思うんだよね。もともと芸術っていうのはさ、言ってみれば心の叫びなんだから。苦しむっていうのは弱い立場に立つこと、立たされていることだから。それが「文化祭ってなぜしなきゃいけないのか」っていうことに僕の中ではつながっている。この前、県下の高校の生徒会の生徒たちへ講演することがあったので、その話をしたんだけど。今、苦しんでいる生徒は必ずいるんだって。むしろ、人間ってみんなそうなんだって。そういう孤独とか、虚無とか寂しさとか、そんなものを抱えながら生きているのが人間なんだから。だから人と人とは繋がっていかなきゃいけない。人と人とが繋がるってどういうことかっていったら、単に手をつなぐこととかじゃなくて、個々の心が繋がることで、そのためには一緒に感動しなきゃいけないんだって。感動を共有することが繋がることの第一歩なんだと。その感動を作り出すのが文化祭なんだって。文化祭をやるっていうのは、人が生きるっていうことを支えるのと同じくらいの価値があるんだっていうような話をしたんですね。

だから、教育も弱い立場に立つことでしかないのかなって。格好良く言えばそういうことで。谷川俊太郎も言ってるけど、人間っていうのは、人と人との間を生きるから人間なんで。人と人との間を生きないことってないわけですよね、大人になっても、どんなになってもさ。村上春樹が言うようにさ、壁に卵をぶつけたら、卵が絶対に負けるんだから。私は卵の側に常に立ち続けるっていうさ、そこが文学であり芸術だろうと思うんだよね。だからそんなことを教師が大事に思っておけば、もっといい学校や社会になるのではないかという気はしますよね。

だって、教育の世界もどんな世界も組織なんだから。組織的なものとして人間生活があるわけだからさ。そしたらどこでも強いもの弱いもの、いい目を見てるもの、搾取されるものがいるわけでさ。じゃあ、どっちに立つの、教師は、って。こっち側に立たざるをえないわけですよね。それを見放したんじゃ未来がないわけで、未来がなければ教育をやる意味はない。未来が来なければ教育はやる意味がないわけだから。

教育というのは、定義の仕方は様々にあるだろうけれど、しかし究極的には、生徒たちを元気にする、生徒たちが未来を生きていくことを、よりよく幸福に生きていくことを応援する側に立つものだと思うんだよね。教育はどこまでも生徒の人生に向けられた「応援歌」でなければならないって。そして常にそういう立脚点でこの仕事を考えていくと、現実的には様々な問題がでてくる。そしてそういう視点で生徒の側に立つと、目に見えて苦労する。そう思っていない教員たちとも戦わなければならなくなるしさ。でも、僕と関わった人たちには、校長・教頭になってもらいたいと思うんだ。僕も教諭の時には、「管理職になんてならない」って思ってたよ。その頃よりも今は何倍も動く管理職じゃないと務まらないわけで。どう動くのか、どこで動かなきゃいけないのかっていうのが大切になってきている。僕に関わった人たちにはそれを伝えてきたつもりだけれどね。十分ではなかったかもしれないけれど。その人たちに、管理職になってほしいなっていうのが一方にはありますね。管理職になって、弱者側に立ってさ。人間の本質的なところに立って、いい社会を作るために教育をもっとよくしようよみたいな。

やっぱり、管理職が、生徒一人ひとりの人間の尊厳を大切にするという観点に立たないと、その学校は民主的にならないわけですよ。イデオロギーの民主主義を言ってるのではないよ。一人ひとりが主体的な存在として尊重されるという意味での民主的な空間になるべきだと僕は思ってて。言葉を変えればヒューマニズム的空間と言ってもいいかな。大袈裟に聞こえるかもしれないけどさ。現代のように変化があまりに激しくて、価値の多様化によって未来がどんな社会になっていくのか容易には見通せない時代に、校長がきちんとした「哲学」を持って、民主的な状況を作っていかないとそのような生徒は育たないわけですよ。教諭でそれを実現させるためには何年もかかっちゃうわけで。でも、校長が「哲学」を持ってやれば、まあ、3年でも一定の形はできるわけ、それなりにね。そういう管理職が増えていかないと間に合わない。この時代の流れの中では。そんな風に思いますよね。その意味で、管理職の養成を早い段階からすることは必要だって思う。管理職がビジョンを描いて、ビジョンを具現化していくためにどうするのか。トップダウンという押し付けではなく、法規も含めてしっかりしたスクールマネジメントを学んでいく。退職前の3年とかで管理職になってそれを学んでいたって間に合わないんだ。

―教頭から始めるイメージですか。

教頭よりも前の教諭の時から。管理職になるという路線と、最後まで一教諭でいきますよっていう路線とをもっと早期に分ける必要があるかもしれない、と僕は思う。40代後半ぐらいからかなぁ。教諭の道を選ぶ人は、教科教育学を一生懸命やればいい。すぐれた授業をどこまでも探究していく、それぞれの教科における真正の学びとその授業方法をもっと深く探究していく。学級経営のあり方をもっと丁寧に、深く、実践に即して学んでいく。心理学だとか認知科学だとかを実践に即して学んでいく。一方管理職サイドを選んだ人は、どうやって教育ビジョンを創造していって、それを学校という組織の中でどう具現化していくのか、そのために必要な法規とか、方法論とか、マネジメントとか教育哲学とかを学んで、研究して、管理職になっていく。だからそれが40歳代後半くらいが別れ目かなって最近は思うんだけどね。例えば、管理職が45歳から5年間ぐらいしっかり学んで、それで50歳の前半で管理職としての実践をやって、最後の5年間が集大成みたいな。だから、最初の5年間の実践は教頭でもいいわけですよ。50歳から5年間教頭をやって、5年間校長をやる。そのために40代後半からスクールマネジメントの学びに入る。そんな養成システムが必要かもしれないですね。もちろん、管理職が上、教員が下、みたいな上下関係ではなく、それぞれの専門職性をもっと高めていかなくてはだめだということを言いたいんですよ。「出世」コースを早くに明確化すべきだということではないので、誤解のないようにね。

管理職も教員も、それぞれにおけるもっと高い専門性を身につけられるような制度にならなければ、日本の、といってもいいかもしれないのだけれど、これからの学校教育は、ますますあるべき生徒の学びから遠ざかっていくことになるのではないかと危惧していますね。

―本当に、管理職養成の制度にしても、教科指導の質というか教育全体の質的向上が、もっと世界的視点で語られなければならない時代になってきたと思いますね。

もうかなり時間も遅くなってきたので最後にもう一ついいですか。これまでの教師人生を振り返って、どのように感じられていますか。

いやいや、まだ全然、そんな実感もないので…（笑）。でも本当に終わりなんですね、もうすぐ。

星野道夫という写真家がいるけど知ってるよね、名前は。10代の頃、彼は神田の古本屋で、たまたま1冊のアラスカの写真集に目が止まって。まるでその写真集が自分を待っていたかのように惹きつけられたそうで。その写真集にあった、あるエスキモーの住む村の写真にどうしようもなく惹かれた彼は、たまらなくなって、拙い英語でその村の村長さんに手紙を出したそうだ。住所も何もわからないから、ただ村の名前にアラスカとアメリカと付け加えただけでね。「どうしても自分はあなたの村に行きたいのだ。何でもするから誰か僕を世話してくれる人はいないでしょうか。」と。そんな宛名も住所も途方もなくいい加減な手紙に返事が来るはずもない、と思っていたって。そしたら半年ぐらい経って、その村のある家族から返事が来て。「手紙を受け取りました。いつでも来なさい。」って。その後彼はアラスカへ飛んで。そして、アラスカの自然の美しさに感動して、魅了されて、写真家星野道夫がいる。何かほんのちょっとすれ違えば、ただの紙くずになって捨てられたかもしれないその手紙が、知らない人の間を巡り、何度もの偶然が重なって、半年も経ってから返事が来た。それが彼の生き方につながり、彼が撮った写真に多くの人たちが魅了されて感動していくことになる。写真という芸術を目指していくわけですよね。全部偶然なんだけどさ。無数の偶然。しかしその偶然が必然になっていくんだ。

卒業式の話はしたっけ。式が全部終わって。保護者謝辞も終わって。校歌も歌い終わって。さあ退場っていう前に、3年生が自ら立ちあがって、１・2年生と向かいあって。そして卒業生の、生徒会代表が前に出てきて。涙を流しながら、「君たちと一緒にいれてよかった」って。自分たちはこの学校が好きだから、この学校に誇りを持って卒業して行くから、それを君たちが受け継いでくれって言って、今の2年生の生徒会長に花束を手渡す。その後、保護者の方を向いて、お父さんお母さんありがとうございました、って花束を渡す。そして教員たちの方を向いて。お世話になりましたって、泣きながら話すんだよね。紙に書いた挨拶文を読むんじゃなくて、自らのことばで語っていく。そして、職員代表で僕が花束をもらったんだけど、その前生徒会長のｆさんが「校長先生と出会えたことを、僕は偶然だとは思いません」って言ってくれて。そして生徒たちが作ってくれた僕への「卒業証書」を手渡してくれた。みんな感動して泣いていて。自分たちのこの学校での卒わり方を、彼らが自分たちで考えて、実践して。

その前の前の日に予餞会をやったんだけど。卒業生が一人一言ずつ言うことにしていたんだけど、なかなか言えなかった。でも、ｃさんには言ったんだけど、これ（予餞会）があるかないかで、卒業式が全然変わってくるからって。明後日の卒業式のためにこれ（予餞会）をやるんだよって。そして実際に、卒業式の雰囲気がまったく違うわけですよ、これまでとは。そしたらｃさんが、「僕は目の前のことで精一杯だけど、先を見てやる必要があるって学びました」って言ってくれた。そういうことですよね。先のことのために、今やるべきことがある。未来のために今があるのと同じだって。そういう卒業式だったんですよ。

現実には偶然がいっぱいあるわけで。でもその偶然が、実は必然なんだって。卒業式で元生徒会長が語った「出会えたのは偶然だとは思わない」っていうこと。偶然だと思っていないというのはどういうことなんだって。偶然の反対は必然なんだけど。必然だったってどういうことだろうと。それは、一つの出会いが、その人の人生の中に絶対的なものとして存在することになったということですよね。そういう風に思えるように、偶然が必然になっていく。世の中は、偶然だらけで。夜空に瞬く星の数ほど偶然はあちこちに存在していて、私たちの周りに点在している。しかし、そのどれを自分という人間が受け取って、それをかけがえのないものとして大切にまもり育てていくか。それを必然として、自分の人生を歩み、生きていくのか。前も話したけど、〝意思的存在〟としてのその〝感性〟を育てていくことが、私たち教育者の使命ではないかと思うんですね。

星野道夫が手紙を出さなければ、その明日はありえなかったわけで。たまたま、それが誰かの目に留まって、つながっていくわけでしょう。それってさ、偶然の積み重ねで、たまたまよねっていうにはあまりにもたくさんのことがありすぎる。あまりにも繋がりすぎているわけですよね。人が生きるということは、人生ということは、言ってみれば全て偶然なんだけど、でも、それがその人の人生の必然なんだよなって、そう思えてしまうことっていうのが、人と人との間で起こる。生きる上における最高の一つの形だと思うんですよね。ある者はそれを運命と呼ぶのかもしれない。そして、偶然と思えたことが必然だと感じられたり、そう感じられなかったりする。そこの違いは、歩き出したかどうかっていう違いですよね。手紙を出したか出さなかったかっていう決定的な違い。その前生徒会長も、H高校ではない進学校に合格する可能性もあったけど、その中でH高校を選択したって言ってた。H高校に行ったら、周囲からは笑われるかもしれないけど、自分で変えれば変えられるんじゃないかって思ってやって来たって。そこなんですよね。自分の足で歩き始めたかどうかっていうところに様々な偶然が必然として一人の生徒の〝感性〟を育てていくことになる。彼は広島大学へ進学することになっていて教師をめざしている。他の進学校に行ったからといって、そのような道を歩むとは限らない。その彼と僕が、その時の教師たちが出会うのも偶然で。1年遅くても早くても出会えなかったかもしれないわけだからさ。

僕も校長としては最初で最後の学校で、たった3年しかないのに何ができるんだろうって。この小さなH高校でどうするよ、っていう思いもあったけど、でも、小さいから出来たことが大きなインパクトを与えたわけですよね、言ってみれば。だから、逆に言うと、その偶然を必然にするのは〝意思〟の力だろうって。〝感性〟と言ってもいいかな。そこら辺にね、人生の不思議というか、本当の意味というかが隠れているような気がするんですよね。そんなことを、今になって分かってくるみたいなさ。僕も西先生と出会わなければ今はないわけで。僕はその恩師に認められたくてここまでやってきたような気がする。こうやったら認められるんじゃないかって思いながらやってきた。でもそれって、たまたま担任だったとかいう偶然で。ちょっと違えば、変わってくるもんね。あの時、あそこで話さなければ、出会わなければ全然違うわけですよね、人生がね。

——本当、そうですね。

まあ、「あの人と出会ったから、私は駄目になったんだ」って思う人もいるわけだけど、世の中にはさ。

——僕の場合、ダメになったんだって思うようなことはないですけどね。認めてくれない人はたくさんいましたけど。

そのせいで自分が駄目になったって思うことはなかったなぁ。

　それが〝力〟なんだ、あなたの〝力〟。あなたの〝感性〟なんですよね。その人の〝力〟もあるでしょうし、それが偶然の出会いが必然の出会いになるということでしょうね。最終的には今の自分を肯定するしかない。迷ったり恐れたりするけどさ。どこの学校に行っても、「この学校だから駄目だ」じゃなくて、「この学校にいる自分を自分で認めるためにどうするか」っていう。学校に「誇り」を持つっていうことはそういうことなんだろうと。生徒も教師もさ。校舎を誇るはずはない。学校に誇りを持つということは、そこに通う、そこに勤める自分が自分を認めていいんだって思えることなんだから。生徒よりもはるか以前に、教師がそうでなければいけないいんじゃないかと。そう考えるとロマンで、教師ってやっぱりいい職業だよね。

　最後の年に色々なところが繋がって、今までやってきたことが…。なんかね、そういう意味では幸せだったと思いますよ。昨日も、研究授業の担当者が切羽詰って準備しているときに、全然資料ができあがっていなかったんだけど、「過去には戻れないんだから先を進めましょう」ってみんなで笑って言い合いながら、僕も床に坐って一緒に資料の封筒詰めをしてた。12時過ぎてたんだよ。何か知らんけど楽しいよ、学校は（笑）。

　ああ今日ももう12時近いね。明日って大学あるの？

―はい、先生もですよね。

　うん。帰ろうか。27日に辞令交付式。式は、「ハイこれで終わりです」って辞令をもらうだけなんだけどね。

―退職ですか。でも、また何か始まりそうですね、これから。

　いやいや、もう退職ですよ。疲れました（笑）。いつもちゃんと話せなくてごめんね。

―いや、こちらこそありがとうございました。つぎは退職後の感想をインタビューさせていただきますね。

　こちらこそ、ありがとう。また会える日を楽しみにしておきます。

２部注

（1）これ以降で語られる福田氏の在籍校等は以下のとおりである。
A学園：大学院生時の非常勤1校目（１９８０年）
成城学園：大学院生時の非常勤2校目（１９８１年）
B学園：長崎で講師として勤務（１９８２年）
C高校：県立学校としての初任校、4年在籍（１９８３〜１９８６年）
D高校：2校目、10年在籍（１９８７〜１９９６年）
E高校：3校目、5年在籍（１９９７〜２００１年）
F高校：4校目、7年在籍（２００２年〜２００８年）
G高校：教頭として2年在籍（２００９・２０１０年）
県教育庁学芸文化課：3年在籍（２０１１〜２０１３年）
H高校：校長として3年在籍（２０１４〜２０１６年）

（2）福田鉄雄「成城の灯」『成城教育』第65号、１９８９年、154－157頁

（3）長崎の高校では、学力上位生徒で構成された学級を「アッパークラス」と呼ぶ。

（4）福田鉄雄「「総合的な国語力」の育成をめざして」『日本語学』18巻12号、明治書院、１９９９年、52－68頁。以下の聞き取り調査では、当該論文を『日本語学』と呼んでいる。

（5）総合選抜制度には多種の類型があるが、長崎県で実施されていた総合選抜制度は、「一つの学区内の高校の全定員に当たる合格者をまず決定し、その合格者の各学校への配分については、学力や通学距離などを基準に決定する」（潮木守一「高校入学者選抜制度」『新教育学大辞典』第三巻、第一法規、１９９０年、121頁）というものである。特に長崎県の場合、都市部にある大規模進学校を対象に行われていた。

（6）「「演劇」の授業といっても、オシバイのやり方を、授業で教えるつもりはなかった。一年間のおしまいには芝居もやるようになるかもしれないと思ったけれども、それより、からだをほぐすとか、話しかけるとか、いろんなレッスンをやってみて、そのつきあいのなかで、自分のからだとか、他人とじかにまっすぐ話をするとか、人間が生きていくとはどんなことか、お互いに話したり気がついたりしていけばいいというつもりであった」（竹内敏晴『からだ・演劇・教育』岩波新書、１９８９年、18頁）

（7）「I'm Proud～私たちの誇れるもの～
私と私たちに　誇れるものって何だろう／海に沈んでいくあの夕陽のように／すべてを赤く染めてゆく　情熱はあるか
私と私たちに　誇れるものって何だろう／一刻も休むことなく流れつづける川のように／果てしなく未来を希求する意志はあるか
私と私たちに　誇れるものって何だろう／碧の苗がいつの日か金色の風に波打つように／日々の確実な成長を蓄えた誠実はあるか
私が望んだものは　たしかに生きる苦しみではなかった
私たちが望んだものも　たしかに生きる哀しみではなかっ

た／私と私たちが手をとりあったとき　そこに求めたものは／優しさという名の　一輪の白いひな菊ではなかったか／あるいはまた希望という名の　向日葵であったはずだ
生きる喜びがX'masプレゼントである時代は終わった／生きる喜びが自ら種を蒔き　育み　刈り入れるものであることに／もう気づかなければならない／私は私たちのために存在し　私たちは私のために存在するのだということに／もう気づいてもよいのだろう／ちょうど一人への慈しみが全体への愛の普遍を生み出すように
私および私たちの誇れるものって／ほらすぐそこにある目には見えないもの／私および私たちの誇れるものって／ほらいま心の中にある　あったかいもの／私および私たちの誇れるものって／ほらあしたあの人を愛するための　心の純粋」
（福田鉄雄「平成9年度第29回文化祭アピール」E高校生徒会誌『あゆみ』１９９８年、24頁）

（8）「（前略）そして三年生。高校生最後の年。三年間の中で一番充実していた年だったと思います。特に一番印象に残った文化祭。（中略）メインであった「翼を下さい」の劇は、とり肌が立つくらい、いいものですごく泣けるものでした。拍手はやむことなく鳴り続けて、生徒と先生が共に泣くのを見て、私もついもらい泣きしてしまいました。みんなに感動を与えることができた文化祭だったと思います。一、二年生の時も文化祭はあったけれど、E高には今までなかった何かを感じました。違う学校の友達から、「E高の文化祭、学校の先生がすごく感動のあるものだったってほめてたよ。」という言葉を聞いて、何だか鼻高々で、すごく気持ちよかったです。自分の高校をほめられることが、こんなにいい気持ちなんだなぁと初めて思いました。泣いたり笑ったり、そして怒ったり喜んだりと、この三年間本当に色々ありました。「こんな学校…」と思ったこともあったけど、今ではこの学校に入学してきて本当によかったと、心の底から思えるようになりました。（後略）」（三年三組（生徒名略）「三年間を振り返って」E高校生徒会誌『あゆみ』１９９８年、48頁より抜粋。）

（9）佐藤氏は、「学びの課題は生徒の発達レベルに応じて設定されるのではなく、その生徒が仲間や教師の援助によって達成できる高いレベル（発達の最近接領域（ヴィゴツキー）の上限）に設定されなければ学びを成立させることはできない」と述べ（佐藤学「高校改革の課題―学びを中心とする授業へ―」佐藤学・和井田節子・草川剛人・浜崎美保編著『授業と学びの大改革「学びの共同体」で変わる！高校の授業』明治図書、２０１３年、18頁）、そのレベルに設定された課題を〈ジャンプの課題〉とし、「一人ひとりが確実に内容を理解する」（佐藤学『学校を改革する―学びの共同体の構想と実践』岩波ブックレット、２０１２年、27頁）ことを目指す〈共有の課題〉とは区別している。

（10）一般財団法人ＳＦＣフォーラム論理コミュニケーション教

育部門が展開する授業形態。自分の論を発信できる力の育成を目指している。https://sites.google.com/view/roncomi/（２０２２年12月２日確認）

(11)「テツ先生
まっすぐに、ただひたすら前だけを見つめ／空の青と海の碧の混じりあった蒼色に心を染め／テツ先生は／僕たちに生きることを教えてくれた
勉強だけがすべてじゃないんだ／世間の重圧に押しつぶされそうになっても／自分の夢だけは守っていくんだ
テツ先生は、いつだって大切なことを教えてくれた／いくらひとりぼっちになっても／僕たちにはテツ先生がいてくれるということが／一番の支えだった／だから僕たちは今日まで生きてこれたんだ
明日から違う場所で、違う人生を歩みはじめるけれど／僕たちは決して忘れない／テツ先生が愛したサッカー、詩、白い水仙、夕焼け、D高から見える山桜／そして、１年８組の33のいのちとテツ先生のこと
大人になってもテツ先生が教えてくれた／とってもとっても大切なこと／一番の心の支えでありつづけるだろう
今、僕たちは／テツ先生に出会えたことをすごく誇りに思います／ありがとう、テツ先生（諫早ほか・てつクラ・オールスターズ）」（長崎新聞「ポエム」１９９７年３月30日22面）

(12) その後、福田氏は、E高校で行った文化祭を通じた学校改革について、自身のことばでまとめている。詳細は、福田鉄雄「文化祭が学校を変える」『崎陽南山』２０２１年、117－128頁参照。

(13) 専門部長・専門委員長は県内の各文化部をとりまとめるために置かれた代表であり、当該部活動の校長・顧問が務める。長崎県高等学校文化連盟組織の具体は、https://nagasaki-koubunren.jp/index.html 参照。（２０２２年12月２日確認）

(14) 出典：福田鉄雄・前川卓郎・畑中大路「長崎県における高校文化活動の展開過程―高等学校総合文化祭を事例とした「知識移転」の視座からの分析―」『長崎大学教育学部教育実践研究紀要』17号、２０１８年、137－146頁

(15) 長崎市にある多目的イベントホール。

(16) 出典：F高校「ステージアップ・プロジェクト第Ⅱ期具体的なねらいと運用と方法～教科・学年討議用～」２００８年（職員会議資料）。

(17) 当該発表の成果は、畑中大路「学校組織間における知識移転―カリキュラムマネジメントの事例を踏まえた仮説生成―」（『教育経営学研究紀要』17号、２０１８年、13－22頁）にまとめている。

(18)「初等中等教育における教育課程の基準等の在り方について（諮問）」２０１４年11月20日。

(19) 前掲、佐藤（２０１２）

(20)「北の夜空に煌く小熊座の首星を「極星」（Polaris）とよぶ。満天の星がすべて、時間とともにその場所を変え続けてもなお、その「極星」だけは、ただじっと不動なる確かな位置を示し続ける。おかげで夜空は、一つの統一した「世界」

を構成し、幾多の星座という「意味」を生じさせるのだ。

　この学舎で、青春の一時期を学ぶことの意義は大きい。「学び」の本質とは、おそらく真理を探究すること以外にはない。真理とは、時事に応じて変転する浅はかな価値を追い求めることではないだろう。「学び」とは、かけがえのない自分自身の内に、確かなる生きる方位を照らす「光」を宿らせることにほかならない。

　私たち国語科は、君たち一人ひとりが、その内なる自己と出会い、向き合い、そして新たな自己が確かな「光」で歩み始めるためには、その精神世界をことばによって跡付ける必要を感じてやまなかった。ことばを綴ることで自己を問い、ことばを読むことで他者を識り、ことばを謳うことで夢を語ることができる。この書物一冊に込められた「青春の証」は、未来を生きる君たちの「極星」となって輝くことを信じる。」（福田鉄雄「『極星』(Polaris) 創刊のことば」F高校国語科『極星』創刊号、2007年）

(21)「吉村昭氏の作品に、「長崎はチンチン電車の展覧会」という軽妙な随筆があるが、近ごろ職場が変わったせいで、高校の通学時に利用していた「チンチン電車」という愛称で呼ばれる路面電車に、日常の交通手段としてまたお世話になることになった。その間実に三十年以上もの歳月が流れている。車窓に映る風景は、時の流れとともに変化しているのだが、電車の出発の際の、あの「チンチン」という音は昔のままだ。この音を聞きながら、運転手さんが何十年も、おそらく数えきれないほどの回数を握り続けているからであろう、底光りのしている真鍮製のハンドルレバーを見ていると、変わりゆくものの中で、確かに変わらないものの気高さを感じる。きっとそこには、堆積した時間の重みが確かに存在するからだろう。（中略）手擦れのした一冊の本を持つことは、その人の人生を豊かなものにしてくれるだろう。それは、いつも、心に帰るべき場所があるということに等しい。長崎で育った青春のある時期に、この『長崎の文学』を、機会ある度に、何度も何度も手にしてほしいと思う。その時の多くの作品や作家との出会いは、海に囲まれた郷土長崎とそこに生きる自分自身との対峙でもある。その自分史は、何年経ってもその手擦れのした一冊の本の中に確かに記憶されるだろう。なぜならそこには、自分が感じた「長崎の光と風」が、自分の時間として堆積していくことになるからである。この『長崎の文学』が、あの「チンチン電車」のハンドルレバーのように、何度も何度も手にすることで、手擦れで底光りのする一冊の「心の故郷」となってくれることを願う。」（福田鉄雄「あとがき」長崎県高等学校・特別支援学校教育研究会国語部会編『長崎の文学』教育研究会、2012年、300-301頁）

(22) 同日の直前に、a教諭、b教諭、h教諭へのインタビュー調査を実施している。

(23) H高校2015年度教頭のd氏は、在籍年数から次年度異動することが予想されていた。

おわりに

このたび畑中氏の、私におけるロングインタビューを著作にまとめたいとの申し出を受け、その書き起こされた全編を読み返すことになった。口述語と記述語の間には異質性があることは、誰でもが経験していることである。その語りことばゆえに、その日その時の気分や感情の起伏もそのまま反映され、たとえば語尾の表現にも、内容の説明にも、その他幾重にもその場限りの表現で語られていることに、まずはお詫びを申し上げねばならない。ただ、だからこそと言おうか、その語られている時空間の雰囲気や内容における空気感が、いわばその〝感性〟が、自ずと真実を伝えているところもあるかもしれないのである。畑中氏の、あえて教育学研究の一方法として、その「語り」に存する教師の「哲学」を拾い上げようとする試みは、現場教師にとっても、それをこそ学びたいと思う急所でもあるのだ。だから私は、自分の考えや思いに忠実な語りとなるよう校正を重ねたにすぎないことを申し上げておきたい。

私ごとき一介の教師の出来事をお話しすることに、何ほどの意味があるのかという思いは多分にあるのだが、ただ35年間の私なりの教職生活をふり返るまたとない機会だと思い、この申し出をお引き受けしたしだいである。もちろんこのインタビューに表れた私の教師としての営みは、その全容の一部にしかすぎず、それ以外にも諸々の失敗も、他者を不愉快にさせたであろうことも限りなくあり、申し訳なく、お許しを請いたい。それでもあえてなお、このような教師もいたのだとの事例の一つにでもなれば、それも何がしかの役に立つことがあるかもしれないと恥を忍んでいる。

私は、公立高校の教員の最後の3年間を、H高校の校長として終えた。自分にとっては、最初で最後の校長職であった。私はそこで、全ての生徒の「学び」を保障するために、「学びの共同体」という一つの教育方法を用いて、学校改革に挑んだ。「学校改革としての授業改革」

を合言葉に、全職員がそれを目指して努力をしてくれたことにとても感謝している。そしてそれは、ある意味では、私自身の教育観、教師観の集大成でもあったと思う。

その最後の年、ちょうどH高校の創立70周年記念式典が催された。H高校は、長崎県の最後の旧制中学として誕生し、すぐに新制の高等学校としての歩みを始めた学校である。地元に学校がないため、遠く離れた長崎や佐世保の学校に通わざるをえなかった当時の子どもたちの多くが、原爆や空襲の惨禍に見舞われた。地元に学校がないため、命を失っていく子どもたちをもう出してはいけないと、地元の母親たちが立ち上がり、多くの人々の無償の努力でできあがった学校であった。いわば、子どもたちの命を守り、育てるためにできた学校という〝誇り〟を、生徒会の役員である生徒たちが『いま黎明は訪れぬ』と題した演劇という方法で問うたのである。それは、とりもなおさず、いまこの学校に通い、共に学び合う自分たちの〝誇り〟を問うことでもあった。

また、校門を入ったところに、これも生徒たちの手による『生徒憲章』が掲げられている。一文字ずつを一人ひとりの生徒が銅板に彫り、それをつなぎ合わせて掲示板として、そこに自分たちで創った憲章がしっかりと刻まれているのである。

ある日、生徒会の役員の生徒が、私のところに来て次のように語ったのを覚えている。「僕たちは、この学校の生徒である〝誇り〟の象徴として、『生徒憲章』をつくりたい。校則は時代と共に変化していく。しかし、その校則の上位に位置し、時代を越えて、この学校に学んだ自分たち生徒の〝誇り〟を指し示す『生徒憲章』を作りたいのだがどう思うか」という趣旨であった。私は一も二もなく同意した。その生徒たちは、その後「生徒憲章作成委員会」を設置して、全校生徒にアンケートを取り、それを集約しながら、その憲章の言葉を決定していったのである。

生徒の、自分の学校への〝誇り〟とは、実は、学校の建物や偏差値や強い部活があることや…などではない。そうではなくて、この学校に通う自分自身を自分で認めてもいいのだという自己肯定感の顕現なのである。そしてそのためには、自分を認めてくれる他者の存在が不可欠なのであり、そこにこそ学校の存在意義があると私は思う。たまさか自分が青春の一時期を過ごした学校に〝誇り〟が持てるということは、実はとりもなおさず、自分の青春に〝誇り〟が持てるということであり、それは生涯を生きぬいていく上での確かな力になるはずだと思うのである。

H高等学校　生徒憲章

一、自ら学び、共に学び合う

一、角力灘の「海」を慈しみ
自己を律する

一、偉大な校歌を愛し、
青春を謳歌する

一、自らを信じ、
誇りを持って表現する

一、「西濤」にのり、
新しい「空」へ飛翔する

創立七十周年記念
平成二十八年十一月一日
H高等学校生徒会
生徒憲章作成委員会

教育の最終目的は、「生徒の〝明日を生きる希望をもつことのできる力〟を育てるところにある」と私は思っている。

私にとって、はじめての卒業生の一人に、ある大学の文学部に進学していった男子生徒がいた。おとなしいが明るく生真面目な彼は、読書が好きで、当時ではめずらしい文学青年であった。彼とは、授業以外でもよく文学やさまざまな話をしたものだったが、卒業して数年が経って、突然、彼の訃報が私のところにも届いた。自ら命を絶ったのである。彼のその時の心境や状況など知る由もないが、ただただ哀しく、痛切な悔恨に締め付けられた。私は、国語教師として、担任として、どんな苦境に立たされたとしても、そこを生き抜く力になるような〝ことば〟を、彼の中に残すことができなかったのである。

希望は変節もするし、挫折もあるだろう。しかしその後に、もう一度立ち上がって、明日を生きてみようと思うことのできる〝力〟を、そのような生きることに貼りついた〝ことば〟を、生徒の心の中に残すことが、最終的な教育の使命なのだと私は思ってきた。それが傲慢と言われるならば、せめてそれを〝願い〟として、その後の教師人生を歩いてきたように思う。つまるところ教育とは、どこまでも、生徒がその人生を生きることへの〝応援歌〟なのである。このことは決して揺るがせにしてはならない。

振り返れば、「鼎」のような教師人生であったと思う。「国語の授業」と「学級経営」と「サッカー部の指導」と…その三つに、不十分でありながらも、自分なりには精一杯取り組んできたつもりである。非力ゆえに、どれも一流になることはできなかったが、「鼎」のように、三本足だからこそ立つことができたのではないかとも思う。三本の足の上に、両手で支えるかのような容れ物の中で、生徒に、何とかここから、眸を上げて、巣立っていってほしいと願ってきたようにも思う。高文連の全国しおかぜ総文祭も、学校経営も、その三本足の上の容れ物の中の出来事である。「鼎」は「叶え」るに通ずるのだと独りごちていた。その「鼎」の安定のためには、それぞれの足を、短くとも太くするしかない、とそう思いながらやってきた。

畑中氏とは、もう20年も前になろうか。私の国語教室に座っていた目のくりくりとした生徒であり、サッカー部で監督をしていたときの、どれだけ走ってもへこたれない選手であった。卒業していく時の眼間にも確かに出会っていた。

今こうして、再びとも、新たにとも言える出会いが訪れた。そして私は、教育も研究も、常に創造的営為であることを彼から教えられたのである。誠実と謙虚と、そして力強い意志をもって困難に立ち向かう新進気鋭の教育学者に、敬意を表するばかりである。これからの日本の教育に光を見た思いがした。教師冥利という言葉を私はあまり好まないのだが、彼とのこの数年の共同作業の間、私の心の中を、静かにその爽風が吹き抜けていたことは否定できない。この出会いに感謝の気持ちでいっぱいである。偶然が必然になるとはこのようなことなのかもしれない。

最後に、私がH高の生徒たちに贈った詩を載せたい。それは、いままで出会った生徒たち全てに向けた想いでもあるから。

２０２２年12月8日　ジョン・レノンの命日に　書斎にて

福田鉄雄

西濤

福田鉄雄

どの教室の窓からも「海」が見える

抜けるような真っ青な希望の海
重い鉛色の悲しみの海
渦巻く暗黒の憤りの海
茜色に染まる慰めの海

角力灘にいまにも夕陽が沈まんとする時
一条の金色の道が海に走る
この道を行けと
自分は自分でいいのだと

今日の夕陽は明日の朝陽のはじまり

共同する學び舎に
白い翼が生まれる
西からの波濤にのって
新しい空へ翔び立つ

どの教室の窓からも「海」が見えた
どの教室の窓からも「空」が見える

追　記

本書と関連のある主な初出論文は以下のとおりである。

・畑中大路「学校組織におけるナレッジマネジメント―高等学校生徒指導のケーススタディー」『東京理科大学紀要 教養篇』47号、2015年、189-206頁
・畑中大路「学校組織間における知識移転―カリキュラムマネジメントの事例を踏まえた仮説生成―」『教育経営学研究紀要』17号、2015年、13-22頁
・畑中大路「校長によるミドルリーダーの力量形成―ビジョン具現化手段としてのアクティブ・ラーニング実施プロセスに着目して―」牛渡淳・元兼正浩編集『専門職としての校長の力量形成』花書院、2016年、211-231頁
・福田鉄雄・前川卓郎・畑中大路「長崎県における高校文化活動の展開過程―高等学校総合文化祭を事例とした「知識移転」の視座からの分析―」『長崎大学教育学部教育実践研究紀要』17号、2018年、137-146頁
・畑中大路「ミドル・アップダウン・マネジメントにおける教頭の位置」『日本教育経営学会紀要』60号、2018年、128-142頁

また本研究は、日本学術振興会科学研究費補助金（課題番号15K17370）（課題番号18K13055）（課題番号22K02311）の助成を受け実施した。

著者紹介

畑中　大路

1986年、長崎市生まれ。九州大学教育学部卒業、九州大学大学院人間環境学府博士後期課程修了。博士（教育学）。山口東京理科大学助教を経て、2016年度より長崎大学大学院教育学研究科准教授。専門は教育経営学。主要著書は『学校組織におけるミドル・アップダウン・マネジメント：アイデアはいかにして生み出されるか』（ハーベスト社、2018年）。現在は「高校文化活動の活性化」をテーマに、長崎県高校教員と共同研究に取り組んでいる。

福田　鉄雄

1956年、長崎市生まれ。東京学芸大学教育学部卒業、東京学芸大学大学院教育学研究科修士課程修了。東京都、長崎県の私立学校を経て1983年より長崎県公立高等学校教員。2011年より長崎県教育庁学芸文化課、2014年より県立高等学校校長、2017年退職。現在は、長崎南山学園中学高等学校副校長。長崎県朝の読書連絡会会長。国語教育、学校文化祭、学校改革等に関する小文多数。各学校を廻り、講演活動も行なっている。

学校改革としての口述史

二〇二三年四月九日　初版発行

著　者――畑中大路・福田鉄雄
発行者――仲西佳文
発行所――有限会社 花 書 院
〒八一〇－〇〇一二
福岡市中央区白金二－九－二
電　話（〇九二）五二六－〇二八七
ＦＡＸ（〇九二）五二四－四四一一
振　替――０１７５０・６・３５８８５
印刷・製本－城島印刷株式会社
ISBN978-4-86561-294-3 C3037